U0011353

# 指數
## 解構法人思維　洞悉全球股債
# 時代

## The ERA of INDEX
## How Institutional Investors Analyze Global Indices

### 基金黑武士 **Black Samurai**　著

時報出版

目錄

## Part 2 全球債券市場解析

推薦序 **1**
# 善用工具、知行合一，投資可以更簡單

　　基富通證券很榮幸為基金黑武士第二本著作撰寫推薦，本書《指數時代：解構法人思維，洞悉全球股債》不僅對金融知識做了系統性地解說，說明的方式亦十分有趣，相信讀者看完將對股票與債券市場有更全盤的了解，可以為不論投資新手或市場老手在投資上帶來更多幫助。

　　投資不是投機，更不是賭博，知己知彼才是在金融市場上可長可久的唯一法則。基金黑武士長期在社群網路上面提供國際市場金融現況、宣導正確的基金投資觀念、幫助投資人建立債券、股票的相關基本知識，與基富通希望提供投資人以合理的成本、方便的介面，在網路上安全地做基金投資，且以不斷的優化網站功能，提供更符合投資人需求的智能工具，我們都在各自角色推動同一個很簡單的事，但卻都很不容易，就是提供投資人長期穩健、正確金融理財觀念。

　　許多基金投資人都知道，多年前就已經有「4433 法則」協助投資人用數據化的方式來挑基金，而經過這些年金融科技的發展，市面上已經有更多視覺化的模組幫助投資人在簡單的選擇投資標的，且功能上也可協助使用者更快速、容易選到更符合自己投資需求的標的。但其實缺乏對金融常識有全面性的理解，常常就會有投資人問到底甚麼是投資等級債？和高收益債有何不同？股票型基金到底要選全球型好？還是區域型比較好？這也是本次基富通證券很願意推薦基金黑武士此書的主要原因，透過系統性的一一介紹、更詳細的分門別列，讓投資人不用擔心在基金市場上面對 3〜4 千檔基金池當中，茫茫不知所措。

　　透過本書對整個金融市場的介紹，可幫助投資人對股票、債券有更進

一步的認識後，進而落實到實際投資上，舉例來說，當投資人了解相關市場，就可以依照自己的投資屬性，像是積極的投資人可嘗試股票市場布局、稍微保守的投資人可作股債配置等。

但每個市場裡面都有為數千百檔的基金商品，要如何真的買到符合投資人需求的投資標的，其實還需要更多的判斷標準。以線上的投資篩選工具來說，基富通在 2020 年網頁改版後推出「聰明選基金」功能，就是依照投資目標來引導投資人作標的的篩選，例如短期單筆投資、長期單筆投資，以及最受投資人喜愛的定期定額等目標，而後只要進行「先選市場、再選基金」兩步驟就可以挑出合適的基金商品。

金融市場的變化加快，而基金平台的推出也改變許多基金投資人的投資習慣，我們相信平台產業會持續蓬勃發展，而基金黑武士與基富通證券也會繼續推廣正確投資觀念、持續提供投資人便宜的投資費用、便利安全的使用介面、更有智慧的投資工具來做自主理財。尤其台灣面臨老齡化社會，多數人都有退休準備的需求，也希望投資人可以在看完本書，吸收更多金融投資相關資訊後，再使用基富通的平台啟動自己的理財規劃，用行動落實退休準備。

**FundRich** 基富通證券總經理｜黃致淵

# 第二次幫基金黑武士寫序了！

繼他的第一本書《錢難賺，基金別亂買》後，這本書再次統整當今最主要的兩大投資商品：「股市」與「債市」必須知道的事！

**看懂總體經濟就看得懂股、匯、債、原物料！**然而對喜歡投資主動或被動股票型基金的人而言，究竟該如何選擇哪一個國家、或哪一檔指數做投資？我長期在選擇投資標的時，最慣用的便是運用每個國家的經濟體質找出該國投資潛力。如美國以消費為主，只要其就業市場表現良好，就可以支撐全球消費，美股也將持續走多。開心的是，本書則補足了另外一塊選擇指數商品時非常重要的關鍵！其詳細的拆解每個指數的成分，包含他們的產業與重要持有個股，並以過去 19 年的比較一次看懂孰強孰弱。

如成熟市場而言，北美指數長期優於歐洲指數與亞太指數，關鍵在於持有美國公司的佔比較高，而該些公司具有更佳的利潤率。又如荷蘭與瑞士指數在過去 19 年間上漲幅度大幅超越歐洲與全球指數 1.5~2 倍！關鍵原因在其持有成分股的強勢！荷蘭指數持有了 20% 的艾司摩爾（ASML Holding）跟上科技潮流，瑞士則持有 36% 的製藥廠商羅氏製藥（Roche）和諾華（Novartis）。你會發現當你透過該國指數持有類股比重後，便能更了解這些國家指數的漲跌，為切入指數型投資的朋友一本非常好的工具書！

除此之外，了解總體經濟還有另一大好處則在資產配置，我常和投資人分享，在循環的四階段中，擴張、復甦期可持有股票多一點，而在衰退、復甦期則持有債券多一點。然而，針對債券投資錯綜複雜，投資人往往無法如同股票市場般很快就上手，本書非常詳細的解讀了所有你該知道的債

券基本知識。如投資債券,你必須知道各種不同債券的類別:公債、市政債、投資等級債、新興市場債等差異,更重要的是,它們自 2008 年後因低利率環境使投資觀念和過往極為不同!而一般債券常聽到的殖利率曲線、信用風險利差、負利率的世界,甚至相關 ETF 在本書中也都有詳細介紹。

　　「一個好的研究者,不在預測是否準確,而在邏輯能否說服的了人。而一個好的投資者,不在當下投資是否賺錢,而在能否明白為什麼賺賠。」金融市場的瘋狂人人皆知,但深入研究卻發現其有著一定的規律,嘗試懂得比別人多一點是條必經之路。作者與我創立財經 M 平方的初衷一樣,都是希望能貢獻所學,將投資知識與邏輯傳遞給更多的人,期許大眾吸收後轉為自身的養分,人人都可以為自己的投資負責!

**MacroMicro 財經 M 平方創辦人｜ Rachel Chen**

# 從此不再「看名字做投資決定」

在金融市場中，我時常看到有許多投資新手，進行投資決策時是使用的方法是「看名字做投資決定」。當某個市場上漲一段時間，在新聞開始報導、身邊友人買進賺錢、理專開始推薦後，許多投資人就會迫不急待想要跟著進場，根據報導或他人推薦的這個「名字」開始尋找標的。

基金與 ETF 是人們最常看名字做投資決定的標的。許多投資人會把基金、ETF，當成是「一檔投資商品」，這樣說雖然也沒錯，但是對於大多數新手來說，實際上仍然不知道自己買了些什麼。

曾經聽一些身邊的一些友人或讀者提到自己的投資，例如：

「投資了一檔新興市場債券。」

「看好礦業基金。」

「有買拉丁美洲股市基金。」

這時如果進一步細問他們，在這些市場中，他具體是投資了哪些企業或標的？長期風險特性如何？最壞的狀況會是什麼？通常超過八成的人都答不上來。原因是大多數人在投資之前，更關注的是報酬的可能性與可能的獲利幅度，其他事情並不太在意。

然而市場總是充滿不確定性，當結果一但跟自己想的不一樣、脫離原先美好的計畫，人們就會不知所措，導致過早的獲利了結，或是不得不認錯停損，最終與自己的投資目標越離越遠。

**基金或 ETF，實際上就是代替投資人買進一籃子標的。**

無論是基金或是 ETF，成分股少則數十檔、多則數百檔，這數十上百檔標的，最終組成了一檔基金或 ETF，也決定了未來表現以及風險特性，

實際上它是個組合，而不是「一檔」標的。如果只看名字投資，沒去看內容，除非你已經是投資老手，否則很難知道自己到底在投資些什麼。

當你不知道自己的投資內容時，一旦市場出現劇烈震盪，無論是大漲或是大跌，你要如何確認自己先前的判斷是否依然正確？如何確定自己是否該停利或停損？

反之，如果有看過其中的成分股，了解過它的產業或標地特性，那結果就完全不一樣了。當整體市場指數下跌，你知道是哪些標的在跌，就有機會更進一步去了解原因。

在這本書中，作者詳盡的整理了全球股票市場與債券市場所有最常見的分類，讓你去了解它的基本性質，包含產業分布、市值最大的重要股票、歷年報酬。

舉例來說，許多人往往覺得自己對台股比較了解，對美股感到很陌生。但實際上如果你去看看美國大型股的成分股，就會發現到它最大的成份股是：蘋果、亞馬遜、臉書、Google、微軟、嬌生、P&G、VISA 這些公司。實際上，你對於這些公司的了解，可能比你對台積電或鴻海在做什麼來的更多。

除了股票以外，在債券部分，也談到了影響債券漲跌最重要的特性，分別去看各種不同風險等級債券，了解它們之間的差異。例如許多人都認為債券能避險，往往也會因此誤解高收益債能避險，但如果你有去觀察過高收益債的成分組成，以及歷史報酬狀況，就會發現高收益債走勢跟股市類似，當股市大跌高收益債並沒有避險效果。

最後，如果你想投資基金與 ETF，本書可以幫助你未來在判斷這些投資時，了解到自己的風險報酬特性，也能知道應有的投資判斷依據，從此不再只是看名字做投資決定。

知名財經作家｜ **Mr.Market 市場先生**

推薦序 **4**

　　拿到基金黑武士的第二本書時，心中是十分的雀躍。作者當年攻讀碩士時，就表現其不凡，畢業後在金融業表現更十分亮眼。此書以全球投資為重點，內容包含兩大核心市場－「股市與債市」。熟悉市場指數是瞭解投資標的的門檻，因此書籍主要以指數的方式來介紹市場，投資人只要習得觀察指數的心法，就可以洞悉不少先機。

　　本書在國際股市的部分深入介紹各種指數，逐一介紹成熟和新興市場，再到各區域和國家，並強化說明各種劃分範疇與產業特性。國際股市是本書最大篇幅，這一部份寫的條理井然，可讀性高；對於想認識全球金融市場卻苦無入門的人，應會相當有助益。此書在此最棒的地方，是它將所有指數成分股的持有權重完全詳列，讀者在閱讀指數時，可以有更詳實的參照。

　　第二部國際債市表現出作者的專業功力。此書第 7 章最後統整所有債券的特性，包括信用評等和年化報酬。看這幾張簡表，可知債券之所以又被稱作固定收益（fixed income）的原因何在。第 8 章介紹近年興起的債券 ETF，ETF 最適合我這樣的投資人。債券市場很專業，一般散戶對債市運作的原理較為陌生，因此也不易找到適合的標的。專業之一是債券市場不像股市能夠直接購買個別債券，因此一些規則多半只有法人才知道；之二是因為債券都被利率綁在一起，所以債券市場的價值思路更與央行的貨幣政策息息相關，這點只有在瞭解債券背景後才能夠體會。最值得指出的是：本書在債券市場主要介紹只有法人才熟悉的整體債市運作邏輯，加上幾個核心債券指數，如主權債和新興市場美元債等等，十分有用。

　　基金黑武士的一系列著作對投資人相當有幫助，不會強調公式化的個人傳奇。此人此書見識不凡，筆下的投資與交易，就是如此的樸實無華，

對風險的描述也絲絲入扣。希望不久的將來，可以看到黑武士在匯市與商品市場的筆耕成果。此書付梓之際，本人十分樂於做序並推薦給投資大眾。

臺師大管理學院全營所｜何宗武教授

推薦序 **5**

　　2013 年是我在大型投資機構的開始投資第一年，雖然是第一年，沒想到初試啼聲之下，成績就讓老鳥以及我自己都嚇了一跳，當年度獲利金額將近億元。獲利能夠如此驚人，主要原因就是投資了海外股市，其中美國股市是我的研究及投資重心，而當年度美股指數上漲近 33%。

　　當時之所以投資在美國股市，是因為台灣股市當時推出「證所稅」，導致台灣股市的市場活絡度、投資手法轉變，因此主管希望加大海外股市的投資，而其中美國股市因為是股票市場占比最大的國家，因此成為投資重心，而除了美國以外，麥道森之後陸陸續續亦投資了中國、日本、香港等區域。講到這裏，你或許猜得出來了為何選這些區域：因為這些區域在指數當中比重都很高。

　　基金黑武士的這本書，看似談論指數，但卻是一本投資上完整投資地圖。指數說明了一個國家、產業的現狀以外，其實指數就是法人的投資重心。麥道森常常發現許多人投資時，見樹不見林，選股時不知道投資重心在哪。這本書從指數的角度，深度介紹各種投資區域、單一國家、投資風格，並以科學化的數據，輔以黑武士的實戰操作的解說，讓許多人望之卻步的投資距離，瞬間就拉近了。

　　不僅如此，一般人很少有機會能夠深度研究債券市場，這本書不僅把債券市場進行了剖析，還把投資工具：債券 ETF 進行介紹，麥道森認為不僅對法人投資來說，可以減少自己在彭博電腦（專業金融資料庫）的查詢時間，也對一般投資人使用 ETF 進行股債資產配置時，提供了應有的認識。無論你是投資經理人為機構投資，還是追求財務自由的個人，都應該擁有閱讀的一本書！

**美股狙擊手創辦人｜麥道森**

很榮幸的能夠再度為基金黑武士的新書《指數時代》寫序，有別於第一本書《錢難賺，基金別亂買》適合投資初學者，這本書可以協助讀者從基金投資入門等級，跨入專業投資人的領域。

　　初見此書名，可別誤以為又是跟風被動投資的書。雖然被動投資是目前投資的顯學，但主動投資仍然有其優點在，在此就不戰主動與被動哪個好，不過若投資有自己的見解，有興趣研究總經與金融市場，勢必要對股債市指數的組成有一定程度的了解。

　　基金投資初學者，甚至理專，在挑選基金時，通常都是以配息率為第一考量，頂多就是拉個績效比較圖。稍微專業一點的，就會注意到風險，把標準差，夏普指數列入基金挑選的準則，但這些都不是正確的選擇基金的方法。在將近二十年前，敝人擔任某外商銀行的理財顧問時，幫客戶挑選基金，必定要看基金的投資區域、產業別、與對比指數的差異，了解經理人的選股方向與邏輯，跟自己或公司研究部門的市場觀點是否符合。再來一定要去研究基金的十大持股，從中找出賣點，來跟客戶做介紹。但現在的理專因為要銷售的產品太多，業績壓力過重，很少能夠針對基金的投資標的做深入的研究，以至於常常發生建議的基金若表現不如預期，很難去解釋原因。

　　此書除了指數介紹之外，還破解不少投資迷思，因此，想要精進專業的理專，這本書是非常適合的工具書，絕對會讓你在客戶面前的專業形象大幅提昇。當然，自主投資人更少不了這能夠大幅提升選基金功力的練功寶典。

　　除了股市的指數介紹外，這本書更精采的是債券部分。台灣的基金投資人幾乎都持有高收益債與新興市場債，但對債券投資的知識卻非常的貧

乏。一般教科書的內容，多是理論與公式，很少跟投資實務結合在一起，從許多財經媒體或名嘴對於負利率的錯誤解讀，就可得知。此書對於債券基本理論，如殖利率曲線等，都有詳盡的介紹，並與實務結合。包括前陣子大家最關心的利率倒掛，作者深入淺出的為讀者解惑，知其背後原理外，還要懂得如何運用在投資實務，這才是真正的學習！敝人目前在科技大學財金系任教，發現現在的學生，到了大三大四，連殖利率背後的涵意都說不清楚，更不用說如何利用存續期間，殖利率曲線斜率變化來做投資。因此，強力推薦此書給商管學院，或有心在金融界任職的年輕學子，與持有大量債券基金的投資人，好好詳讀細讀此書，相信對未來的事業與投資會有莫大的幫助！

　　遺憾的是，作者原本想把外匯投資納入此書，但因篇幅的關係而割愛，非常可惜！期待作者再接再厲，早日出第三本書，造福更多投資人！

知名投資部落客 ｜ Jim 男

推薦序 **7**

　　當初收到基金黑武士的邀請幫新書寫推薦序，實在嚇了我一跳，畢竟身為健康產業背景的我，雖然平常就有接觸投資，但感覺自己對投資的研究跟所謂的專業程度還有一段距離。看完本書之後，發現本書內容豐富，對全球股票和債券市場的剖析也達到一定深度，但閱讀起來相當好理解，對於初學者建立海外股市、債市的基本知識非常有幫助。

　　本書以指數為切入點，用指數更宏觀的特性，從全球開始剖析，並慢慢聚焦個別市場，以專業的角度與清晰的整理，讓人對全球股債市有更全盤的視角與看法，適合喜歡縱觀全局的投資人。

　　全書前半段在介紹股票指數，後半段則在介紹債券的基礎知識。股票部分，介紹的順序由較大的區域至較小的區域再到個別國家，並重點介紹每個區域比較特別的產業，看完之後，讀者腦中可以浮現完整的、層次分明的全球股市可投資地圖。此外，作者整理了每個指數的基本資料，讓讀者未來在投資相關標的時，可以隨時查閱，相當方便；債券部分，作者以機構投資人的角度，為讀者刪除了一般課本中的冗長繁雜內容，去蕪存菁，留下對投資實務有幫助的環節，讀起來一氣呵成，令人收穫良多。

　　如果是偏好基金或 ETF 的投資人，本書可以協助釐清基金和 ETF 投資組合中的內涵，並且理解操作團隊的布局；即便是偏好到海外投資個股（例如投資美股）的投資人，透過由上而下的觀點、由宏觀到微觀的角度，也能對篩選優質股票有所助益。總而言之，本書對於打好全球投資的基礎相當有幫助，難度適中，對於初學和高手皆宜。

IG 高人氣營養師｜ **Feibi**

**自序**

　　本書的完成首先要感謝基金艦長哥倫布、小丑與獵人，沒有他們的努力，本書將無法如期完成。也由於他們的鼎力相助，讓本書的內容更加豐富。由於簽約當日，艦長哥倫布帶著小丑跟獵人出海未歸，由我黑武士代為簽約，因此本書作者僅掛名黑武士一人，但實則由我們多人共同努力完成。

　　本書名為《指數時代》，主要是過去十年以來，全球投資風潮蔚為流行，台灣投資人不再像以前一樣只投資台灣的金融商品，而是轉為聚焦於發掘全球股債的投資機會。但是雖然台灣人大量的投入全球市場的投資，對於全球股市、債市與匯市的認知仍相當有限，許多時候的投資都是囫圇吞棗，只知其然、不知其所以然，因此我著作本書的目的，就是希望將全球主要可投資範疇的商品，介紹給台灣的投資人，進而讓投資人更有機會在全球投資市場中獲利。

　　關於本書稱為『《指數時代》，或許會引發部分讀者的疑惑：「黑武士我是不是也開始推從目前全世界蔚為風潮的 ETF，而不是共同基金了呢？」，我想告訴所有投資人的是，你至少要先認識指數，至於基金好還是 ETF 好，我認為商品沒有好壞，投資人要認識指數之後，進而選擇適合自己的投資商品。目前看起來好像全球都在瘋狂 ETF 此種商品，但事實上這僅止於好像而已（笑），美國所發行的 ETF 大多是以大型股票型 ETF 為主，而債券投資、多重資產、另類投資（Alternative）依舊是以共同基金為主。因此過去幾年 ETF 的風潮，受影響最大的區塊是在於股票型基金，債券基金受到的影響則是相當有限。

　　最後我對這本書的期許，是希望這本書可以成為投資人的工具書，作為進入全球投資市場的入門教材，希望所有的讀者可以透過這本書，進而

真正的認識全球的投資市場，然後成為真正的全球投資專家。

　　願獲利與你同在！

基金黑武士

引言

# 願獲利與你同在！

　　感謝各位讀者的支持基金黑武士的第二本書，這次書中的內容非常具有份量，包含最核心的兩大市場－「股市與債市」，其實原本是想一次講滿股、債、匯市的，不過因為內容實在是厚實，因此本次先專注於股市與債市。

　　在這本書之中，主要以指數的方式來介紹市場，畢竟基金都會有一個追蹤指數，萬變不離其宗，熟悉指數就大約等同於瞭解你的投資商品。（當然，表面上追蹤指數卻自行利用其他策略操作的基金除外！）

　　第一部股市方面，想必許多投資人對股市的運作方式已經很熟悉了，只是面對琳瑯滿目的基金商品，可能不知該從何下手。所以本書在股市的部分主要深入介紹各種指數，幫助投資人從成熟與新興市場，到各個區域，再到單一國家逐一介紹，強化對於各種劃分範圍跟產業的特性。在股市的最後，會再提到一些特殊的分類法，包括大型股、小型股、高股息、低波動、價值股、成長股，讓大家從各種不同的角度看待股市，希望各位投資人最後能基於對市場的瞭解，選出最適合自己的商品。

　　第二部債市方面，筆者長期經營粉絲團，發現有許多投資人對債券市場背後的運作方式不太清楚，畢竟債市不像股市能夠讓投資人直接投資個別債券，因此裡面的一些規則可能只有法人才知道。許多投資人經過自身努力研究，最終瞭解債券在市場上的一些性質，但是由於缺乏背後運作的原理，常常導致投資人較難在全球市場中第一時間找到投資機會。除此之外，因為所有的債券都被利率綁在一起，所以債券市場的投資思路更接近於股市中的相對價值策略，這點只有在瞭解債券背景後才能夠體會。因此，

本書在債券市場主要介紹的是只有法人才知道的整體債市運作邏輯，再加上幾個核心指數－主權債、投資級債、高收益債、新興市場美元債與新興市場本地貨幣債。在債市的最後，會另外介紹近年興起的債券 ETF，提供投資人更多的選擇機會。

　　看完這本書之後，各位投資人會對市場有全方位的深刻瞭解，只要再持續追蹤我的臉書粉絲專頁，學習如何解讀國際盤勢，就能成為一個成熟的國際投資人。國際金融市場無遠弗屆，永遠都能找到屬於自己的標的，希望所有投資人最終都能做到以下三點：

　　1. 解讀國際金融盤勢
　　2. 選出最適合當下的市場以及自身偏好的標的
　　3. 準備好進出策略

　　願獲利與你同在！

# PART 1

## 全球股票市場
## 解析

────────────── CH1 ──────────────

# 全球市場區域、類股的劃分

## 1-1. 成熟市場 v.s 新興市場

　　一般而言分析股票指數時，最注重的層面是指數之中「國家的比重」與「產業的比重」。我們希望能夠藉由本書讓讀者感受到，分析指數有助於理解一個指數價格走勢的主要驅動力。

　　　所以在開始介紹股票指數之前，我們要先釐清一些非常重要的先決知識—「全球市場區域的劃分以及類股的劃分」。

### 區域劃分

　　全球的經濟體被分為四個層級：
- **成熟市場**，Developed Market
- **新興市場**，Emerging Market
- **前緣市場**，或稱作邊境市場， Frontier Market
- **獨立市場**，Standalone Market

　　前兩者大家應該或多或少聽過，但前緣市場和獨立市場可能比較少或甚至沒有聽過了。上述四者主要依據，各個經濟體的經濟發展程度、金融市場成熟與國際化的程度來區分，由上到下市場的成熟程度依次減低。

　　有許多國際機構如國際貨幣組織，或跨國的金融集團，對何謂成熟、

何謂新興、何謂前緣與獨立市場都有做出嚴謹的定義，通常會綜合人均所得、人均 GDP、生活水準等等各種量化、質化的指標來判斷，但這些太細節的部份，已經超出本書欲討論的範圍，麻煩有興趣的讀者自行上網查詢囉。

有趣的是，每個機構劃分的結果不太一樣，會有些微出入，而本書則採用市場慣例，特別看重市場的準入程度（market accessibility）。而什麼是準入程度，又為什麼看重準入程度呢？這個標準主要是關於一個金融市場規模大小、法規制度是否健全，以及資金是否能自由進出。由歐、美的大型金融機構（法人投資者）的角度來看，無論一個地區的投資機會好壞，首先要能保證資金的安全，以及是否容得下大規模資金投資，若是投資者手上有 100 億美元，但某國的股票市場規模只有 1 億美元，這樣該怎麼投資呢？

成熟市場主要由三大地區的國家組成：北美洲、成熟歐洲、亞太地區。
・**北美洲（North America, NA）**：只有兩個國家——美國、加拿大。

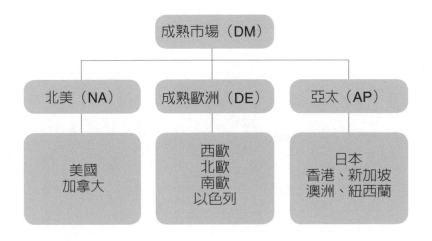

・**成熟歐洲**（Developed Europe, DE）：主要由西歐、北歐、南歐國家的眾多國家組成，加上唯一一個中東國家——以色列。

・**亞太地區**（Asia Pacific, AP）：由日本、香港與新加坡、澳洲與紐西蘭組成。

新興市場也可以分成三大區塊，分別是新興亞洲、歐非中東、拉丁美洲。

・**新興亞洲**（Emerging Asia, EA）：新興亞洲佔了新興市場的大部分，其中又以中國為最，細節我們等到介紹新興市場指數時再探究。

・**歐非中東**（Europe, Middle East & Africa, EMEA）：一般讀者們可能沒有看過這個名詞，該地區由新興歐洲國家(通常分布在中歐、東歐)、中東產油國，以及非洲的新興國家所組成。但請注意，多數非洲國家不屬於新興市場的層級，屬於更次一級的前緣市場。

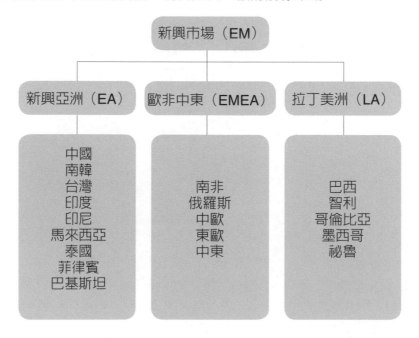

・**拉丁美洲（Latin America, LA）**：新興美洲又稱拉丁美洲，簡稱拉美。值得一提的是，原本阿根廷在 2019 年初被重新升級，從前緣市場回到了新興市場。畢竟在二戰之後，原本的阿根廷可是世界經濟最好的前 20 個國家呢！但很諷刺的是，2019 年 8 月底，阿根廷發行的美元公債選擇性違約，導致才剛剛升回來，就又被降回去前緣市場，曇花一現。

前緣市場可以分成五大塊，如下圖。但前緣市場的金融體系不成熟，市場份額也比較小，可供大筆國際資金投資而不會有操縱市場之虞的投資標的比較少，所以一般而言，以全球投資的角度來說，我們比較不會著眼於前緣市場。

以台股為例，一家在櫃檯交易股本只有十幾億台幣的股票，對於動輒數千億的國際資金來說，稍微買一點可能就會讓股票噴漲，被地方政府認為有操縱股價之嫌。並且流動性不大的時候，要賣出股票也是個問題。所以國際資金會買入台積電、鴻海、台塑這種較大型的股票，而不會考慮小型股。

以下則列舉各前緣市場區域中部份國家。
・**歐洲 & 獨立國協**：克羅埃西亞、羅馬尼亞

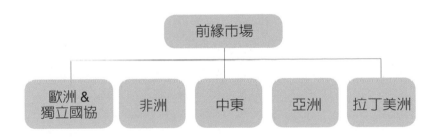

- **非洲**：如肯亞、摩洛哥、奈及利亞、突尼西亞
- **中東**：如科威特、葉門
- **亞洲**：如越南、斯里蘭卡
- **拉丁美洲**：阿根廷

　　看完前緣地區的分類，或許某些讀者會有問題：拉丁美洲其他國家呢？

　　原來拉丁美洲剩餘的國家，都被分在最後一層的獨立市場裡。但因為對我們來說已經太不重要（我們也沒有什麼管道去投資這些國家），此處就不再介紹了。

## 1-2. 產業分類

　　介紹完了市場區域劃分，接下來介紹產業分類。就如同什麼樣的國家應分到成熟市場，什麼樣的國家該分到新興市場，許多機構都有不同的定義，產業的劃分一樣也有許多種。例如股票市場通常慣用的類股劃分方法，跟債券市場用的就不同。

　　在全球投資慣用的產業分類標準下，總共有 4 個階層，由大到小依序是：

- **類股（Sector）**
- **產業群（Industry Group）**
- **產業（Industry）**
- **子產業（Sub-Industry）**

整個經濟體總共存在 11 個類股，其下有 24 個產業群，每個產業群之下有數種產業，總共是 69 種產業，而每個產業下又有許多子產業，最終共有 158 種子產業。

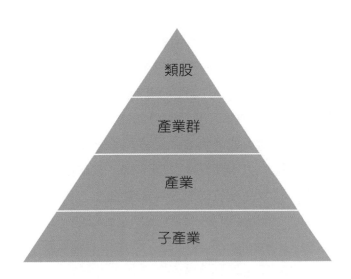

最重要的自然是最上層的 11 大類股，分別是：
- 能源（**Energy**）
- 原物料（**Materials**）
- 工業（**Industrials**）
- 非必需／非核心消費（**Consumer Discretionary**）
- 必需／核心消費（**Consumer Staples**）
- 醫療保健（**Health Care**）
- 金融（**Financials**）
- 資訊科技（**Information Technology**）
- 通訊服務（**Communication Services**）
- 公用事業（**Utilities**）
- 房地產（**Real Estate**）

以下將對各個類股做一些簡單的介紹，大致會介紹到產業群的層級，某些比較細碎，或者產業群依舊很籠統的，則會稍微提及產業。

- **能源**：底下就只有能源這一個產業群，其下面又可以分成「能源生產設備」和「石油、天然氣與消耗性燃料」兩個產業。
- **原物料**：底下也只有原物料這一個產業群，化學原料、建築材料、各式金屬（工業金屬與貴金屬）、紙類產品等，都屬於這一分類。
- **工業**：底下有三個產業群，分別是「資本財」、「商業與專業服務」和「交通運輸」。資本財大致上就是企業要開始營運之前，必須先添購的設備或廠房，也就是它們之後用來生財的工具，國防與航空產業、機械、電子設備、營建工程都囊括在資本財這個產業群裡；商業與專業服務這個產業群也很讓人疑惑，舉幾個例子或許能幫助大家瞭解。人力資源、環境與設施維護、諮詢（Consulting）都算在「商業與專業服務」底下。

‧ **非必需／非核心消費**：各種不是維持生命必須的商品與服務都算在這個分類，其底下有「汽車與汽車零組件」、「消費性耐久財與服飾」、「消費性服務」、「各式零售」。

「消費性耐久財與服飾」包含家具、服飾、奢侈品。衣服和鞋子被分類者視為「夠用就好，沒事不要買太多，消費者有錢了才會亂買」的選項。

「消費性服務」則包含旅館住宿、上餐館吃飯、各式娛樂等等。

必需／核心消費：各種維持生命所必須的商品與服務。底下有「食物零售」、「飲料與菸草」、「家庭用品與個人用品」三大產業群。很有趣的是，在創造這個分類的人眼裡，菸是必須抽的，酒也是不能不喝的，生活的確需要多一點調劑啦（笑）。

‧ **醫療保健**：其底下分為「醫療設備」以及「製藥、生物科技 & 生命科學」兩大產業群。

‧ **金融**：底下有「銀行」、「多元化金融」與「保險」三大產業群。

‧ **資訊科技**：底下有「軟體服務」、「科技硬體與設備」與「半導體與半導體設備」

‧ **通訊服務**：底下有兩大產業群，「電信服務」與「媒體娛樂」。

‧ **公用事業**：底下只有公用事業這個產業群。

‧ **房地產**：這是 2018 年從金融產業中獨立出來的類股，底下只有房地產本身一個產業群，再往下則可以分為「Reits（不動產證券化）」和「房地產開發」兩個產業。

以上 11 種類股各有不同特性，但可以依照「是否受經濟循環（景氣）影響」這個標準，分成**循環型（Cyclical）和防禦型（Defensive）**兩大類。

做這種區分有什麼用呢？

一般而言，循環型的企業獲利會隨著經濟循環波動，並且波動幅度相

對劇烈，而防禦型的企業在各個經濟循環階段獲利都會保持相對穩定，這就導致在經濟走強時，循環型的企業其獲利成長會比防禦型的快，股價也因而上漲較多；經濟衰退時，循環型的企業其獲利成長會放緩甚至減少，此時股價會表現得較獲利穩定的防禦型企業還要差。經濟走軟時，循環型的股價不一定會下跌，但其漲幅通常較防禦型少，而如 2000 年、2008 年兩次市場崩盤時，所有股票皆下跌，但循環型跌得比防禦型還多。

既然經濟好時，循環型漲比較多；崩盤時，儘管防禦型會跌得比循環型還少，但依然會下跌，那投資者把全部股票都賣掉不就好了嗎，甚至可以轉而投資政府公債賺取無風險利率？防禦型股票一點都沒有用武之處。

然而，投資世界並不是非黑即白，經濟並不是非好即壞，股價並不是非漲即跌。經濟成長沒有非常強勁的時候，可能也不會轉成衰退，而是稍微放緩，過了一段時間沉澱後就獲得動力繼續強勁。在中間的過渡階段，市場面臨經濟前景的不確定性，股票價格的波動程度加大，這時通常就是防禦型股票表現的好時機。此外，對於股票型基金經理人來說，因為合約的限制只能投資在股票這個資產項，其人面對熊市的最好策略，就是將投資組合多分配一些在防禦型股票。

以上介紹完了依據循環型、防禦型類股的區分而衍生的投資策略，接下來我們就來介紹具體各個類股如何分到循環型或防禦型的底下。聰明的讀者們不妨先把下文遮住，自己在心中對以上 11 大類股分類看看，然後再對答案，測試自己的直覺是否準確。

**循環型包含的類股：原物料、工業、非必需／非核心消費、金融、資訊科技、通訊服務、房地產。**

全球對原物料的需求會隨著經濟熱絡而增加，原物料屬於循環型應該無庸置疑；工業生產活動也很直觀的反應出經濟的狀況；非必需／非核心消費如上面介紹所說，下面有「汽車與汽車零組件」、「消費性耐久財與

服飾」、「消費性服務」、「各式零售」三個產業群。以汽車為例，經濟好的時候，民間收入提高，消費者口袋較有餘裕，這時才有比較多人會去買車。又或者消費性服務，也就是旅館住宿、上餐廳吃飯、看電影等等，如果口袋裡比較沒有錢，我們花在這些娛樂上的費用都會減少吧？所以非必需／非核心消費也是跟景氣息息相關的。

至於金融，以銀行為例。銀行的獲利來源主要是放貸，銀行家們用存款戶們存在銀行的錢，放款給資金需求者。銀行須付給存款戶們定存利率，定存利率通常是較短期的，可能 1~3 年，但放款利率比較長期，動輒 10 年以上，也就是說，銀行賺的是「長短期利差」。而長短期利差通常在經濟熱絡時會擴大，經濟較差時則收斂，所以銀行業的獲利跟經濟循環也有很大關係。又或者「多元化金融」產業群下的經紀商這個產業（俗稱券商），經濟熱絡時，股市表現佳，吸引投資人買入股票，市場整體的交易量將上升，經紀商主要收入來源是交易手續費，也會跟著上升，是以跟經濟循環也息息相關。

資訊科技產業跟景氣非常相關，應該也無庸置疑了吧？景氣好壞，會影響手機、電腦等等消費性電子產品的銷量，進而帶動軟體以及半導體的需求；房地產亦然，經濟熱絡消費者可支配所得提高、支付能力增加時，會增加對房地產的需求。

比較特別須要介紹的是通訊服務這個類股。在 2018 年 9 月之前，通訊服務產業原本叫做「電信服務（Telecommunication Service）」，底下也只有電信服務這個產業群，所以以前電信服務這個類股其實屬於防禦型。讀者們可以想像中華電信、台灣大哥大、遠傳等等，無論景氣好壞，我們都需要行動通訊服務，都需要門號合約吧？尤其當前行動網路如此發達，台灣人早已習慣網路吃到飽，我們會因為景氣不好就停止手機門號合約嗎？咬著牙也要付電話費呀。所以電信服務被算在防禦型，無論景氣好

壞都不會受到影響。

　　但在 2018 年 9 月之後，電信服務被更名為通訊服務，底下加入了「媒體娛樂」這個產業群。我們來仔細看看媒體娛樂產業群包含了哪些企業呢？ Facebook（臉書）、Alphabet（Google 母公司）、Netflix、騰訊，這些原本被劃分在傳統資訊科技 Sector 中的企業現在都被分到媒體娛樂。並且由於這些媒體娛樂產業群的公司，在市場中的份額遠遠大於電信服務產業群的公司，所以整體通訊服務類股現在被視為循環型，但提醒讀者們依舊要記得，其下「電信服務」這個產業群依舊有防禦型的特性。

　　**防禦型包含的類股：能源、必需／核心消費、醫療保健、公用事業。**

　　能源被算在防禦型似乎有點奇怪，一般會認為油價會因為經濟前景好、需求可能提升而上漲，又或者，例如中美貿易戰導致全球經濟成長可能放緩、原油需求減少而使油價下跌。但在我們採用的這個市場慣例的制定者眼裡，能源是每天都要使用的，無關乎經濟表現如何，即便經濟衰退，一般家戶還是要用電，還是要開車消耗汽油，所以將能源算在防禦型裡。

　　必需／核心消費如前述，我們不會因為經濟不好就不吃飯，或許會減少上餐館吃大餐的次數，但這被算在非必需／非核心消費裡；醫療保健亦然，無論經濟好壞，人們都會生病，我們不會因為經濟不好而削減看病的支出；公用事業也一樣，一般家戶不會因為經濟好壞而增加或削減水電的用量。

　　須注意的是，循環型在經濟表現強勁時通常漲幅較大、防禦型在經濟趨緩或衰退時表現較佳，這只是一個通則，每一個類股或個股具體表現在不同時間點都會不同。例如雖然醫療保健屬於防禦型，但個別公司遇到專利藥的專利到期時，後續又沒有新的賣座的專利藥的話，則該公司股價可能慘跌，又或者如川普選舉前想打壓美國的高藥價，導致製藥類股整體下挫，這都跟經濟循環沒有太大關係。

　　每個國家（區域）都有相應的單一國家指數，每個類股也有相應的單一類股指數，甚至有單一國家的單一類股指數，後面我們將一一介紹。

## 1-3. 世界指數 & 全球指數

先備知識介紹過了，開始進入介紹指數的重頭戲啦。不過要事先聲明，以下所有指數的相關資料，都會每月定期更新，短期內變動不大，但長期而言如果該經濟體出現結構性變化，則可能會出現較大幅的改變。數字本身並不是我們關注的焦點，數字背後代表的意義才是，能夠加深我們對市場的理解。

### （一）世界指數

從 2001 年至 2019 年 11 月，19 年的時間，世界指數價格漲幅大約 85%。網路泡沫時跌幅大約 40%、2008 次貸風暴跌幅將近 60%，網路泡沫後反彈至 2007 年的高點漲幅約 115%、2009 年低點反彈至今漲幅大約 230%。

世界指數績效圖（指數化）

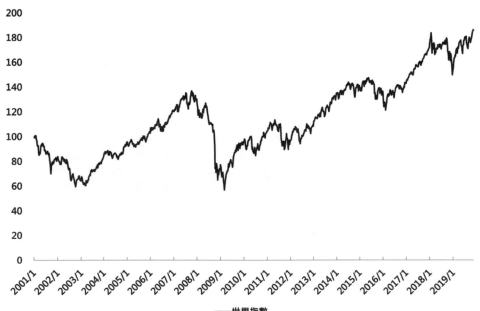

註：以 2001/1/1 指數化報酬 100 為基點。

## 世界指數歷年報酬（%）

| 2001 | 2002 | 2003 | 2004 | 2005 | 2006 | 2007 | 2008 | 2009 | 2010 |
|---|---|---|---|---|---|---|---|---|---|
| -15.50 | -20.50 | 27.50 | 9.75 | 14.75 | 13.50 | 5.00 | -38.75 | 23.50 | 9.75 |

| 2011 | 2012 | 2013 | 2014 | 2015 | 2016 | 2017 | 2018 | ~2019/11 | |
|---|---|---|---|---|---|---|---|---|---|
| -7.00 | 16.00 | 19.00 | 3.50 | -2.50 | 7.25 | 21.00 | -11.75 | 19.50 | |

　　近 20 年間漲幅 85%，平均下來一年才約 4%？有沒有搞錯？如果從 2000 年的高點開始住套房，活抱死抱牢牢抱著世界指數不放，20 年才賺 85%，人生能有幾個 20 年？（雖然可能有些人這 20 年來投資賺不到 85%……那就更應該好好看這本書！）

　　實際上，此處提供的價格指數，是不計入股利報酬的，以下將提供一張比較含息前後的報酬率比較圖。

## 報酬率比較圖

註：以 2001/1/1 指數化報酬 100 為基點。

這才比較符合實際的投資績效，19 年含息報酬率約為 195%，含息前後的報酬率差距超過 100%。不過希望大家注意一點，此處的含息報酬是指股利再投入，也就是利滾利，收到的股利再一直投入市場，所以這 19 年間是一毛錢都沒有放入口袋的。同理，如果投資基金，配息版跟累積版的基金，長期下來報酬差距可能也相當大。（註：此後本書提供的所有績效圖都將為含息總報酬。）

　　世界指數包含了 23 個成熟市場國家，約 1,700 支股票，其中只包含中型與大型股。成分股涵蓋此 23 個國家股市市值約 85%。

　　是的，各位沒有看錯，世界指數只含成熟市場國家！什麼？不是叫世界嗎，怎麼只有成熟市場，新興市場、前緣市場的國家，就不算在全球的範疇裡嗎？

　　這跟該指數成立時的世界背景有關。在早期，全球金融市場遠不如今日成熟，當時金融法規夠健全、市場規模夠大以及可投資標的夠多元，足以容納全球資金的市場，大抵上就是這些成熟市場國家。而中國、韓國等等新興市場國家，其金融市場較晚才發展成熟並與國際接軌，導致全球可投資的市場範圍在世界指數編製完成後進一步擴大，需要編製涵蓋更大範圍的指數，才能代表全球市場，最終新興市場指數，以及同時包含成熟與新興市場的全球指數，相應而生。

　　世界指數的國家比重，告訴我們一件非常重要的事實：美國股市的

## 世界指數國家比重

| 美國 63.5% | 法國 4% |
|---|---|
| 日本 8% | 加拿大 3.5% |
| 英國 5.5% | 其他 16.0% |

註：以上比重數字經過處理，主要目的為彰顯相對大小，相加後未必等於 100%。

市值佔世界指數多達 63.5%，也就是說佔全球成熟市場約 63.5%，排名第 2 大的日本，也不過才 8%，第 3 大的英國 5.5%。前 5 大國家佔了 84.0%，剩餘 18 個國家總共才佔 16.0%。

股票市場的市值跟該區域經濟規模並無絕對關係。截至 2019 年第一季，美國的 GDP 約為日本的 4.1 倍，但從上面的表格我們可以看到，美國的股票市場規模約為日本的 8 倍。儘管世界指數的編製只涵蓋中型股與大型股，但已經包含了所有成熟市場國家股市的 85%，上述的各國股市規模與實際的數字，雖不中亦不遠矣。

同理，後面我們看全球指數時，會看到美國股市一樣佔非常大的比重。美國經濟規模全球最大，金融市場亦獨占鰲頭。講這個好像有點廢話？但各位想想，我們要分析台股漲跌，首先會關注的是佔指數權重最大的台積電的股價走勢，那我們分析全球股市的時候，最先關注的，也應該是佔比最大的美國股市。

並且後面，我們將回顧歷史，驗證一個事實：

**美股表現好，其他股市不一定好；美股表現不好，其他股市一定不好。**

換句話說，美股是全球股市的領頭羊。美股可能獨強，但很少有美股下跌而世界其餘區域上漲的時候。美股表現不好時，通常代表全球經濟狀況疲弱。

## 世界指數類股比重

| | |
|---|---|
| 資訊科技 16.5% | 必需 / 核心消費 8.5% |
| 金融 16.0% | 通訊服務 8.5% |
| 醫療保健 12.5% | 能源 5.5% |
| 工業 11.0% | 原物料 4.5% |
| 非必需 / 非核心消費 10.5% | 公用事業 3.5% |

註：以上比重數字經過處理，主要目的為彰顯相對大小，相加後未必等於 100%。

世界指數中，循環型類股佔比約為 **65.5%**，防禦型則為 **34.5%**，循環型類股佔比較大，防禦型較少，這算是蠻普遍的狀 況，在各個區域中皆是如此。

此外，我們可以看到，在成熟市場國家中，各個類股權重的分配相對是比較均勻的，後面我們看到新興市場指數，尤其是新興市場個別國家時，將會看到很懸殊的數字。類股分配均勻，通常是成熟市場國家的特徵，而新興市場較容易出現，單一類股、單一產業佔比非常大的情況。

## 世界指數前十大持股

|  | 所屬國家 | 權重 | 所屬類股 |
|---|---|---|---|
| 蘋果 | 美國 | 2.50% | 資訊科技 |
| 微軟 | 美國 | 2.50% | 資訊科技 |
| 亞馬遜 | 美國 | 2.00% | 非必需 / 非核心消費 |
| 臉書 | 美國 | 1.00% | 通訊服務 |
| JP Morgan | 美國 | 1.00% | 金融 |
| Alphabet C 股 | 美國 | 1.00% | 通訊服務 |
| Alphabet A 股 | 美國 | 1.00% | 通訊服務 |
| 嬌生 | 美國 | 0.75% | 醫療保健 |
| 雀巢 | 瑞士 | 0.75% | 必需 / 核心消費 |
| 寶鹼 (P&G) | 美國 | 0.75% | 必需 / 核心消費 |
| 總和 |  | 13.00% |  |

註：以上比重數字經過處理，主要目的為彰顯相對大小，各股票比重相加後未必等於總和數字。

以上前 10 大持股名單跟全球指數的前 10 大一模一樣，只是權重略有不同，畢竟兩個指數的成分不同。這 10 檔股票，就是全球市值最大的前

10 檔股票，仔細觀其國家，10 檔股票中有 9 檔是美國的股票，唯一例外的屬於瑞士的雀巢。

　　這些企業應該大家都耳熟能詳。Alphabet 是 Google 的母公司，A 股和 C 股的分別在於，A 股有一票的投票權，C 股則沒有投票權，而當 C 股股價低於 A 股過多時，Google 會彌補持有 C 股的投資者，所以歷史上 A 股和 C 股未曾出現過太大的股價差距。另外，有 A 有 C，當然也有 B。Google 的 B 股未在公開市場交易，只在內部人士手上流通，每股擁有 10 票的投票權。總而言之，Google 發行不同的 A 股和 C 股，就是為了幫助當前的高層掌控企業的決策權。而在把 A 股和 C 股的市值相加之後，Google 市值排行躍升到了第 4 名。

　　前 5 大企業（Google A 股和 C 股一併計算後，市值大於 JP Morgan）權重相加約為 10%，剩餘 4 家相加約為 3.5%（上表是大略數字，故有輕微出入）。這前五大企業 (FAAMG) 在類股重新劃分之前，原本都屬於資訊科技類股（這也說明當初資訊科技類股的勢力很大，全球前 5 大都是它們的），而在重新劃分之後，亞馬遜因為主要業務是電商，被視為零售產業，進而分配為非必需 / 非核心消費類股；Google 和臉書則被視為媒體娛樂產業，進而分配成通訊服務類股。

## （二）全球指數

　　從 2001 年起始的 19 年間，全球指數含息的總報酬約為 200%，而世界指數約為 195%。全球指數的報酬和世界指數一直以來都差距不大，全球指數會略勝一些，畢竟全球指數包含了總報酬較高的新興市場。但兩個指數的差距在 2018 年美中貿易戰開打之後進一步縮小，原因是 2018 年 1 月貿易戰開打之後，新興市場表現疲軟、美國獨強，因而不含新興市場的世界指數表現較全球指數為佳。

## 全球指數績效圖（指數化）

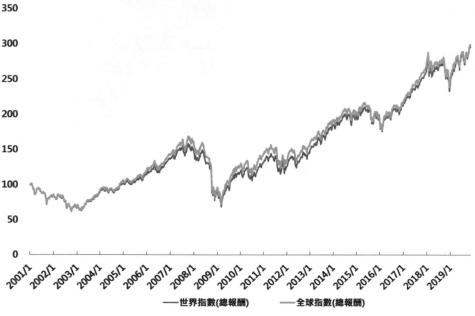

———世界指數(總報酬)　　———全球指數(總報酬)

註：以 2001 / 1 / 1 指數化報酬 100 為基點。

## 全球指數歷年報酬（%）

| 2001 | 2002 | 2003 | 2004 | 2005 | 2006 | 2007 | 2008 | 2009 | 2010 |
|------|------|------|------|------|------|------|------|------|------|
| -15.00 | -20.00 | 28.50 | 10.00 | 16.25 | 14.00 | 7.75 | -40.25 | 28.00 | 10.50 |
| 2011 | 2012 | 2013 | 2014 | 2015 | 2016 | 2017 | 2018 | ~2019 / 11 | |
| -8.75 | 16.00 | 15.50 | 3.00 | -4.00 | 7.50 | 22.50 | -12.75 | 18.25 | |

## 全球指數國家比重

| | |
|---|---|
| 美國 56.0% | 中國 3.5% |
| 日本 7.0% | 法國 3.5% |
| 英國 5.0% | 其他 25.0% |

註：以上比重數字經過處理，主要目的為彰顯相對大小，
相加後未必等於 100%。

　　全球指數包含了 49 個國家，其中 23 個成熟市場國家、26 個新興市場國家，共涵蓋約 2,800 支股票，其中只包含中型與大型股。成分股涵蓋全球可投資股票市場市值約 85%。全球指數不包含前緣市場和獨立市場，後兩者指數的成立時間都晚於全球指數成立之時；全球指數與新興市場指數同時編製。

　　全球指數基本上可以代表全球股票市場。2019 年，全球股票市場市值大約是 55 兆美元左右，其中新興市場約佔 18.8%，大概是五分之一。而前緣市場更少，市值約 1,200 億美元，佔全球股票市場約 0.2%。所以透過分析全球指數，我們可以大致觀察全球股市的樣貌。前緣市場股票價格的波動，對全球股票的影響微乎其微。

　　美股佔全球股市 56.0%，超過一半，多麼駭人聽聞的數字，果然是世界經濟的領頭羊啊！這代表假如今天美國的股票漲了 1%，就會驅動全球指數上漲大約 0.5%。美國之後依序是日本、英國、中國、法國，第 6-12 名則依序是加拿大、瑞士、德國、澳洲、韓國、荷蘭、台灣（加拿大、瑞士、德國市值接近，排名經常變動，韓國、荷蘭、台灣亦然）。

　　新興市場的老大，權重最大的中國，在全球股市的佔比約為 3.5%，排名第 4。2019 年第 1 季中國 GDP 總額約為美國的 66%，但股票市場市值只有美國的大約 6.5%，這或許可以側面應證中國的金融市場還不夠成熟，也之所以其被分進新興市場裡。再來比較日本和中國。2019 年第 1 季中國的 GDP 總額約為日本的 2.7 倍，但日本股市的市值為中國的 1.9 倍。

　　**前 5 大國就佔去全球指數約 75% 的權重**，另外 25% 才由剩下的 46 個國家所組成。所以若我們投資的市場是以全球指數為參考基準，我們該做的事情是什麼？答案呼之欲出了吧！那就是，特別關注佔權重特別大的這前 5 大國，特別是超過一半的美國。

　　舉個例子：假如台灣股市某一天突然大漲 5%（一個指數漲 5% 夠

驚人了吧），同一天全球指數上漲 1%，在分析的時候，我們能說今天全球指數的漲幅，是來自於台股嗎？恐怕有點遷強，因為台股佔全球指數大約 1.2%，5% 乘以 1.2% 等於 0.06%，說實話美股當天打個噴嚏，影響都比台股還要大。同樣的道理用台股做例子，台積電佔了台灣加權指數大約 20%，今天台積電稍微上下震盪個 1 元，影響都比一支奇奇怪怪佔指數權重很低的個股漲停還要大。

## 全球指數類股比重

| | |
|---|---|
| 金融 17.0% | 通訊服務 9.0% |
| 資訊科技 16.5% | 必需／核心消費 8.5% |
| 醫療保健 11.5% | 能源 5.5% |
| 非必需／非核心消費 11.0% | 原物料 4.5% |
| 工業 10.5% | 公用事業 3.0% |
| | 房地產 3.0% |

註：以上比重數字經過處理，主要目的為彰顯相對大小，相加後未必等於 100%。

　　全球指數的類股比重與世界指數只有微小出入，畢竟如上所述，新興市場佔全球股市市值約五分之一，加入新興市場一起編製全國家指數後，指數各項權重的變動雖然有，卻不會太大。主要的變動來自於金融、非必需／非核心消費、通訊服務三個類股，比重皆增加了一些，分別向上移動超越了原本排在上面的類股。由邏輯上推想，並且實際上也是如此──這三個類股是新興市場指數中佔比較大者。

　　金融、資訊科技這兩個類股佔比最大，應該符合直覺，醫療保健類股竟然佔第 3 大，才比較讓人吃驚。這彰顯了醫療保健類股在 2010 年至 2015 年，這段高速成長期的成長速度之快，屬於防禦型類股的它，其市場規模竟超越工業、非必需／非核心消費這些循環型類股，成為全球市值

第三大的類股。回來看看台灣，醫療保健這個潮流沒有跟上，經濟大餅沒什麼吃到，真是可惜了。

房地產類股原本是金融類股中的一塊，被拆分出之後市值居於最末，也不算太意外。在近年的主要國家中，大概除了中國經濟成長來源相當比重是來自於房地產投資，因而房地產類股的排名較高之外，其他主要國家的房地產類股多居於類股排名之倒數。

在分析產業的時候，與上面分析國家的邏輯相同，我們會先看當天的指數漲幅，是由哪些佔權重比較大的類股所驅動，而權重低的類股，其重要性就相對小。例如，如果某天原油價格飆漲，全球的能源股同聲歡慶、一起上揚，但能源股只佔全球指數約 5.5%，假如所有能源股都漲 10%，10% 乘以 5.5% 也才 0.055%，這時如果太過強調能源股的漲幅，就有些遷強。

## 全球指數前十大持股

|  | 所屬國家 | 權重 | 所屬類股 |
|---|---|---|---|
| 蘋果 | 美國 | 2.25% | 資訊科技 |
| 微軟 | 美國 | 2.00% | 資訊科技 |
| 亞馬遜 | 美國 | 1.50% | 非必需／非核心消費 |
| 臉書 | 美國 | 1.00% | 通訊服務 |
| JP Morgan | 美國 | 0.75% | 金融 |
| Alphabet C 股 | 美國 | 0.75% | 通訊服務 |
| Alphabet A 股 | 美國 | 0.75% | 通訊服務 |
| 嬌生 | 美國 | 0.75% | 醫療保健 |
| 雀巢 | 瑞士 | 0.75% | 必需／核心消費 |
| 寶鹼（P&G） | 美國 | 0.50% | 必需／核心消費 |
| 總和 |  | 11.50% |  |

註：以上比重數字經過處理，主要目的為彰顯相對大小，各股票比重相加後未必等於總和數字。

## 1-4. 全球指數（排除美國）**&EAFE 指數**

### （一）全球指數（排除美國）

既然全球指數中美國佔比那麼大，我們便去除美國來看一下其餘國家加總起來的狀況，於是全球指數（排除美國）相應而生。

從 2001 年起始的 19 年間，全球股市在排除美國之後，含息總報酬大約 160%。由上面的報酬比較圖可以明顯看出美國股市和世界其餘國家股市各段期間的強弱，例如 2003 ～ 2007 年的經濟擴張期，以及 09 年次貸風暴後的反彈期間，全球指數（排除美國）表現優於未排除美國的全球指數，這代表著美國股市在這些時候漲幅不如其餘國家。但此情況在

全球指數（排除美國）績效圖（指數化）

註：以 2001 ／ 1 ／ 1 指數化報酬 100 為基點。

## 全球指數（排除美國）歷年報酬（％）

| 2000 | 2001 | 2002 | 2003 | 2004 | 2005 | 2006 | 2007 | 2008 | 2009 |
|---|---|---|---|---|---|---|---|---|---|
| -12.50 | -20.00 | -16.50 | 35.75 | 13.75 | 23.50 | 18.00 | 13.50 | -44.75 | 34.25 |
| 2010 | 2011 | 2012 | 2013 | 2014 | 2015 | 2016 | 2017 | 2018 | ~2019/11 |
| 7.75 | -15.50 | 16.50 | 8.00 | -5.75 | -7.50 | 3.75 | 25.00 | -18.00 | 12.25 |

2011~2012 年間開始出現轉變跡象，並在 2016 年末排除美國的全球指數表現正式超越剔除美國的指數。

　　全球指數（排除美國）的轉弱時間點，讓我們很容易推敲出原因──歐債危機拖累歐股，並使歐股在整個 2010 年代皆積弱不振。此外，2018 年美中貿易戰開打後新興市場表現疲軟，進一步拉大全球指數剔除美國前後的報酬差距。

　　全球指數（排除美國）包含了 48 個國家，其中 22 個美國之外的成熟市場國家、26 個新興市場國家，共約 2,200 支股票，只包含中型與大型股。成分股涵蓋全球除了美國之外，可投資股票市場市值的大約 85%。排除美國後，全球股票市場市值前 5 大排名如上。**去除美國的成熟市場，佔剩餘全球股市市值約 6 成，新興市場佔約 4 成**。

## 全球指數（排除美國）類股比重

| | |
|---|---|
| 金融 21.5% | 醫療保健 8.0% |
| 工業 12.0% | 原物料 7.5% |
| 非必需／非核心消費 11.5% | 通訊服務 7.0% |
| 必需／核心消費 10.0% | 能源 7.0% |
| 資訊科技 8.5% | 公用事業 3.5% |
| | 房地產 3.0% |

註：以上比重數字經過處理，主要目的為彰顯相對大小，相加後未必等於 100%。

### 全球指數類股比重

| | |
|---|---|
| 金融 17.0% | 通訊服務 9.0% |
| 資訊科技 16.5% | 必需／核心消費 8.5% |
| 醫療保健 11.5% | 能源 5.5% |
| 非必需／非核心消費 11.0% | 原物料 4.5% |
| 工業 10.5% | 公用事業 3.0% |
| | 房地產 3.0% |

註：以上比重數字經過處理，主要目的為彰顯相對大小，相加後未必等於 100%。

　　此處提供去除美國前後的類股比重資料表，以方便讀者比較。主要差別在於資訊科技、醫療保健、通訊服務三個類股比重和排名皆下降了，這三者都是美國的優勢產業。資訊科技類股在去除蘋果、微軟等公司之後，比重從 16.5% 大幅降為 8.5%；醫療保健類股在去除美國之後，剩下歐洲能夠撐場；通訊服務類股在去除臉書、Alphabet（Google 母公司）等公司後，比重也從約 9.0% 降為 7.0%。

　　另外，觀察全球指數（排除美國）的前 3 大類股：金融、工業、非必需消費。金融類股在成熟市場中通常排名居前，在新興市場中更是特別大，是以排名第 1，佔 21.5%；非必需消費類股，在新興市場、成熟市場中都是佔比不小的組成成分，佔比從 11.0% 上升為 11.5%，從第 4 名升為第 3名；工業類股在新興市場中偏小，此處比重與排名上升，主要原因是工業在歐洲佔比較大。

## 全球指數 ( 排除美國 ) 前十大持股

| | 所屬國家 | 權重 | 所屬類股 |
|---|---|---|---|
| 雀巢 | 瑞士 | 1.50% | 必需 / 核心消費 |
| 騰訊 | 中國 | 1.25% | 通訊服務 |
| 台積電 | 台灣 | 1.25% | 資訊科技 |
| 阿里巴巴 | 中國 | 1.00% | 非必需 / 非核心消費 |
| 諾華（Novartis） | 瑞士 | 1.00% | 醫療保健 |
| 羅氏製藥（Roche） | 瑞士 | 1.00% | 醫療保健 |
| 三星 | 韓國 | 1.00% | 資訊科技 |
| 匯豐控股（HSBC） | 英國 | 0.75% | 金融 |
| 豐田汽車（Toyota） | 日本 | 0.75% | 非必需 / 非核心消費 |
| 英荷皇家殼牌 | 英國 | 0.75% | 能源 |
| 總和 | | 10.00% | |

註：以上比重數字經過處理，主要目的為彰顯相對大小，各股票比重相加後未必等於總和數字。

　　此處我們看到的就是全球市值最大的非美企業了。原本前 10 大中唯一的非美企業雀巢，如今自然是排名第一，其後緊接著中國近年起飛的阿里巴巴，台積電也有幸名列第三。英荷皇家殼牌公司比較特別，它是由荷蘭皇家石油公司與英國殼牌運輸貿易公司合併而成（為了與當時世界第一大石油公司，美國的標準石油競爭），總部位於荷蘭，但在英國上市。英荷皇家殼牌是全球市值第二大的石油公司，居於艾克森美孚之後，第三大的石油公司則是美國的雪弗龍。

　　另外值得一提的是 HSBC 匯豐。它不是香港的嗎，怎麼會變英國？原來 HSBC 雖然最早在香港成立，初始的業務也主要是在香港和上海，

但二戰後漸漸的國際化，成立了控股公司，總部搬到英國，並以 HSBC 銀行為旗下主要品牌。由各國股票市場市值的觀點來看也很符合直覺，英國股市全球市值第 3 大，香港股市市值跟台灣差不多，且英國掛牌交易的 HSBC 是母公司，市值較香港掛牌的 HSBC 大就不意外了。

## （二）EAFE 指數

　　EAFE 指數的意義是「去除北美洲之外的成熟市場」。成熟市場有三大區塊：北美洲、成熟歐洲、亞太地區，去掉北美洲之後，剩下的就是成熟歐洲和亞太地區，EAFE 分別是這些區域的代號。第一個 E 代表 Europe（歐洲），第二個 A 代表 Australia（澳洲），而 FE 代表 Far East（遠東地區）。

EAFE 指數績效圖（指數化）

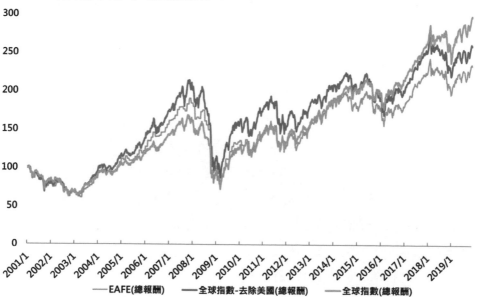

註：以 2000 ／ 1 ／ 1 指數化報酬 100 為基點。

## EAFE 指數歷年報酬（%）

| 2000 | 2001 | 2002 | 2003 | 2004 | 2005 | 2006 | 2007 | 2008 | 2009 |
|------|------|------|------|------|------|------|------|------|------|
| -11.00 | -21.50 | -17.25 | 33.75 | 13.50 | 19.75 | 17.50 | 7.50 | -42.75 | 25.00 |
| 2010 | 2011 | 2012 | 2013 | 2014 | 2015 | 2016 | 2017 | 2018 | ~2019/11 |
| 4.00 | -14.50 | 17.75 | 14.75 | -7.25 | -2.50 | 0.00 | 22.50 | -17.25 | 13.25 |

## EAFE 指數國家比重

| | |
|---|---|
| 日本 24.0% | 瑞士 9.5% |
| 英國 16.5% | 德國 8.5% |
| 法國 11.5% | 其他 30.0% |

註：以上比重數字經過處理，主要目的為彰顯相對大小，相加後未必等於 100%。

　　從 2000 年起始的 20 年間，EAFE 指數的純價格漲幅大約 17%。由上圖可知，這 20 年間包含美國股市的全球指數表現最佳，剔除美國的全球指數表現居次，而剔除美國後的成熟市場（EAFE 指數）表現最差。

　　從這張圖可以更明顯看出歐股 2010 年代的疲弱，儘管 EAFE 的主要成分國家還包含日本，但日本自從所謂失落的 20 年之後還未走出陰影，歐、日兩個表現最差的地區加在一起，無怪乎 EAFE 指數如此的表現了。

　　EAFE 指數包含了 21 個成熟市場國家，共涵蓋約 9 支股票，其中只包含中型與大型股。成分股涵蓋上述國家股票市場市值約 85%。概念和全球指數（去除美國）差不多，都是因為美國佔比太大，所以把美國拿掉，只是 EAFE 把加拿大也一併拿掉了。其他的差別還包括，全球指數（去除美國）包含新興市場，但 EAFE 指數只涵蓋成熟歐洲和亞太地區。以近年為例，如果投資人認為歐洲與日本的經濟表現能夠鹹魚大翻身，甚至經濟成長速度會快於美國，這時以 EAFE 指數為基準指標的投資標的，就會是很好的選擇。

基本上，去除日本將近 25%，再去除第 6 大權重的澳洲，EAFE 指數的主體是成熟歐洲國家。

## EAFE 指數類股比重

| | |
|---|---|
| 金融 18.5% | 原物料 7.0% |
| 工業 14.5% | 資訊科技 6.5% |
| 必需／核心消費 12.0% | 通訊服務 5.5% |
| 醫療保健 11.5% | 能源 5.5% |
| 非必需／非核心消費 11.5% | 公用事業 4.0% |
| | 房地產 3.5% |

註：以上比重數字經過處理，主要目的為彰顯相對大小，相加後末必等於 100%。

　　EAFE 指數和全球指數（排除美國）比起來，金融、資訊科技類股佔比稍稍下降，工業和醫療保健則上升。除金融之外，成熟歐洲國家重點發展工業和醫療保健，而醫療保健對新興市場來說是弱項，所以 EAFE 指數在拿掉新興市場之後，工業和醫療保健的佔比增加了。成熟歐洲的金融也是重點產業，但類股權重的分配不像新興市場那麼極端，所以金融類股的比重稍稍下降。

　　大家有沒有發現一個現象：個別的石油企業市值很大，但整體能源類股的市值偏小。在 EAFE 指數中，前 10 大成分股中石油企業就佔了 3 家，加總起來約 3%，但整體能源類股在指數的佔比才差不多 5.5%。這是因為能源產業通常是寡占的產業結構，由少數幾家企業瓜分所有市場份額。

## EAFE 指數（排除美國）前十大持股

| | 所屬國家 | 權重 | 所屬類股 |
|---|---|---|---|
| 雀巢 | 瑞士 | 2.50% | 必需／核心消費 |
| 諾華（Novartis） | 瑞士 | 1.50% | 醫療保健 |
| 羅氏製藥（Roche） | 瑞士 | 1.50% | 醫療保健 |
| 匯豐控股（HSBC） | 英國 | 1.25% | 金融 |
| 豐田汽車（Toyota） | 日本 | 1.00% | 非必需／非核心消費 |
| 英荷皇家殼牌 | 英國 | 1.00% | 能源 |
| 英國石油 | 英國 | 1.00% | 能源 |
| 友邦保險（AIA） | 香港 | 1.00% | 金融 |
| 道達爾石油（Total） | 法國 | 1.00% | 能源 |
| SAP | 德國 | 1.00% | 資訊科技 |
| 總和 | | 10.00% | |

註：以上比重數字經過處理，主要目的為彰顯相對大小，各股票比重相加後未必等於總和數字。

## 1-5. 新興市場指數

　　新興市場指數也是重中之重，追求高報酬的投資人絕對不能錯過。全球股市的市場份額，美股佔了大約一半（實際上略微超過），EAFE 佔了三成，新興市場佔了兩成。

　　從 2001 年起始的 19 年時間，新興市場指數含息總報酬大約 425%。網路泡沫時純價格的最大跌幅約 50%、2008 次貸風暴時純價格的最大跌幅約 65%，網路泡沫後的低點至 2007 年次貸風暴前的高點，純價格的最大漲幅約 410%，2009 年低點反彈至今漲幅約 125%。

　　此處同時提供新興市場指數與全球指數的歷年報酬表，以方便讀者對照。許多年度兩者的表現有非常大的差距。2003-07 年，新興市場的報酬率相當驚人，可謂「新興市場投資狂潮」。不過這 19 年新興市場的報酬，也大多都由這 5 年所貢獻。由純價格報酬來看，至今新興市場指數還未超

### 新興市場指數績效圖（指數化）

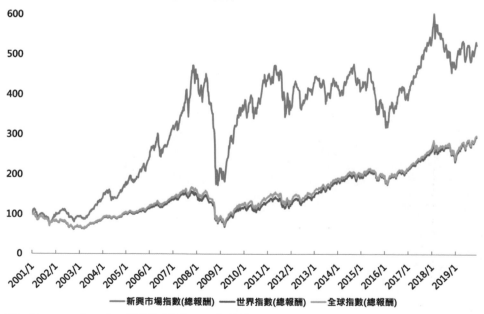

　　註：以 2001 / 1 / 1 指數化報酬 100 為基點。

## 新興市場指數歷年報酬（%）

| 2000 | 2001 | 2002 | 2003 | 2004 | 2005 | 2006 | 2007 | 2008 | 2009 |
|------|------|------|------|------|------|------|------|------|------|
| -29.25 | -4.50 | -9.75 | 50.25 | 15.25 | 43.50 | 22.50 | 37.00 | -52.50 | 70.25 |
| 2010 | 2011 | 2012 | 2013 | 2014 | 2015 | 2016 | 2017 | 2018 | ~2019/11 |
| 16.00 | -19.25 | 15.75 | -8.75 | -2.75 | -16.75 | 11.00 | 36.25 | -19.75 | 8.75 |

## 全球指數歷年報酬（%）

| 2000 | 2001 | 2002 | 2003 | 2004 | 2005 | 2006 | 2007 | 2008 | 2009 |
|------|------|------|------|------|------|------|------|------|------|
| -13.00 | -15.00 | -20.00 | 28.50 | 10.00 | 16.25 | 14.00 | 7.75 | -40.25 | 28.00 |
| 2010 | 2011 | 2012 | 2013 | 2014 | 2015 | 2016 | 2017 | 2018 | ~2019/11 |
| 10.50 | -8.75 | 16.00 | 15.50 | 3.00 | -4.00 | 7.50 | 22.50 | -12.75 | 18.25 |

過 2007 年的高點。而比較總報酬數據，新興市場 2001-2019 年的總報酬比世界指數總報酬多了將近 230%，比全球指數總報酬多了約 225%。

　　如此乍看之下，投資新興市場的總報酬績效比投資成熟市場好多了，畢竟約 20 年報酬差距逾 200%。不過大家可能進入了誤區。在網路泡沫的下跌階段，新興市場指數的跌幅比成熟市場還深（2000 年），而本書截取報酬數距的起始點多為 2001 年，是以新興市場其實是以較低的基點來與成熟市場做比較。若將 2000 年 1 月 1 日當作基點，則新興市場指數的含息總報酬約為 260%，世界指數總報酬約為 200%，全球指數總報酬約為 165%。新興市場指數將比世界指數總報酬多了將近 60%，比全球指數總報酬多了約 95%。

## 新興市場指數國家比重

| 中國 32.5% | 印度 8.5% |
|------------|-----------|
| 韓國 11.5% | 巴西 7.5% |
| 台灣 11.0% | 其他 29.0% |

註：以上比重數字經過處理，主要目的為彰顯相對大小，相加後未必等於 100%。

新興市場指數包含了 26 個新興市場國家，共涵蓋約 1,200 支股票，其中只包含中型與大型股。成分股涵蓋新興市場可投資股票市場市值約 85%。分析新興市場指數最重要的一件事之一，就是記清楚**新興亞洲佔了大約 7 成**！而其中中國佔了大約一半，也就是說中國佔新興市場指數大約 30~35%。以往中國佔比是 35% 左右，但 2018 年初美中貿易戰開打以來，中國股市表現慘澹，股價下跌資金也外流，市值不斷縮水。

　　看新興市場，先看新興亞洲；看新興亞洲，先看中國。以大方向而言，中國股市表現好，新興市場才會表現好；中國股市表現不佳，新興市場也不會表現太好。這是源自於中國經濟的外溢效應，中國國內的需求常常帶動周邊國家的出口，以 2018 年韓國為例，在中國經濟走下坡之後，韓國股市也一路積弱不振。

　　此外，台灣股市市值似乎有些大得出乎意料。2000 年代非常火紅的金磚四國裡面，只有中國市值大於台灣，印度、巴西、俄羅斯都比台灣還小。不過中美貿易戰至今（2019 / 11），台灣股市的表現比較傾向成熟國家股市。2019 年以來，歐美日等成熟市場國家指數表現甚佳，美日股市持續創新高，台股也在挑戰高點，至於其他新興市場，大多表現疲弱，雖然大多獲得正報酬，但漲幅遠不如美、日股及台灣（例如：截至 11 月，

## 新興市場指數類股比重

| | |
|---|---|
| 金融 24.5% | 原物料 7.5% |
| 資訊科技 14.5% | 必需 / 核心消費 7.0% |
| 非必需 / 非核心消費 14.0% | 工業 5.5% |
| 通訊服務 11.5% | 公用事業 3.0% |
| 能源 7.5% | 房地產 3.5% |
| | 醫療保健 2.5% |

註：以上比重數字經過處理，主要目的為彰顯相對大小，相加後未必等於 100%。

新興市場漲幅 8.75% V.S. 美股漲幅 23.00%）。

新興市場的三大組成區域：新興亞洲、歐非中東（EMEA）、拉丁美洲裡面，金融類股都是第一大類股，並且歐非中東和拉丁美洲的金融類股權重都特別大，這說明為何金融類股在新興市場指數之中佔比第一，而且還比第二大的資訊科技多 10%。新興亞洲不只金融獨強，金融類股雖然佔比第一，但資訊科技類股也不惶多讓，特定新興亞洲國家裡面，資訊科技類股更是比重較金融類股還大得多，例如韓國和台灣。非必需／非核心消費類股在 EMEA 和中國指數中較為重要，是以比重也排到第三。

此外值得注意的還有能源、原物料和醫療保健類股。許多人或許認為全球主要的原物料和能源生產國是新興市場國家，原物料和能源在新興市場指數中的佔比應該要更大，但這顯然有點過於直覺。至於醫療保健類股，我們將之與美國和成熟歐洲對比，可以發現該產業是成熟市場國家的優勢產業，新興市場國家在技術、專利等方面遠遠不及歐美，佔比在股市中微乎其微。這無疑是有些可惜的，醫療保健類股過去 10 年中飛速成長，未來依然還有許多成長空間，但新興市場國家沒有搭上高速列車。

## 新興市場指數前十大持股

| | 所屬國家 | 權重 | 所屬類股 |
|---|---|---|---|
| 阿里巴巴 | 中國 | 4.75% | 非必需 / 非核心消費 |
| 騰訊 | 中國 | 4.50% | 通訊服務 |
| 台積電 | 台灣 | 4.00% | 資訊科技 |
| 三星 | 韓國 | 3.25% | 資訊科技 |
| Naspers | 南非 | 2.00% | 非必需 / 非核心消費 |
| 中國建設銀行 | 中國 | 1.25% | 金融 |
| 平安保險 | 中國 | 1.25% | 金融 |
| 中國移動 | 中國 | 1.00% | 通訊服務 |
| 信實工業（Reliance） | 印度 | 1.00% | 能源 |
| 住房開發金融（HDFC） | 印度 | 1.00% | 金融 |
| 總和 | | 23.50% | |

註：以上比重數字經過處理，主要目的為彰顯相對大小，各股票比重相加後未必等於總和數字。

## 區域指數總整理

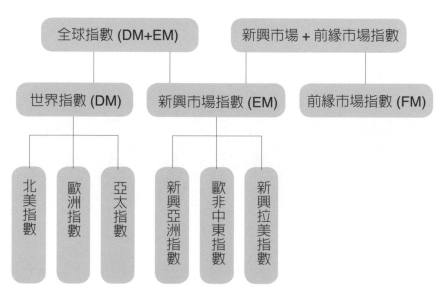

### ────── CH2 ──────
# 區域性股票指數重點分析

## 2-1. 北美指數

如果把全球指數、世界指數、新興市場指數當作整個區域劃分的最上層,接下來我們要介紹的是第二層,也就是世界指數之下(也是成熟市場劃分下)的三大區域:北美、成熟歐洲、亞太指數,以及新興市場指數之下的三大區域:新興亞洲、新興歐非中東以及新興拉丁美洲指數。

北美指數績效圖(指數化)

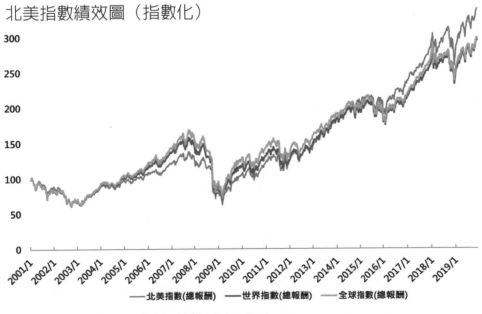

註:以 2001 / 1 / 1 指數化報酬 100 為基點。

## 北美指數歷年報酬（%）

| 2001 | 2002 | 2003 | 2004 | 2005 | 2006 | 2007 | 2008 | 2009 | 2010 |
|---|---|---|---|---|---|---|---|---|---|
| -12.50 | -23.25 | 30.25 | 11.25 | 7.00 | 15.50 | 7.50 | -37.75 | 29.25 | 16.00 |
| 2011 | 2012 | 2013 | 2014 | 2015 | 2016 | 2017 | 2018 | ~2019/11 | |
| 0.50 | 15.50 | 30.50 | 12.50 | -0.25 | 12.25 | 21.50 | -5.25 | 22.75 | |

　　從 2001 年起始的 19 年間，北美指數含息總報酬大約 340%。北美指數在 2000 年網路泡沫之前的高點，以及 2008 年金融海嘯之前的高點，位置大致相同，而從金融海嘯的高點至今，北美指數上漲已經超過一倍。下面會提及北美指數大部分都是由美股所構成，所以報酬基本上跟美國指數差不多，更多細節我們將在介紹美國指數時提及。

## 北美指數國家比重

| 美國 95.0% | 加拿大 5.0% |
|---|---|

註：以上比重數字經過處理，主要目的為彰顯相對大小，相加後未必等於 100%。

## 北美指數類股比重

| 資訊科技 21.5% | 工業 9.0% |
|---|---|
| 金融 14.0% | 必需 / 核心消費 7.0% |
| 醫療保健 13.0% | 能源 5.0% |
| 非必需 / 非核心消費 10.0% | 公用事業 3.5% |
| 通訊服務 10.0% | 房地產 3.5% |
| | 原物料 3.0% |

註：以上比重數字經過處理，主要目的為彰顯相對大小，相加後未必等於 100%。

　　北美指數包含了 2 個國家，共涵蓋約 750 支股票，其中只包含中型與大型股。成分股涵蓋全球可投資股票市場市值約 85%。基本上北美指數就

是美國指數,加拿大佔比只有約 5%。不過這 5% 造就了一些分別:加拿大指數中能源與原物料佔比相加約有 30%,如果投資者今天投資北美指數而非單純投資美國,當注意主要差別在於加拿大的能源與原物料類股。

5%*30%=1.5%,看似在投資組合中沒什麼存在感,但大家不要忘記,如果投資的是共同基金(主動型),基金經理人是可以根據基準指標去做加減碼的,也就是說,雖然在基準指標裡加拿大的能源與原物料類股只有 1.5%,但經理人可以在投資組合中投資 10%、甚至更多的加拿大能源與原物料類股,端看該基金的合約是如何訂定。當然,如果投資的是以北美指數為基準指標的 ETF,因為 ETF 通常是追求盡量完美複製基準指標的投資組合,則加拿大的能源與原物料類股就只會佔大約 1.5%。

## 北美指數前十大持股

| | 所屬國家 | 權重 | 所屬類股 |
|---|---|---|---|
| 微軟 | 美國 | 3.75% | 資訊科技 |
| 蘋果 | 美國 | 3.50% | 資訊科技 |
| 亞馬遜 | 美國 | 2.75% | 非必需 / 非核心消費 |
| 臉書 | 美國 | 1.50% | 通訊服務 |
| Alphabet C 股 | 美國 | 1.50% | 通訊服務 |
| Alphabet A 股 | 美國 | 1.25% | 通訊服務 |
| JP Morgan | 美國 | 1.25% | 金融 |
| 嬌生 | 美國 | 1.25% | 醫療保健 |
| Visa | 美國 | 1.25% | 資訊科技 |
| 寶僑(P&G) | 美國 | 1.00% | 必需 / 核心消費 |
| 總和 | | 19.25% | |

註:以上比重數字經過處理,主要目的為彰顯相對大小,各股票比重相加後未必等於總和數字。

## 2-2. 歐洲指數與歐元區指數

　　歐洲指數代表的是成熟歐洲的股票指數，因為在編製時，新興市場指數尚未出現。而涵蓋新興歐洲，如中歐、東歐的股票指數，另有一個新興歐洲指數。

### （一）歐洲指數

歐洲指數績效圖（指數化）

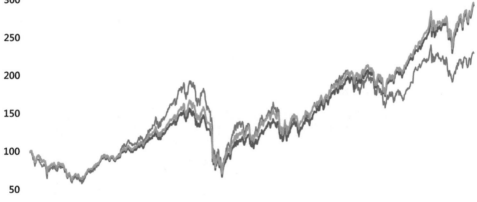

註：以 2001／1／1 指數化報酬 100 為基點。

歐洲指數歷年報酬（%）

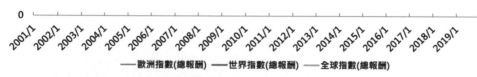

| 2001 | 2002 | 2003 | 2004 | 2005 | 2006 | 2007 | 2008 | 2009 | 2010 |
|---|---|---|---|---|---|---|---|---|---|
| -21.75 | -34.50 | 8.75 | 7.50 | 20.25 | 18.00 | 00.00 | -58.00 | 18.75 | 7.00 |

| 2011 | 2012 | 2013 | 2014 | 2015 | 2016 | 2017 | 2018 | ~2019/11 | |
|---|---|---|---|---|---|---|---|---|---|
| -10.50 | 11.25 | 15.75 | 4.50 | 6.50 | -0.50 | 9.00 | -17.25 | 17.00 | |

　　歐洲大概是近 10 年股市表現最差的區域了。從 2001 年起始的 19 年間，歐洲指數含息總報酬為 130%，年化報酬率大約等於 4.5%，還略輸給美元投資級債。在 2008 年次貸風暴之前，歐股表現是強於全球指數與美股的，但在 2014 年開始落後，美股在 2016 年向上突破後，更是拉開與歐股的報酬差距。雖然歐股受到歐債危機所拖累，但其疲弱表現部分也受到歐元兌美元從 2008 年以來一路貶值的影響。

　　不過，我們該思考的問題是，這種情形會持續多久，何時歐股能夠鹹魚大翻身？

## 歐洲指數國家比重

| | |
|---|---|
| 英國 26.0% | 德國 14.0% |
| 法國 18.0% | 荷蘭 6.0% |
| 瑞士 15.5% | 其他 21.0% |

註：以上比重數字經過處理，主要目的為彰顯相對大小，相加後未必等於 100%。

## 歐洲指數類股比重

| | |
|---|---|
| 金融 17.0% | 原物料 7.0% |
| 必需／核心消費 15.5% | 能源 7.0% |
| 醫療保健 14.0% | 資訊科技 6.0% |
| 工業 13.5% | 通訊服務 4.5% |
| 非必需／非核心消費 9.5% | 公用事業 4.5% |
| | 房地產 1.5% |

註：以上比重數字經過處理，主要目的為彰顯相對大小，相加後未必等於 100%。

　　歐洲指數包含了 15 個成熟歐洲國家，共涵蓋約 450 支股票，其中只包含中型與大型股。成分股涵蓋成熟歐洲可投資股票市場市值約 85%。類

股方面，我們要特別注意歐洲的必需／核心消費類股佔比非常的大，其他地區無論是成熟國家或新興市場國家，通常必需／核心消費類股都佔比不到 10%。這主要來自於歷史淵源與文化，歐洲的許多食品、日用品品牌成立得較早，並且產品品質精緻，時至如今都變成各領域的主要品牌之一，例如海尼根、雀巢、寶僑、聯合利華、英美菸草等等。

　　歐洲的工業也佔比相當大。精密機械是歐洲的優勢產業，歐洲的資本財這個產業群蓬勃發展，另外拜各國集中資源之賜、當前唯一能跟美國波音公司打對台的空中巴士也在歐洲。

　　此外，非必需／非核心消費類股在歐洲指數的佔比也不小。這主要來自於兩個產業：汽車與奢侈品。歐洲的汽車品牌大家應該耳熟能詳，例如賓士、保時捷等等品牌（所以可想而知，另外一個非必需／非核心消費佔比很大的國家就是日本），注意汽車產業是屬於非必需／非核心類股，可別跟工業類股混淆了。奢侈品品牌也不用多說，義大利的 GUCCI、法國的 LV 與 CHANEL 等等。

　　至於醫療保健產業，先前有提過，主要是歐美的重點發展產業，新興市場分不到一杯羹。歐洲的資訊科技類股則相當小，資訊科技類股之下的三個產業群：軟體服務、科技硬體與設備、半導體，歐洲主要有的只有科技硬體與設備，而且歐洲發展的相關產業，通常是更偏向工業之下、資本財產業群的電子設備產業。

## 歐洲指數前十大持股

| | 所屬國家 | 權重 | 所屬類股 |
|---|---|---|---|
| 雀巢 | 瑞士 | 4.00% | 必需／核心消費 |
| 羅氏製藥（Roche） | 瑞士 | 2.25% | 醫療保健 |
| 諾華（Novartis） | 瑞士 | 2.25% | 醫療保健 |
| 匯豐控股（HSBC） | 英國 | 1.75% | 金融 |
| 英國石油（BP） | 英國 | 1.50% | 能源 |
| 英荷皇家殼牌 | 英國 | 1.50% | 能源 |
| 道達爾石油（Total） | 法國 | 1.50% | 能源 |
| SAP | 德國 | 1.50% | 資訊科技 |
| 阿斯利康製藥（Asrazeneca） | 英國 | 1.50% | 醫療保健 |
| LVMH | 法國 | 1.25% | 非必需／非核心消費 |
| 總和 | | 19.00% | |

註：以上比重數字經過處理，主要目的為彰顯相對大小，各股票比重相加後未必等於總和數字。

## （二）歐元區指數（歐元）

　　結果歐元區指數的表現比歐洲指數又稍微差了一些，從 2001 年起始的 19 年間，歐元區指數的含息總報酬是約 85%，歐洲指數則是 130%。網路泡沫、次貸風暴，兩者的最大跌幅都超過 50%，兩次復甦期都辛苦的再從腰斬的位置爬回 2000 年左右的高點。仔細比較兩個指數的單年度報酬，可以發現報酬差距主要出現在 2011 年之後，這主要原因要從成分國家的差異來探究。歐元區指數比歐洲指數主要少了英國和瑞士，儘管英國表現相當差，但瑞士股市在 2010 年代突飛猛進，造成了兩個指數的報酬差距。原本歐洲指數可能擊敗歐元區指數更多，但由於歐元兌美元從 2009 貶值至今，抵銷了部分歐洲指數的漲幅。

## 歐元區指數（歐元）績效圖（指數化）

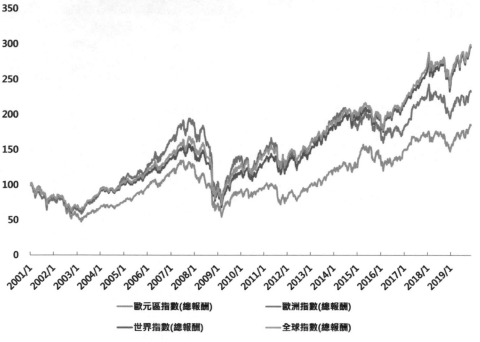

註：以 2000 / 1 / 1 指數化報酬 100 為基點。

## 歐元區指數（歐元）歷年報酬（%）

| 2000 | 2001 | 2002 | 2003 | 2004 | 2005 | 2006 | 2007 | 2008 | 2009 |
|------|------|------|------|------|------|------|------|------|------|
| -4.50 | -19.50 | -35.00 | 16.50 | 10.25 | 22.50 | 19.00 | 5.25 | -46.50 | 23.00 |
| 2010 | 2011 | 2012 | 2013 | 2014 | 2015 | 2016 | 2017 | 2018 | ~2019/11 |
| -0.50 | -17.50 | 15.50 | 20.25 | 2.25 | 7.50 | 1.75 | 10.00 | -17.50 | 18.75 |

## 歐元區指數（歐元）國家比重

| 法國 36.0% | 西班牙 9.5% |
|-----------|-----------|
| 德國 28.0% | 義大利 6.5% |
| 荷蘭 13.0% | 其他 7.0% |

註：以上比重數字經過處理，主要目的為彰顯相對大小，相加後未必等於 100%。

　　歐元區指數包含了 10 個在歐元區中的成熟歐洲國家，共涵蓋約 120 支股票，其中只包含大型股。成分股涵蓋歐元區可投資股票市場市值約 70%。歐元區指數是歐洲指數的其中一部份。為什麼要特別在此處提出來介紹呢？主要是市場上有些基金的基準指標是歐元區指數、有些是歐洲指數，希望在此提醒大家注意兩者的一些重要區別。

　　唸書時課本都有教，歐盟、歐元區的成員國是不同的，其中英國屬於歐盟國家，但不屬於歐元區；瑞士更是都不在其中。所以歐元區指數跟歐洲指數比起來，國家分佈中就少了英國和瑞士，而這兩國在歐洲指數中加總起來佔比逾 40%，也就是說，歐洲指數和歐元區指數差了 40% 的成分股。此外，光是前 10 大持股中，就有 7 檔股票不同。這差別就像投資全球指數，和投資全球指數（去除美國）一樣；不能買英、瑞兩國的大型股就像投資台灣但不能買台積電、大立光等股票。

　　此外，思考以下情境：如果歐洲央行（ECB）施行鴿派的貨幣政策，例如降息或 QE，投資人因而看好後續的經濟表現與股市，如此則應該要投資，以歐洲指數為基準的標的，還是以歐元區指數為基準的標的呢？如果不計入所謂的外溢效應（因為現在全球的資金大致上可以自由流動），邏輯上應該要選歐元區指數才對。英國和瑞士都有自己的央行和貨幣，更別說兩個指數的成分股差距有 40%。

　　至於是否應該計入外溢效應，則筆者要反問，那是不是美國降息，從全球貨幣供給會增加的觀點來看，投資歐洲股市也可以？投資台灣股市、投資沙烏地阿拉伯股市，都會從中獲益？我不能否認會有所影響，但影響程度不同，歐元區降息，獲益最多者一定是歐元區本土，則為什麼不投資歐元區而要捨近求遠呢？

　　另外，提醒大家注意，歐元區指數是以歐元計價！本書所介紹的大部分指數，包含歐洲指數，都是由美元計價的，唯獨少數例外，歐元區指數就是其中之一。而這也是為什麼筆者上面會提到，歐元兌美元貶值影響歐

## 歐元區指數（歐元）類股比重

| | |
|---|---|
| 金融 17.0% | 醫療保健 8.0% |
| 非必需／非核心消費 14.0% | 公用事業 6.5% |
| 必需／核心消費 13.5% | 原物料 6.0% |
| 工業 13.0% | 能源 5.5% |
| 資訊科技 10.5% | 通訊服務 4.5% |
| | 房地產 1.5% |

註：以上比重數字經過處理，主要目的為彰顯相對大小，相加後未必等於 100%。

## 歐元區指數（歐元）前十大持股

| | 所屬國家 | 權重 | 所屬類股 |
|---|---|---|---|
| 道達爾石油（Total） | 法國 | 3.50% | 能源 |
| SAP | 德國 | 3.50% | 資訊科技 |
| LVMH | 法國 | 3.25% | 非必需／非核心消費 |
| 賽諾菲（Sanofi） | 法國 | 2.75% | 醫療保健 |
| ASML | 荷蘭 | 2.75% | 資訊科技 |
| 安聯（Allianz） | 德國 | 2.75% | 金融 |
| 聯合利華 | 荷蘭 | 2.50% | 必需／核心消費 |
| 空中巴士 | 法國 | 2.50% | 工業 |
| 西門子 | 德國 | 2.25% | 工業 |
| 百威英博（AB InBev） | 比利時 | 2.00% | 必需／核心消費 |
| 總和 | | 27.50% | |

註：以上比重數字經過處理，主要目的為彰顯相對大小，各股票比重相加後未必等於總和數字。

洲指數相對歐元區指數的表現。

　　與歐洲指數比起來，歐元區指數的必需／核心消費類股，以及醫療保健類股的排名與比重皆下降了，可知在歐洲中，這兩個類股比較多是在英國以及瑞士掛牌交易。以歐洲指數的前 10 大持股為例，必需／核心消費類股屬於瑞士的就有雀巢，醫療保健類股屬於瑞士的則有羅氏、諾華，屬於英國的有阿斯利康。

## 2-3. 亞太指數

　　亞太指數表現依舊輸給大盤（世界指數和全球指數），不過比歐洲指數表現好一些。從 2001 年起始的 19 年間，亞太指數含息總報酬約 140%，歐洲指數是 130%，世界指數和全球指數則分別是 195%、200%。亞太指數的成分國家中，日本一直以來表現疲軟，亞太指數在 2008 年金融海嘯之前能夠擊敗大盤，主要來自澳洲及香港的亮眼漲幅。2008 年後儘管澳洲和香港強勁反彈，不過日本從 2011 年起報酬便嚴重落後大盤，抵銷掉澳洲和香港的表現；雪上加霜的是，到了 2014 年之後，澳洲股市強勁成長的動能消失，亞太指數的表現更是一落千丈，開始被大盤所超越。

亞太指數績效圖（指數化）

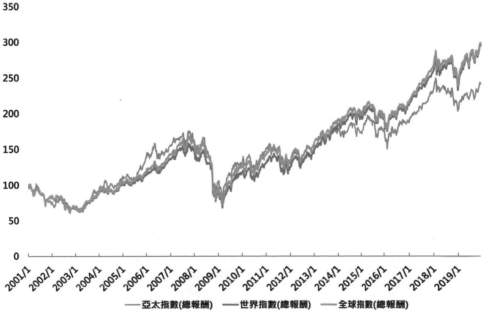

註：以 2001 ／ 1 ／ 1 指數化報酬 100 為基點。

## 亞太指數歷年報酬（%）

| 2001 | 2002 | 2003 | 2004 | 2005 | 2006 | 2007 | 2008 | 2009 | 2010 |
|---|---|---|---|---|---|---|---|---|---|
| -25.25 | -9.00 | 39.00 | 19.25 | 23.00 | 12.50 | 5.50 | -36.25 | 24.25 | 16.00 |
| 2011 | 2012 | 2013 | 2014 | 2015 | 2016 | 2017 | 2018 | ~2019/11 | |
| -13.50 | 14.50 | 18.50 | -2.50 | 3.25 | 4.50 | 25.00 | -11.75 | 17.00 | |

## 亞太指數國家比重

| 日本 66.5% | 新加坡 3.5% |
|---|---|
| 澳洲 19.5% | 紐西蘭 0.5% |
| 香港 10.0% | |

註：以上比重數字經過處理，主要目的為彰顯相對大小，相加後未必等於 100%。

　　亞太指數包含了 5 個成熟亞太國家，共涵蓋約 450 支股票，其中包含大型股與中型股。成分股涵蓋成熟亞太股票市場市值約 85%。日本是全球股票市值第二大的國家，在亞太指數中亦佔比最大，約 66%。亞太區域佔全球成熟國家股市約 12% 的市值（成熟歐洲約 25%）。

　　成熟市場國家不代表市值一定比較大，新加坡、紐西蘭市值都比台灣小，沒什麼存在感。基本上分析亞太地區的成熟市場國家時，只要看日本、澳洲、香港就好。

## 亞太指數類股比重

| 金融 20.0% | 房地產 7.5% |
|---|---|
| 工業 17.0% | 必需／核心消費 7.0% |
| 非必需／非核心消費 14.5% | 通訊服務 7.0% |
| 醫療保健 8.5% | 原物料 6.5% |
| 資訊科技 7.5% | 公用事業 3.0% |
| | 能源 1.5% |

註：以上比重數字經過處理，主要目的為彰顯相對大小，相加後未必等於 100%。

　　日本最大的類股是工業，約 20%，但金融類股則相對小，只有約 10%，這樣看來亞太指數的金融類股不應該這麼大才對。不過澳洲和香港的金融都是第一大類股，佔澳洲和香港各自指數都約 40%，所以亞太指數的金融才會這麼多。非必需／非核心消費類股則主要來自日本的貢獻，再看得更細的話，主要都是來自於汽車與汽車零組件。至於醫療保健類股，整個亞洲區域只有日本發展較佳，但其市值在日股裡只有 10% 左右而已。

## 亞太指數前十大持股

| | 所屬國家 | 權重 | 所屬類股 |
|---|---|---|---|
| 豐田汽車（Toyota） | 日本 | 3.00% | 非必需／非核心消費 |
| 友邦保險（AIA） | 香港 | 2.50% | 金融 |
| 澳洲聯邦銀行 | 澳洲 | 2.00% | 金融 |
| 軟體銀行 | 日本 | 1.50% | 通訊服務 |
| CSL | 澳洲 | 1.50% | 醫療保健 |
| Sony | 日本 | 1.50% | 非必需／非核心消費 |
| 必和必拓（BHP） | 澳洲 | 1.50% | 原物料 |
| 西太平洋銀行 | 澳洲 | 1.50% | 金融 |
| 三菱日聯集團 | 日本 | 1.25% | 金融 |
| Keyence | 日本 | 1.00% | 資訊科技 |
| 總和 | | 17.00% | |

註：以上比重數字經過處理，主要目的為彰顯相對大小，各股票比重相加後未必等於總和數字。

　　前 10 大持股中，比較值得一提的就是必和必拓（BHP）了。澳洲以原物料出口，尤其是鐵礦砂出口聞名世界，而 BHP 正是全澳洲最大、也是全球最大的綜合礦業公司。不過 BHP 並非全球鐵礦砂產量和出口最多的企業，出口最多鐵礦砂的是全球規模第二大的綜合礦業公司、隸屬於巴

西的淡水河谷公司。

　　我們什麼時候會想投資亞太指數呢？基本上是看好 （1）香港、澳洲的金融業（2）日本的工業 （3）日本的非必需／非核心消費類股，尤其是汽車產業 （4）澳洲的原物料類股，尤其是礦業。上述都屬於景氣循環類股。

　　從類股來看，亞太指數的防禦型類股只佔大約 20%，跟世界指數的約 35% 比起來，少了許多。但事實上亞太指數的波動度，比世界指數還低，這主要是因為亞太指數主要的成分股是由日本所構成，而日本指數的波動度較世界指數低。整體亞太指數的表現雖不如世界指數，但若拆開來看個別國家，則香港、澳洲指數表現還是很不錯的。

　　不過再次提醒大家，本書介紹的指數多是由美元計價，也就是說我們看到的報酬數據，是該國股市本身的報酬，再加計貨幣兌美元升貶值的報酬。以台灣人而言，我們要投資該國的股市，也需要以台幣換成該國貨幣再去投資，所以本來我們在看報酬，就應該加計貨幣升貶的影響。而採用美元計價的指數，即是為了方便，給予所有的指數同一個比較基準。

## 成熟市場三大區域指數比較

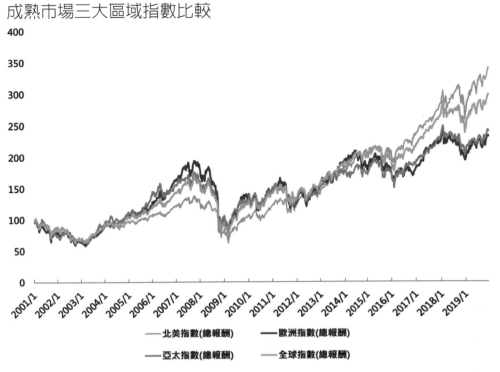

圖例：
- 北美指數(總報酬)
- 歐洲指數(總報酬)
- 亞太指數(總報酬)
- 全球指數(總報酬)

註：以 2001／1／1 指數化報酬 100 為基點。

|  | 股利率 | 本益比 | 10 年年化報酬率 | 10 年年化波動度 | 10 年年化夏普比率 |
|---|---|---|---|---|---|
| 北美指數 | 1.9% | 22.0 | 12.8% | 12.5% | 0.97 |
| 歐洲指數 | 3.5% | 17.0 | 5.5% | 16.5% | 0.37 |
| 亞太指數 | 2.8% | 15.0 | 6.5% | 13.0% | 0.49 |
| 全球指數 | 2.4% | 19.0 | 9.4% | 13.0% | 0.69 |

註：資料截至 2019／11。

## 2-4. 新興亞洲指數

　　介紹完亞太指數，我們完成了對成熟市場三大區域的介紹，接下來輪到新興市場的三大區域。前文曾經提過，新興市場三大區域—新興亞洲、歐非中東、新興拉丁美洲裡面，新興亞洲佔了大約 70% 的市值。分析新興市場指數，必重點關注新興亞洲，所以現在我們也從新興亞洲開始介紹。

　　從 2001 年起始的 19 年間，新興亞洲指數不含息純價格漲幅大約110%，小幅輸給新興市場指數的 115%；含息總報酬約為 490%，勝過新興市場指數的 425%。2008 年之前新興市場其他區域漲幅比新興亞洲更加「誇張」，但從 2013 開始，新興拉美及新興歐非中東地區表現疲軟，遠遠不如新興亞洲，是以新興亞洲指數的報酬逐漸超越新興市場指數。

新興亞洲指數績效圖（指數化）

註：以 2001 / 1 / 1 指數化報酬 100 為基點。

## 新興亞洲指數歷年報酬（%）

| 2001 | 2002 | 2003 | 2004 | 2005 | 2006 | 2007 | 2008 | 2009 | 2010 |
|------|------|------|------|------|------|------|------|------|------|
| 4.25 | -6.25 | 47.00 | 12.25 | 23.50 | 29.75 | 38.25 | -54.00 | 70.25 | 16.50 |
| 2011 | 2012 | 2013 | 2014 | 2015 | 2016 | 2017 | 2018 | ~2019 /11 | |
| -19.00 | 18.25 | -0.25 | 2.50 | -11.75 | 3.75 | 40.00 | -17.25 | 11.25 | |

　　分析新興亞洲指數成分國家的報酬表現，新興亞洲指數能夠擊敗大盤（新興市場指數，至於全球指數就不用比了）的原因，主要來自中國和印度這兩個金磚四國成員國，台灣、南韓、東協國家則是表現相對落後者，大家可以自行對照後面章節所提供的單一國家指數績效。

　　新興亞洲指數的波動度自然較全球指數還高，但跟新興市場指數比起來則較低，也就是說，新興拉美與新興歐非中東指數的波動較新興亞洲更為激烈。

## 新興亞洲指數國家比重

| 中國 45.0% | 印度 12.0% |
|------------|------------|
| 韓國 16.0% | 泰國 4.0% |
| 台灣 15.5% | 其他 7.5% |

註：以上比重數字經過處理，主要目的為彰顯相對大小，相加後未必等於 100%

　　新興亞洲指數包含了 9 個新興亞洲國家，共涵蓋約 900 支股票，其中包含大型股與中型股。成分股涵蓋新興亞洲股票市場市值約 85%。再度強調重點：中國股市佔新興亞洲指數快要一半！在以前中國股市佔比是超過一半的，但在 2018 年初中美貿易紛爭開始之後，中國股市開始下跌，市值縮水，所以當前（2019/11）佔比不到一半。為了方便，我們以中國股市佔新興亞洲指數 50% 來算，而新興亞洲佔新興市場約 7 成，即中國佔新興市場指數 35%。雖然不像美股佔全球指數 56%、佔世界指數

63.5%，或者像日股佔亞太指數 66.5% 這麼誇張，但中國股市的重要性對新興市場來說也彰顯無疑了。

　　此外，將前四大國的市值加總起來，佔了新興亞洲指數將近 9 成，所以我們在分析此指數時，也要特別注意這四國分別的特色，也就是佔比較大的類股，或者優勢產業。

　　其中，台灣、韓國的資訊科技類股都佔當地股市大約一半 ( 台灣約 62%、韓國約 44%)，深受美國資訊科技類股的影響，尤其是半導體產業；至於印度則通常走自己的路，主要驅動印股漲跌的通常為其國內本身的因素。

### 新興亞洲指數類股比重

| | |
|---|---|
| 金融 20.5% | 必需 / 核心消費 6.0% |
| 資訊科技 20.0% | 原物料 5.0% |
| 非必需 / 非核心消費 15.0% | 能源 5.0% |
| 通訊服務 13.5% | 醫療保健 3.5% |
| 工業 6.0% | 房地產 3.0% |
| | 公用事業 2.5% |

註：以上比重數字經過處理，主要目的為彰顯相對大小，相加後未必等於 100%。

　　新興亞洲的優勢產業是資訊科技類股，尤其是硬體製造以及半導體相關產業，是以我們看到，資訊科技類股的比重跟第一名的金融類股，是相差不多的。新興市場國家欲發展經濟，通常都會以金融市場的建構為第一要務，因為有了完善的金融體系、健全的借貸系統，才能夠支持產業發展。所以我們很常看到，新興市場的金融類股比重會特別大，再搭配上一個也很大的優勢類股（產業）。新興亞洲（尤其台灣和韓國）就是金融加上資訊科技（半導體）。

　　至於非必需／非核心消費類股，中國的電子商務發展蓬勃，已行之有年，隨著阿里巴巴、京東等等企業逐漸成長為一方巨擘，非必需／非核心消費類股的市值也漸成龐然大物。

## 新興亞洲指數前十大持股

| | 所屬國家 | 權重 | 所屬類股 |
|---|---|---|---|
| 阿里巴巴 | 中國 | 6.50% | 非必需／非核心消費 |
| 騰訊 | 中國 | 6.25% | 通訊服務 |
| 台積電 | 台灣 | 5.25% | 資訊科技 |
| 三星 | 韓國 | 4.50% | 資訊科技 |
| 中國建設銀行 | 中國 | 1.75% | 金融 |
| 平安保險 | 中國 | 1.75% | 金融 |
| 中國移動 | 中國 | 1.25% | 通訊服務 |
| 信實工業 | 印度 | 1.25% | 能源 |
| 住房開發金融（HDFC） | 印度 | 1.25% | 金融 |
| 中國工商銀行 | 中國 | 1.00% | 金融 |
| 總和 | | 31.25% | |

註：以上比重數字經過處理，主要目的為彰顯相對大小，各股票比重相加後未必等於總和數字。

　　新興亞洲指數的前十大持股，與新興市場指數的差別，只在減少了南非的 Naspers，新增了中國工商銀行。由此可以再度側面觀察，新興亞洲在新興市場的重要程度。

　　此外我們可以看到，台灣的台積電和韓國的三星，加起來市值佔新興亞洲指數大約 10%，已經達到資訊科技類股整體的一半，相當驚人。

　　什麼時候應該投資新興亞洲指數呢？通常是看好：（1）中國、印度的金融業；（2）台灣、韓國的資訊科技類股（尤其是半導體產業）；（3）

中國的非必需／非核心消費類股。上述三者都跟景氣息息相關,半導體產業攸關全球的經濟狀況,常常用在消費性電子產品之上,而消費性電子產品屬於非必需／非核心消費,是人們經濟較為富裕的情況下才會購買的商品。中國的電商,也攸關中國民間消費力。至於金融業,跟利率水準也息息相關,基本上利率高了,利差才能擴大。並且經濟狀況好,才較不會有債務違約的問題。

## 2-5. 新興歐非中東指數

　　歐非中東代表的是新興歐洲、新興非洲以及中東地區，英文是 EMEA，第一個 E 是 Europe、ME 是 Middle East、A 代表 Africa。千萬不要跟 EAFE 地區搞混了呀。EAFE 代表的是去除北美洲之外的成熟市場。

新興歐非中東指數績效圖（指數化）

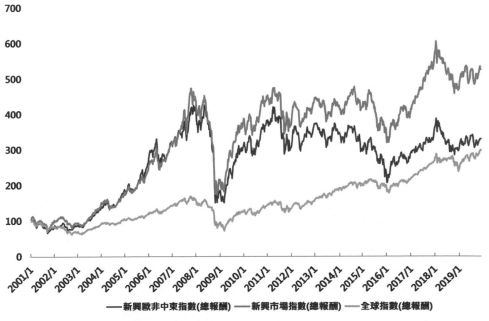

　　新興歐非中東指數(總報酬)　　新興市場指數(總報酬)　　全球指數(總報酬)

註：以 2001 ／ 1 ／ 1 指數化報酬 100 為基點。

新興歐非中東指數歷年報酬（％）

| 2001 | 2002 | 2003 | 2004 | 2005 | 2006 | 2007 | 2008 | 2009 | 2010 |
|------|------|------|------|------|------|------|------|------|------|
| -21.00 | 4.75 | 51.25 | 35.75 | 34.75 | 21.25 | 25.75 | -56.75 | 63.50 | 21.00 |

| 2011 | 2012 | 2013 | 2014 | 2015 | 2016 | 2017 | 2018 | ~2019 / 11 | |
|------|------|------|------|------|------|------|------|------------|--|
| -22.50 | 17.75 | -8.00 | -17.50 | -22.25 | 16.50 | 21.00 | -18.75 | 4.75 | |

從 2001 年起始的 19 年間，新興歐非中東指數含息總報酬大約
230%，小幅贏過全球指數的約 200%，但輸給新興市場指數的近乎
400%。比較特別的是，單純看價格漲幅的話，新興歐非中東指數的報酬
大約是 50%，還輸給全球指數的約 60%。這意謂著新興歐非中東指數的
股利長期而言高於全球指數，以 2019 年而言，新興歐非中東指數的股利，
約是全球指數的 1.8 倍。這又再度顯示，不看總報酬而只看價格漲幅，看
不到整體的實際狀況。

　　觀察報酬比較圖，新興歐非中東指數最輝煌的時期是 2003-2008 金融
海嘯之前，波段最大漲幅將近 530%，還勝過新興市場指數，不過從 2013
年開始就開始被新興市場指數超越，我們大致推敲其原因，主要是受到油
價低迷所影響，因為歐非中東地區的能源類股占比非常大，大致是以能源
生產與出口支撐經濟。

## 新興歐非中東指數國家比重

| | |
|---|---|
| 南非 33.5% | 卡達 6.5% |
| 俄羅斯 24.0% | 波蘭 6.0% |
| 沙烏地阿拉伯 16.5% | 其他 13.5% |

註：以上比重數字經過處理，主要目的為彰顯相對大小，相加後未必等於 100%

　　歐非中東指數包含了 11 個新興歐洲、中東、非洲國家，共涵蓋約
250 支股票，其中包含大型股與中型股。成分股涵蓋歐非中東股票市場市
值約 85%。到目前為止，似乎介紹的每一個指數，都有一個權重特別大的
國家。歐非中東指數讀者當記得，大部分都是南非和俄羅斯，其餘的主要
為中東油國。新興歐洲的捷克、希臘、匈牙利等國，都沒什麼存在感。土
耳其股市若不是 2018 年出現總統強行干預央行決策，導致惡性通膨的話，

土耳其股市也少有人注目。

看到歐非中東指數主要由南非、俄羅斯、沙烏地阿拉伯組成，聰明的讀者們應該可以預期，接下來的類股會看到能源、原物料類股的權重特別大了。

## 新興歐非中東指數類股比重

| | |
|---|---|
| 金融 36.0% | 必需／核心消費 5.0% |
| 能源 17.0% | 房地產 3.0% |
| 非必需／非核心消費 14.5% | 工業 2.0% |
| 原物料 13.5% | 公用事業 1.5% |
| 通訊服務 7.0% | 醫療保健 1.0% |
| | 資訊科技 0.0% |

註：以上比重數字經過處理，主要目的為彰顯相對大小，相加後未必等於 100%。

果不其然，能源和原物料類股分別佔比 17.0%、13.5%，排行第 2 及第 4。南非的天然資源主要以寶石為主，原物料類股其實佔比不大，只有大約 10%；歐非中東指數的原物料類股主要來自俄羅斯與沙烏地阿拉伯。俄羅斯的主要是礦業，沙烏地阿拉伯則是主要生產原油衍生的化工產品。

能源部分，俄羅斯、沙烏地阿拉伯以及其他 OPEC 國家都是產油大國，自然無需贅述。比較特別的是非必需／非核心消費，這主要都來自南非。非必需／非核心消費佔南非指數約 40%，但有 35% 左右都來自於 Naspers 這間企業。

Naspers 是南非主要的互聯網企業及媒體集團，可以想像就是南非版的阿里巴巴。最早是由報業起家，在南非當地擁有非常大的話語權，推動許多南非的重大歷史走勢，例如支持南非國民黨的種族歧視政策，但後來也轉向促進政治改革。Naspers 是騰訊的大股東，持股約 35%，其持

股的市值甚至比 Naspers 本身還大。Naspers 單一個股佔歐非中東指數
11.5%，佔南非指數 35%。南非在歐非中東指數的權重裡，有三分之一來
自於 Naspers。

　　大家有沒有想到一件事：聞名全球、全球最大的原油生產商，沙烏地
阿拉伯的沙特阿美公司呢？或許有些人還不知道，原來沙特阿美公司還沒
上市！根據當前官方釋出的消息，計畫將沙特阿美在 2020 至 2021 年之
間上市，屆時預計規模會達到 2 兆美元，會刷新全球 IPO 金額的紀錄。

### 新興歐非中東指數前十大持股

| | 所屬國家 | 權重 | 所屬類股 |
|---|---|---|---|
| Naspers | 南非 | 11.50% | 非必需 / 非核心消費 |
| 俄羅斯天然氣（Gazprom） | 俄羅斯 | 4.50% | 能源 |
| 俄羅斯聯邦儲蓄銀行 | 俄羅斯 | 4.25% | 金融 |
| 盧克石油（Lukoil） | 俄羅斯 | 3.75% | 能源 |
| 卡達國家銀行 | 卡達 | 2.75% | 金融 |
| 沙特基礎工業（SABIC） | 沙國 | 2.50% | 原物料 |
| Al Rajhi 銀行 | 沙國 | 2.25% | 金融 |
| Novatek GDR | 俄羅斯 | 2.00% | 能源 |
| Tatneft | 俄羅斯 | 2.00% | 能源 |
| 諾里爾鎳礦（Nornickel） | 俄羅斯 | 1.75% | 原物料 |
| 總和 | | 37.25% | |

註：以上比重數字經過處理，主要目的為彰顯相對大小，各股票比重相加後未必等於總
和數字。

## 2-6 . 新興拉丁美洲指數

　　從 2001 年起始的 19 年間，新興拉美指數不含息純價格漲幅大約 150%，擊敗新興市場指數的 115%；含息總報酬約為 440%，低於新興市場指數的 525%。新興拉美指數是這 19 年中，純論價格漲幅的話，新興市場三大區域裡唯一一個打敗新興市場指數的。2002-08 年間，新興拉美指數的最大漲幅逾 800%，這還是純價格的漲幅而已，若計入股利再投入的總報酬……那報酬率太美實在不敢想像，若是整個波段 All in 賺好賺滿，現在已經在世界各地享受人生了。

新興拉丁美洲指數績效圖（指數化）

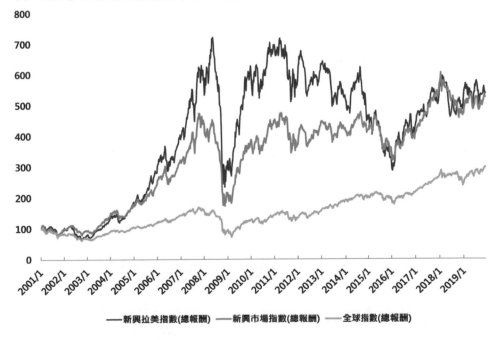

註：以 2001 / 1 / 1 指數化報酬 100 為基點。

### 新興拉丁美洲指數歷年報酬（%）

| 2001 | 2002 | 2003 | 2004 | 2005 | 2006 | 2007 | 2008 | 2009 | 2010 |
|------|------|------|------|------|------|------|------|------|------|
| -4.25 | -24.75 | 67.00 | 34.75 | 45.00 | 39.25 | 47.00 | -52.75 | 98.25 | 12.00 |
| 2011 | 2012 | 2013 | 2014 | 2015 | 2016 | 2017 | 2018 | ~2019/11 | |
| -22.00 | 5.50 | -15.75 | -14.75 | -33.00 | 28.00 | 20.75 | -9.25 | -1.00 | |

### 新興拉丁美洲指數國家比重

| | |
|---|---|
| 巴西 63.0% | 哥倫比亞 3.5% |
| 墨西哥 21.0% | 祕魯 3.0% |
| 智利 8.0% | 其他 1.5% |

註：以上比重數字經過處理，主要目的為彰顯相對大小，相加後未必等於 100%

　　新興拉丁美洲指數包含了 6 個新興拉丁美洲國家，共涵蓋約 100 支股票，其中包含大型股與中型股。成分股涵蓋此 6 國股票市場市值約 85%。新興拉丁美洲指數主要由巴西和墨西哥構成，兩者相加權重將近 85%，再度驗證每個區域型指數都有 1~2 個權重特別大的國家。

　　至於其他的拉丁美洲國家，在介紹區域劃分的時候曾經提過，其規模和成熟度都屬於比前緣市場再低一層的獨立市場。

### 新興拉丁美洲指數類股比重

| | |
|---|---|
| 金融 34.0% | 工業 6.5% |
| 必需／核心消費 16.0% | 公用事業 6.0% |
| 原物料 12.5% | 非必需／非核心消費 2.0% |
| 能源 9.5% | 房地產 1.5% |
| 通訊服務 6.5% | 醫療保健 1.0% |
| | 資訊科技 1.0% |

註：以上比重數字經過處理，主要目的為彰顯相對大小，相加後未必等於 100%。

　　想到巴西，各位想到什麼？嘉年華會和熱情的女郎？這可離不開啤酒。於是我們看到，啤酒做為飲料的一種（所有的酒精類飲品都是）被分類為必需／核心消費類股，此類股在新興拉丁美洲指數中佔比第 2 大。此外後面會介紹，墨西哥有兩家非常大的零售（生活必需品）和飲料公司，也將必需／核心消費類股比重拉高。

　　除此之外，巴西為全球前十大原油生產國之一，又坐擁亞馬遜雨林，擁有豐富的天然資源，故原物料和能源類股分別排名在第 3 和第 4 位。至於金融類股在新興市場通常很大，就不再贅述了。

## 新興拉丁美洲指數前十大持股

|  | 所屬國家 | 權重 | 所屬類股 |
| --- | --- | --- | --- |
| 伊塔烏聯合銀行 | 巴西 | 6.50% | 金融 |
| 淡水河谷 | 巴西 | 5.50% | 原物料 |
| 布拉德斯科銀行 | 巴西 | 5.00% | 金融 |
| 巴西石油（特別股） | 巴西 | 4.00% | 能源 |
| 美洲電信 | 墨西哥 | 4.00% | 通訊服務 |
| 巴西證交所 | 巴西 | 3.50% | 金融 |
| AmBev | 巴西 | 3.50% | 必需／核心消費 |
| 巴西石油（普通股） | 巴西 | 3.25% | 能源 |
| FEMSA | 墨西哥 | 2.75% | 必需／核心消費 |
| 沃爾瑪－墨西哥 | 墨西哥 | 2.25% | 必需／核心消費 |
| 總和 |  | 40.50% |  |

註：以上比重數字經過處理，主要目的為彰顯相對大小，各股票比重相加後未必等於總和數字。

　　伊塔烏聯合銀行是巴西最大的銀行，總資產規模超過政府把持的巴西銀行（巴西的央行為巴西中央銀行）；淡水河谷於前文介紹澳洲的必和必

拓（BHP）有提過，其是全球第 2 大的綜合礦業公司，同時是鐵礦砂的最大出口商。淡水河谷和 BHP 擁有全球鐵礦砂主要的定價權，最大進口國則是中國；美洲電信則是南美洲最大的電信公司，在南美洲 18 個國家中包含巴西都設有分支機構。

最值得介紹的是 AmBev。AmBev 是百威英博（AB InBev）在巴西

### 新興市場三大區域指數比較

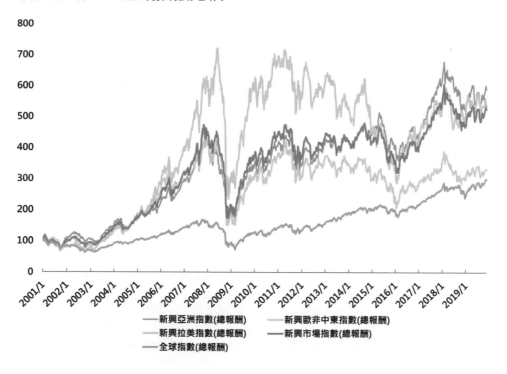

的子公司，但這間子公司地位與眾不同。這類似 Google 之於 Alphabet，雖然在母公司之下還有其他的分支機構，但 AmBev 和 Google 都是其母公司底下最重要的事業體，沒有 AmBev 就沒有今日的百威英博，沒有

Google 也不會有今日的 Alphabet。南美洲首富藉由 3G 資本和 AmBev 的
發家史非常精彩也非常勵志，有興趣的讀者不妨上網搜尋相關的故事。

| | 股利率 | 本益比 | 10 年年化報酬率 | 10 年年化波動度 | 10 年年化夏普比率 |
|---|---|---|---|---|---|
| 新興亞洲指數 | 2.3% | 15.0 | 5.5% | 16.5% | 0.37 |
| 新興歐非中東指數 | 4.5% | 10.5 | 1.4% | 20.0% | 0.13 |
| 新興拉丁美洲指數 | 3.4% | 14.5 | -1.0% | 23.0% | 0.03 |
| 新興市場指數 | 2.8% | 14.0 | 3.7% | 17.0% | 0.26 |
| 全球指數 | 2.4% | 19.0 | 9.4% | 13.0% | 0.69 |

註：資料截至 2019 ／ 11。

　　截至目前為止，我們已經介紹完了成熟市場以及新興市場底下的六大
區域，成熟歐洲的部分，還額外介紹了歐元區指數做比對。我們差不多可
以進入下一個主題──各類股指數的介紹。不過為了追求內容的完善，我
們還要介紹 4 個子區域指數：全亞太指數、東協指數、金磚四國、新興歐
洲指數，以及另外的前緣市場指數。

## 2-7. 全亞太指數

　　全亞太指數是包含整個成熟亞太區域和新興亞洲的指數，希望介紹全亞太指數能夠幫助大家對整體亞太區域有更全面的理解。

### 全亞太指數績效圖（指數化）

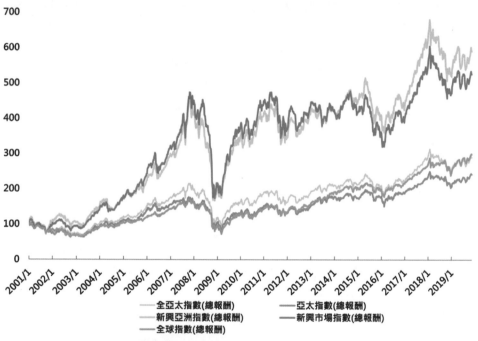

註：以 2001 ／ 1 ／ 1 指數化報酬 100 為基點。

### 全亞太指數歷年報酬（%）

| 2001 | 2002 | 2003 | 2004 | 2005 | 2006 | 2007 | 2008 | 2009 | 2010 |
|------|------|------|------|------|------|------|------|------|------|
| -20.75 | -8.75 | 41.0 | 18.50 | 23.75 | 16.75 | 14.75 | -41.50 | 37.75 | 17.25 |

| 2011 | 2012 | 2013 | 2014 | 2015 | 2016 | 2017 | 2018 | ~2019 /11 | |
|------|------|------|------|------|------|------|------|-----------|---|
| -15.00 | 17.00 | 12.25 | 0.25 | -1.75 | 5.25 | 32.00 | -13.25 | 14.75 | |

從 2001 年起始的 19 年間，全亞太指數含息總報酬大約 190%，小幅輸給全球指數的約 200%。儘管如此，回顧歷史，全亞太指數大多數時候都跑贏全球指數，唯獨 2018 年美中貿易戰開打之後，整體亞太區域的經濟被中國帶動走下坡（但裡面有部分國家受惠，例如越南與台灣），全亞太指數的表現才小幅被全球指數所超越。

全亞太指數的報酬與特性依舊比較類似成熟市場指數，雖然成分國家中，隸屬於新興市場的中國、台灣、南韓三者相加起來就近 35%，但台灣、南韓的報酬與特性都與成熟市場十分相似，因此實際上擁有新興市場特性的只有 20% 的中國加上相對比重很小的新興東協國家。

## 全亞太指數國家比重

| 日本 37.5% | 台灣 7.0% |
|---|---|
| 中國 20.5% | 南韓 7.0% |
| 澳洲 10.5% | 其他 17.5% |

註：以上比重數字經過處理，主要目的為彰顯相對大小，相加後未必等於 100%

全亞太指數包含了 14 個國家，其中 5 個屬於成熟市場，9 個屬於新興市場。全亞太指數共涵蓋約 1,600 支股票，其中包含大型股與中型股，成分股涵蓋此 14 國股票市場市值約 85%。全亞太指數主要以日本和中國為主體，日本股市的市值大約是中國的兩倍大，前五大國的權重加總起來就已達 82.5%。這樣的比重筆者覺得很有趣：近 20 年表現疲軟的日本佔比約 40%，新興市場投資狂潮的主角之一中國、報酬率跟中國同樣亮眼的澳洲、報酬不如中國那麼高但也很不錯的台灣及南韓，佔比加總約 45%。如此的組合堪稱是大雜燴，也因此報酬和波動也相對中性，處在新興市場與成熟市場的中間。

全亞太指數的成分國家，大部分金融類股都佔比很大，是以金融類股

佔比第一不令人意外；非必需／非核心消費類股則主要來自日本和中國，台灣、南韓的非必需／非核心消費類股都相對小，尤其台灣的更無存在感；資訊科技類股主要來自台灣和南韓，前者資訊科技類股佔其本身股市逾60%，後者也逾40%；工業主要來自日本，這是其國內第一大類股；通訊服務則主要來自中國；至於醫療保健類股，亞太區域除了日本以外其他國家皆無建樹；原物料則主要來自澳洲這個天然資源大國。

## 全亞太指數類股比重

| | |
|---|---|
| 金融 20.0% | 醫療保健 6.5% |
| 非必需／非核心消費 15.5% | 必需／核心消費 6.5% |
| 資訊科技 13.5% | 原物料 6.0% |
| 工業 12.0% | 房地產 5.5% |
| 通訊服務 9.0% | 能源 3.0% |
| | 公用事業 2.5% |

註：以上比重數字經過處理，主要目的為彰顯相對大小，相加後未必等於 100%。

## 全亞太指數前十大持股

| | 所屬國家 | 權重 | 所屬類股 |
|---|---|---|---|
| 阿里巴巴 | 中國 | 3.50% | 非必需／非核心消費 |
| 台積電 | 台灣 | 2.50% | 資訊科技 |
| 騰訊 | 中國 | 2.50% | 通訊服務 |
| 三星 | 南韓 | 2.00% | 資訊科技 |
| 豐田汽車（Toyota） | 日本 | 1.50% | 非必需／非核心消費 |
| 友邦保險（AIA） | 香港 | 1.25% | 金融 |
| 澳洲聯邦銀行 | 澳洲 | 1.00% | 金融 |
| 軟體銀行 | 日本 | 1.00% | 通訊服務 |
| CSL | 澳洲 | 0.75% | 醫療保健 |
| Sony | 日本 | 0.75% | 非必需／非核心消費 |
| 總和 | | 17.25% | |

註：以上比重數字經過處理，主要目的為彰顯相對大小，各股票比重相加後未必等於總和數字。

## 2-8. 東協指數

　　從 2001 年起始的 19 年間，東協指數含息總報酬大約 415%，輸給新興亞洲的 490%，也小幅輸給新興市場指數的約 425%。東協指數在 2012-14 年間的走勢有些特別，同時期其他新興市場指數大多持平或走低，唯獨東協指數走強。

東協指數績效圖（指數化）

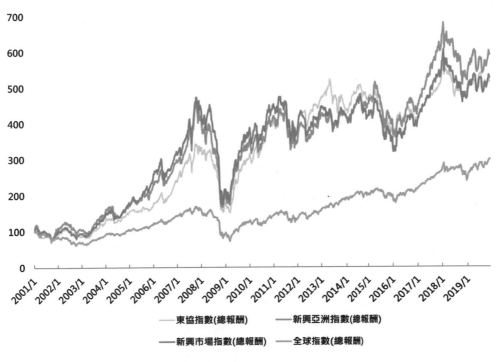

　　　　──東協指數(總報酬)　　　　──新興亞洲指數(總報酬)
　　　　──新興市場指數(總報酬)　　──全球指數(總報酬)

註：以 2001 ／ 1 ／ 1 指數化報酬 100 為基點。

## 東協指數歷年報酬（%）

| 2001 | 2002 | 2003 | 2004 | 2005 | 2006 | 2007 | 2008 | 2009 | 2010 |
|------|------|------|------|------|------|------|------|------|------|
| -7.00 | -6.00 | 51.00 | 17.50 | 10.75 | 42.75 | 39.25 | -47.50 | 75.00 | 32.50 |
| 2011 | 2012 | 2013 | 2014 | 2015 | 2016 | 2017 | 2018 | ~2019 /11 | |
| -6.00 | 22.75 | -4.50 | 6.50 | -18.25 | 6.25 | 30.25 | -8.25 | 5.25 | |

## 東協指數國家比重

| 新加坡 28.0% | 馬來西亞 17.5% |
|------|------|
| 泰國 24.5% | 菲律賓 9.5% |
| 印尼 17.5% | 其他 3.0% |

註：以上比重數字經過處理，主要目的為彰顯相對大小，相加後未必等於 100%

　　東協指數包含了 6 個國家，其中 1 個屬於成熟市場，4 個屬於新興市場，1 個屬於前緣市場。東協指數共涵蓋約 150 支股票，其中包含大型股與中型股，成分股涵蓋此 6 國股票市場市值約 85%。

　　新興亞洲指數裡，東協國家佔比約 10%（前文有提過，前四大區域：中國、南韓、台灣、印度就佔比 90%），如果不想投資傳統的新興市場範圍，追求更高的風險與收益，東協市場會是不錯的選擇。然而，有一件事實大概鮮有人知：東協指數過去 10 年來不但報酬率勝過新興市場及新興亞洲指數，其波動度還比較低，其波動度接近以成熟市場為主的全球指數！

　　當然，過去表現優異不代表未來能有一樣的表現，但可以作為參考與借鑒。或許很多投資朋友會有錯覺：香港、新加坡皆為亞洲的金融中心，所以香港和新加坡股市的規模一定大過台灣。其實不然，新加坡股市在新興亞洲指數中大概佔 3%，台股則是 15%。

## 東協指數類股比重

| | |
|---|---|
| 金融 33.0% | 能源 6.0% |
| 工業 11.5% | 原物料 5.0% |
| 必需／核心消費 11.0% | 非必需／非核心消費 5.0% |
| 通訊服務 10.5% | 公用事業 4.5% |
| 房地產 10.5% | 醫療保健 3.0% |
| | 資訊科技 0.5% |

註：以上比重數字經過處理，主要目的為彰顯相對大小，相加後未必等於 100%。

　　至於東協指數中唯一的前緣市場國家，就是越南了。其餘的東協成員國（共 10 國）—緬甸、柬埔寨、汶萊、寮國，甚至連獨立市場（Standalone market）都不是。

　　東協指數中佔比最大的依舊是金融，比較值得著墨的則是第二大類股工業。從二戰後開始，代工型工業先讓台灣經濟起飛，而後移往中國，待中國勞力成本上升，以及 2018 年初開始的美中貿易戰之後，代工型工業加速移往東南亞，其中又以越南受惠最多。此外，代工型工業主要由中小企構成，我們可以觀察到，前 10 大持股中，沒有任何一家是屬於工業類股，但整體工業類股的權重卻達到第二大。

　　第三大類股為必需／核心消費。為什麼此類股的佔比會如此高呢？筆者認為，這主要是因為該地區境內人民的平均所得不高，導致了生活必需品佔了開銷較高的比重。相比起來，較富裕的地區如成熟市場國家，通常非必需／非核心消費的比重就會高於必需／核心消費。必需／核心消費類股比重較高的例子除了東協（東南亞）國家之外，還可以參考印度、拉丁美洲、非洲。有讀者會發現，歐洲的必需消費類股占比也蠻高的，但這是個例外，主要原因是歐洲創立了許多日用品的大品牌，例如聯合利華、百威通博等等，這些品牌的產品賣遍全球，其企業規模龐大，導致市值也大，

這種成因跟前述不同。此外，歐洲的非必需／非核心消費類股佔比依舊高於必需／核心消費，兩者的佔比都很大，前者排行第 2，後者排行第 3；而非必需／核心消費類股比重多於必需／核心消費的例子，可以參考美國、日本、中國等等，這些國家的人民普遍較為富裕，可以用更多比例的收入分配在非必需的消費品（娛樂與奢侈品）。

　　通訊服務類股通常的佔比也不會太高，但在東協指數這邊為 10.5%，排行第 4，主要的原因筆者認為與必需／核心消費的原因相同。此外，如新加坡電信（東協區域中最大的通訊服務企業，詳見下表前 10 大持股）營運範圍遍及 25 個國家，並不是只在單一國家內服務，其規模與股市市值較大也就不令人意外。

　　最後則是房地產類股。隨著經濟起飛、全球央行量化寬鬆導致游資充斥、法規鬆綁、相較其餘國家房地產價格較低（如跟中國都會區相比）等多項利多因素的出現，東協國家成為房地產投資新寵。東協各國的基礎建設浮現投資機會，泰國的飯店投資、越南胡志明市與曼谷、新加坡皆是資金好去處。越南的房地產類股占比達到該國股市的 50%。

## 東協指數前十大持股

| | 所屬國家 | 權重 | 所屬類股 |
|---|---|---|---|
| 星展銀行（DBS） | 新加坡 | 5.25% | 金融 |
| 華僑銀行（OCBC） | 新加坡 | 4.00% | 金融 |
| 大華銀行（UOB） | 新加坡 | 3.75% | 金融 |
| 中亞銀行（BCA） | 印尼 | 3.25% | 金融 |
| 新加坡電信 | 新加坡 | 3.00% | 通訊服務 |
| 泰國國家石油（PTT） | 泰國 | 2.75% | 能源 |
| 印尼人民銀行 | 印尼 | 2.50% | 金融 |
| 正大集團 | 泰國 | 2.50% | 必需／核心消費 |
| 印尼電信 | 印尼 | 2.50% | 通訊服務 |
| 大眾銀行 | 馬來西亞 | 2.25% | 金融 |
| 總和 | | 31.50% | |

註：以上比重數字經過處理，主要目的為彰顯相對大小，各股票比重相加後未必等於總和數字。

　　此處僅稍微介紹一下正大集團，相信大家對它不會陌生。在中國，它叫正大集團，但在中國以外的地方，它被叫做卜蜂集團！是的，就是在台灣經營雞肉、飼料批發，還有在證交所上市的那個卜蜂。正大集團 1921年於泰國曼谷成立，最早的業務是從中國進口種子到泰國發售，而後在台灣成立卜蜂企業。目前其業務版圖遍及 20 餘國，除了農業相關的業務之外，泰國的便利商店也是其商業核心，另外還跨足電信、地產、金融等等產業。

## 2-9 . 新興歐洲指數

　　從 2001 年起始的 19 年間，新興歐洲指數含息總報酬大約 265%，表現贏過新興歐非中東指數的 230%。有別於新興歐非中東指數始終少有表現超越新興市場指數的時候，新興歐洲指數在最輝煌的「新興市場投資狂潮」時期，最大波段漲幅高達 840%，是當時報酬率最驚人的市場之一。不過隨之出現的大屠殺也是殘忍之極，2008 單年度報酬 -68%。花了那麼多時間爬上去，一夕之間跌回來，到 2019 年結束時還回不去。

新興歐洲指數績效圖（指數化）

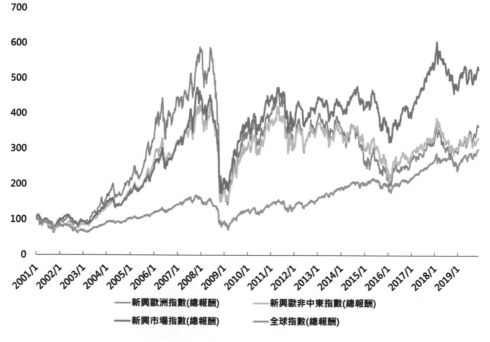

註：以 2001 ／ 1 ／ 1 指數化報酬 100 為基點。

## 新興歐洲指數歷年報酬（%）

| 2001 | 2002 | 2003 | 2004 | 2005 | 2006 | 2007 | 2008 | 2009 | 2010 |
|------|------|------|------|------|------|------|------|------|------|
| 0.00 | 0.00 | 68.50 | 30.50 | 50.50 | 36.25 | 30.00 | -68.00 | 85.50 | 16.75 |

| 2011 | 2012 | 2013 | 2014 | 2015 | 2016 | 2017 | 2018 | ~2019/11 |
|------|------|------|------|------|------|------|------|----------|
| -23.75 | 24.25 | -4.50 | -30.00 | -14.75 | 25.50 | 20.50 | -12.00 | 18.50 |

　　或許有人說，你騙人啊資料有錯，俄羅斯股市（新興歐洲指數最大成分國家）早就創新高啦，怎麼可能新興歐洲指數還沒收復高點？在此要再次提醒大家指數的計價貨幣的重要性。大部分國家的股票指數都是由當地貨幣計價，而本書使用的指數都是美元計價（除非另外註明）。這導致當地貨幣貶值時，美元計價的指數漲幅會被削減。舉個例子，若是我們在台灣用新台幣投資俄羅斯股市，勢必在買進股票時，要先換成俄羅斯盧布才能買。而在投資的這段期間，俄羅斯盧布兌新台幣貶值，於是我們最後把股票賣出，並把錢換回新台幣的時候，勢必要把貨幣貶值的報酬率給扣掉。美元也是同理。

　　所以大家可以感受到，2008 年至 2019 年末，新興歐洲國家（如果不是使用歐元）其貨幣兌美元貶值的幅度有多麼巨大了。

## 新興歐洲指數國家比重

| 俄羅斯 64.0% | 匈牙利 5.0% |
|-------------|------------|
| 波蘭 16.0% | 希臘 5.0% |
| 土耳其 8.0% | 其他 2.0% |

註：以上比重數字經過處理，主要目的為彰顯相對大小，相加後未必等於 100%

　　新興歐洲指數包含了 6 個新興市場國家，共涵蓋約 70 支股票，其中包含大型股與中型股，成分股涵蓋此 6 國股票市場市值約 85%。把新興歐非中東指數去掉中東和南非，就成了新興歐洲指數。新興歐非中東指數以

## 新興歐洲指數類股比重

| | |
|---|---|
| 能源 43.5% | 非必需／非核心消費 2.5% |
| 金融 28.5% | 公用事業 2.0% |
| 原物料 11.5% | 工業 1.5% |
| 通訊服務 5.0% | 醫療保健 0.5% |
| 必需／核心消費 4.0% | 房地產 0.0% |
| | 資訊科技 0.0% |

註：以上比重數字經過處理，主要目的為彰顯相對大小，相加後未必等於 100%。

南非和俄羅斯為主，所以扣除南非之後，新興歐洲指數以俄羅斯佔比 64%
為最大成分國家。被劃分為新興市場的歐洲國家只有 6 個，除了上方表格
的前 5 大成分國之外，剩下的一個是捷克，在表格中以其他顯示。

　　俄羅斯是個主要以能源出口為經濟支柱的國家，而新興歐洲指數中俄
羅斯佔比最大，可想而知，新興歐洲指數中能源類股也佔最多權重。另一
方面，我們可以由新興歐洲指數等於歐非中東指數扣除了南非與中東，這
個角度來分析。歐非中東指數以金融佔比最大，其次是能源類股。扣除掉
南非影響最大的是少了 Naspers，Naspers 屬於非必需／非核心消費類股，
是以新興歐洲指數中，非必需／非核心消費類股的權重剩下 2.5%；而扣
掉中東影響最大的地方體現於少了沙烏地阿拉伯，沙烏地阿拉伯以金融類
股佔比最大（因為沙特阿美末上市），所以新興歐洲指數中金融類股的權
重也下降了。

　　看到能源類股佔比 43.5% 這麼大，於是我們直覺的拿新興歐洲指數
的報酬來跟油價漲幅比較。如下圖。

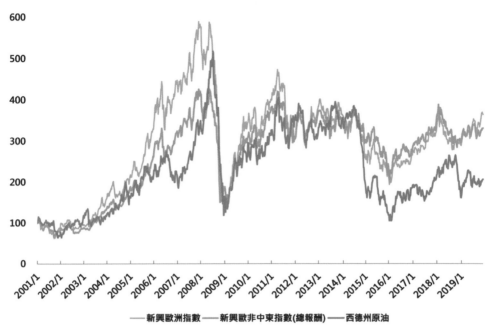

──新興歐洲指數 ──新興歐非中東指數(總報酬) ──西德州原油

註:以 2001 / 1 / 1 指數化報酬 100 為基點。

　　看得出來新興歐洲指數(新興歐非中東指數)與油價的相關性非常高。因此我們也大致證明了新興歐洲指數在 2013-2014 年之後開始一蹶不振,原因就是油價。簡單的依每周價格的漲跌幅來計算,兩個指數與油價的相關係數都達到 0.40 以上,為顯著性相關。

　　新興歐非中東指數中,能源類股只佔 17%,但相關性跟新興歐洲指數比起來只小了一點點。這主要是因為,能源類股在新興歐非中東指數佔比雖然較小,但實際上其它的類股表現好壞,都依然會受到能源出口的收入所影響,所以最終我們得到兩個指數與油價的相關性差不多的結果。

## 新興歐洲指數前十大持股

| | 所屬國家 | 權重 | 所屬類股 |
|---|---|---|---|
| 俄羅斯天然氣（Gazprom） | 俄羅斯 | 12.00% | 能源 |
| 俄羅斯聯邦儲蓄銀行 | 俄羅斯 | 11.00% | 金融 |
| 盧克石油（Lukoil） | 俄羅斯 | 10.25% | 能源 |
| Novatek GDR | 俄羅斯 | 5.50% | 能源 |
| Tatneft | 俄羅斯 | 5.00% | 能源 |
| 諾里爾鎳礦（Nornickel） | 俄羅斯 | 5.00% | 原物料 |
| OTP 銀行 | 匈牙利 | 3.00% | 金融 |
| 波蘭儲蓄銀行（BKO BP） | 波蘭 | 2.50% | 金融 |
| 波蘭國營石油（PKN Orlen） | 波蘭 | 2.25% | 能源 |
| 俄羅斯石油（Rosneft） | 俄羅斯 | 2.00% | 能源 |
| 總和 | | 58.75% | |

註：以上比重數字經過處理，主要目的為彰顯相對大小，各股票比重相加後未必等於總和數字。

## 2-10. 金磚四國指數

　　從 2001 年起始的 19 年間，金磚四國指數含息總報酬大約 480%，擊敗新興市場指數的 425%。作為曾經紅極一時的炸子雞，在台灣人人都講得一口金磚四國，其報酬表現果然不負眾望，在 2002-08 的新興市場投資狂潮中，最大波段漲幅創下約 850% 的創舉。儘管 2008 單年度跌掉 60%，2009 年立馬強勢反彈逾 90%。2018 年初還曾突破 2007 年的高點，不像新興歐非中東和新興拉丁美洲指數，至今住套房的投資人還未解套。綜觀 2001 年至今，金磚四國指數的表現一直都優於大盤。

金磚四國指數績效圖（指數化）

　　——金磚四國指數(總報酬)　——新興市場指數(總報酬)　——全球指數(總報酬)

註：以 2001 ／ 1 ／ 1 指數化報酬 100 為基點。

## 金磚四國指數歷年報酬（%）

| 2001 | 2002 | 2003 | 2004 | 2005 | 2006 | 2007 | 2008 | 2009 | 2010 |
|------|------|------|------|------|------|------|------|------|------|
| -14.25 | -12.75 | 91.25 | 17.00 | 44.50 | 56.50 | 59.00 | -59.50 | 93.50 | 9.75 |
| 2011 | 2012 | 2013 | 2014 | 2015 | 2016 | 2017 | 2018 | ~2019/11 | |
| -22.75 | 15.00 | -3.25 | -2.50 | -13.25 | 12.25 | 42.00 | -13.25 | 14.25 | |

## 金磚四國指數國家比重

| 中國 63.0% | 印度 17.0% |
|------------|------------|
| 巴西 13.0% | 俄羅斯 7.0% |

註：以上比重數字經過處理，主要目的為彰顯相對大小，相加後未必等於 100%

　　金磚四國指數共涵蓋約 900 支股票，其中包含大型股與中型股。成分股涵蓋金磚四國股票市場市值約 85%。不知是否會有人認為，金磚四國指數裡，各個國家的權重應該要差不多？實際上金磚四國指數以中國為主，而俄羅斯佔比相當小，畢竟俄羅斯也只有能源類股比較吸引人而已。不過如果主動式基金想要創造比別人更亮眼的績效，有可能會相對基準指標加碼很多俄羅斯能源股，這時俄羅斯在該基金的佔比可能就非常大。

## 金磚四國指數類股比重

| 金融 24.0% | 原物料 5.5% |
|------------|------------|
| 非必需／非核心消費 19.5% | 工業 5.0% |
| 通訊服務 14.0% | 資訊科技 5.0% |
| 能源 11.0% | 房地產 3.5% |
| 必需／核心消費 6.0% | 醫療保健 3.5% |
| | 公用事業 3.0% |

註：以上比重數字經過處理，主要目的為彰顯相對大小，相加後未必等於 100%。

　　金磚四國裡，巴西和印度的金融類股都是其國內佔比第一，中國和俄羅斯的金融類股也都佔比第二，是以金磚四國指數以金融類股為最大；非必需／非核心消費、通訊服務類股則主要來自中國，其他三國這兩種類股佔比都不大；能源類股則來自中國之外的三國。或許能源類股僅佔 11% 讓人覺得不夠大，但由於俄羅斯只佔金磚四國指數 7%，而俄羅斯指數的能源類股大概佔其本身股市 50%，俄羅斯實際上只為金磚四國指數貢獻 3.5% 的能源類股而已。

## 金磚四國指數前十大持股

|  | 所屬國家 | 權重 | 所屬類股 |
|---|---|---|---|
| 阿里巴巴 | 中國 | 10.75% | 非必需／非核心消費 |
| 騰訊 | 中國 | 7.75% | 通訊服務 |
| 中國建設銀行 | 中國 | 2.50% | 金融 |
| 平安保險 | 中國 | 2.00% | 金融 |
| 信實工業 | 印度 | 2.00% | 能源 |
| 住房開發金融 (HDFC) | 印度 | 2.00% | 金融 |
| 中國工商銀行 | 中國 | 1.75% | 金融 |
| 中國移動 | 中國 | 1.50% | 通訊服務 |
| 俄羅斯天然氣（Gazprom） | 俄羅斯 | 1.50% | 能源 |
| 伊塔烏聯合銀行 | 巴西 | 1.25% | 金融 |
| 總和 |  | 32.25% |  |

註：以上比重數字經過處理，主要目的為彰顯相對大小，各股票比重相加後未必等於總和數字。

## 2-11. 前緣市場指數

從 2002 年底起始的 17 年間，前緣市場指數含息總報酬大約 330%，同期間新興市場指數總報酬則是約 455%。既然報酬沒有比較好，那筆者認為，應該用不著冒更多風險去投資前緣市場。儘管就價格波動的標準差來看，前緣市場的波動度略低於新興市場，但價格波動度並不等於風險。投資前緣市場可能會有更多的流動性風險、政治風險、匯率風險等等。舉個最近的例子：2019 年剛被升回新興市場的阿根廷發生選擇性違約，短期的美元主權債還不出錢來，於是又被降回前緣市場。當然，如果預期前緣市場有望成為下個新興市場而在未來能創造比新興市場更好的報酬，那又是另外一回事了。

前緣市場指數績效圖（指數化）

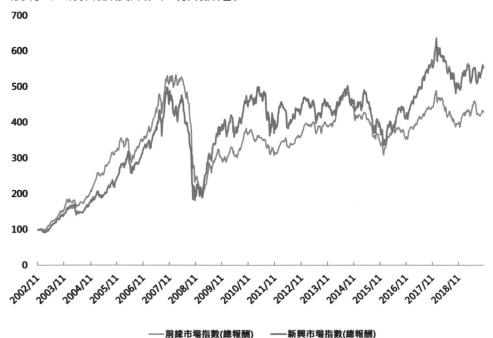

　　──前緣市場指數(總報酬)　　──新興市場指數(總報酬)

註：以 2002 ／ 11 ／ 29 指數化報酬 100 為基點。

## 前緣市場指數歷年報酬（%）

| 2001 | 2002 | 2003 | 2004 | 2005 | 2006 | 2007 | 2008 | 2009 | 2010 |
|------|------|------|------|------|------|------|------|------|------|
| 0.00 | 0.00 | 68.50 | 30.50 | 50.50 | 36.25 | 30.00 | -68.00 | 85.50 | 16.75 |
| 2011 | 2012 | 2013 | 2014 | 2015 | 2016 | 2017 | 2018 | ~2019/11 | |
| -23.75 | 24.25 | -4.50 | -30.00 | -14.75 | 25.50 | 20.50 | -12.00 | 18.50 | |

## 前緣市場指數國家比重

| | |
|---|---|
| 科威特 30.0% | 肯亞 6.5% |
| 越南 19.0% | 奈及利亞 6.0% |
| 摩洛哥 10.0% | 其他 28.5% |

註：以上比重數字經過處理，主要目的為彰顯相對大小，相加後未必等於 100%

前緣市場指數包含了 28 個前緣市場國家，共涵蓋約 100 支股票，其中包含大型股與中型股，成分股涵蓋此 28 國股票市場市值約 85%。前緣市場指數中，科威特、越南和摩洛哥依序佔前 3 名，這 3 國就佔指數約 60%，是以我們分析類股時，將從這 3 國各自比較大的類股作為切入點。

## 前緣市場指數類股比重

| | |
|---|---|
| 金融 48.0% | 工業 5.0% |
| 通訊服務 14.0% | 能源 3.0% |
| 房地產 11.0% | 醫療保健 3.0% |
| 必需／核心消費 8.5% | 公用事業 1.5% |
| 原物料 5.0% | 非必需／非核心消費 0.0% |
| | 資訊科技 0.0% |

註：以上比重數字經過處理，主要目的為彰顯相對大小，相加後未必等於 100%。

科威特的金融類股佔該國股市約 72%，第二大的則是通訊服務 13%；越南的房地產類股為第一大類股，佔該國股市約 49%，第二大的則是必需／核心消費類股的 13%；摩洛哥為北非金融重鎮，金融類股佔該國股市約 37%，第二大的則是通訊服務 32%，此外原物料類股也很大，佔比約 20%，排行第 3。

　　綜合上述，前緣市場指數的金融、通訊服務、房地產類股為前 3 大便獲得了解釋，其中金融和通信服務類股主要來自科威特與摩洛哥，房地產類股主要來自越南。

　　科威特的金融類股主要受惠於國內的法規改革，以及金融創新，除了所謂的金融科技化（Fintech）之外，後者主要體現在 Sakuk（伊斯蘭證券）。在伊斯蘭的律法中，借貸關係是被禁止的，利息是禁忌詞彙，這導致伊斯蘭國家的金融市場難以大規模發展，但 Sakuk 的創造，將債券包裝成以租賃的形式在金融市場交易（例子：投資人的本金買入 Sakuk 本體，之後再租回去給發售者，發售者再支付投資人租金以代替利息，藉此規避利息、借貸等詞彙），為 2015 年之後的科威特金融業帶來蓬勃的發展。節制 2017 年底，金融業底下管理的資產為該國 GDP 的 252%。目前台灣也已開放 Sakuk 的投資，筆者此處僅作非常粗略的介紹，有興趣的朋友們可以再上網查詢更深入的資訊。

　　另一方面，越南的房地產興盛主要來自豪宅的火熱，原因有多方面，其中最重要的一條是來自法規開放外國人買房。同樣等級的豪宅，坐擁美麗的景色，香港、新加坡的豪宅價格是越南的數倍，這讓外國投資者蜂擁而來，此外隨著經濟起飛，越南本身的有錢人變多，也加助了豪宅市場的熱度。

　　此處對第 3 大持股的 Vingroup 稍作介紹。Vingroup 這名字取得很大，Vin 即越南 Vietnam 的縮寫，group 即商業集團，這個名稱意謂著代表越

南的商業集團。實際上也是如此，Vingroup 以房地產起家，但現在跨足越南社會多個層面，從零售、酒店（飯店）經營、醫療保健，到汽車製造、手機製造，到處都可以見到其身影，頗有南韓財閥的意味。筆者還沒去過越南，實際情況不夠清楚，讀者朋友們若有去越南時，不妨多留意看看！其創立者潘日旺目前為越南首富，其資產排名甚至高於台灣的郭台銘。

## 前緣市場指數前十大持股

| | 所屬國家 | 權重 | 所屬類股 |
|---|---|---|---|
| 科威特國民銀行（NBK） | 科威特 | 9.75% | 金融 |
| 科威特金融（KFH） | 科威特 | 8.25% | 金融 |
| Vingroup | 越南 | 4.25% | 房地產 |
| Ahli United Bank | 巴林 | 4.25% | 金融 |
| 行動電信（Mobile Telecom） | 科威特 | 4.00% | 通訊服務 |
| 薩法莉電信 | 肯亞 | 3.25% | 通訊服務 |
| 越南乳業 | 越南 | 3.25% | 必需／核心消費 |
| 摩洛哥電信 | 摩洛哥 | 3.25% | 通訊服務 |
| 房地產開發（Vinhomes） | 越南 | 3.00% | 房地產 |
| 亞致力物流（Agility） | 科威特 | 2.25% | 工業 |
| 總和 | | 45.50% | |

註：以上比重數字經過處理，主要目的為彰顯相對大小，各股票比重相加後未必等於總和數字。

————————————— CH3 —————————————

# 單一國家指數

## 3-1. 成熟市場—北美

　　本章進入單一國家指數的環節，我們將介紹成熟市場、新興市場各自三大區域之中的國家指數，但不會每個指數都介紹，部分國家只會提供績效圖、類股與前十大個股的資料。筆者將以成熟市場、新興市場的每一個子區域來劃分章節。

### （一）美國指數

　　在世界各國股市之中，美國股市最為重要，所以我們把美國指數排在第一位介紹。美國股市的權重佔成熟市場 63.5%（即佔世界指數約為63.5%），加上新興市場和前緣市場後，佔全球股市 56%（即佔全球指數56%），其重要性不言而喻，堪稱全球股市的領頭羊。

　　美國指數包含約 650 支股票，只包含中型與大型股，成分股涵蓋美國可投資股票市場市值約 85%。

　　從 2001 年起始的 19 年間，美國指數含息總報酬約為 245%，擊敗全球指數的約 200%。從 2008 年金融海嘯前的高點至今，美股上漲已經超過一倍。與世界指數和全球指數相比，美股表現較佳，但這現象主要來自於 2015 年以後美股開始勝過其他成熟市場國家。畢竟從歐債危機之後，歐洲經濟即積弱不振，至今還沒完全復甦，而日本在失落的 20 年之後，經濟表現也不過才剛開始回神。

## 美國指數績效圖（指數化）

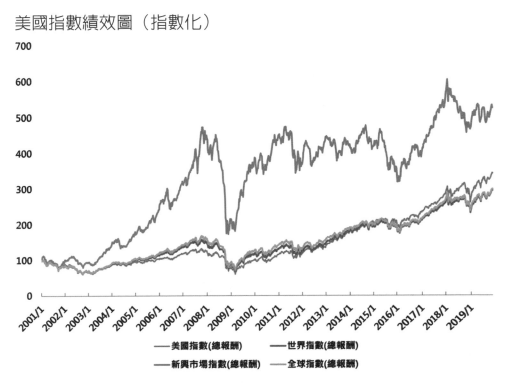

註：以 2001 ／ 1 ／ 1 指數化報酬 100 為基點。

## 美國指數歷年報酬（%）

| 2001 | 2002 | 2003 | 2004 | 2005 | 2006 | 2007 | 2008 | 2009 | 2010 |
|------|------|------|------|------|------|------|------|------|------|
| -9.75 | -23.25 | 22.25 | 6.75 | 9.25 | 9.75 | 10.00 | -34.00 | 20.5 | 14.50 |
| 2011 | 2012 | 2013 | 2014 | 2015 | 2016 | 2017 | 2018 | ~2019/11 | |
| 0.50 | 15.25 | 24.50 | 12.25 | -0.75 | 11.25 | 20.5 | -7.75 | 28.00 | |

　　至於跟新興市場比較，如果不看總報酬而單純看價格漲幅，從 2000 年起算，美股的價格漲幅其實跟新興市場指數差不多，只輸了大約 5% 左右。但是由於美股和新興市場提供的股利率有相當差距，若計入股利的複

註：以 2000 ／ 1 ／ 1 指數化報酬 100 為基點。

利效果，最終總報酬就會差了許多。從 2000 年起算，美國指數含息總報酬為 200%，新興市場指數總報酬則為 260%。

　　另外，在第二章介紹世界指數的時候，曾經提過：**美股表現好，其他股市不一定好；美股表現不好，其他股市一定不好**。現在我們有了績效圖可以驗證這個現象。特定新興市場的單一國家不在討論範圍內，因為其淺碟市場，容易受到大筆資金控制，並且與國際接軌不深，較不受國際金融與經濟狀況的影響，這種國家就會出現例外。

　　所謂「美股表現好，其他股市不一定好」，2018 年 1 月美中貿易戰開打之後的期間就是好例子，這段期間美股獨強，歐、日和新興市場表現皆疲軟。但是「其他股市不一定好」這句的意思，也代表「美股表現好時，

其他股市也可能表現好，甚至更好」。請看 2003 ～ 2008 年，從網路泡沫復甦之後，這 5 年多的時間裡，世界指數、全球指數表現皆勝過美國指數，新興市場指數更不用說。

而「美股表現不好，其他股市一定不好」，這句可以觀察 2000 ～ 03、2008 ～ 09、2015 ～ 16 以及 2018 年 10 ～ 12 月。這些期間內，其他三個指數沒有一個表現得比美股好，跌幅甚至比美股還深，像是 2015 ～ 16 年，美股只是在高點出現約 10% 幅度的震盪，但新興市場指數一度出現了逾 30% 的跌幅。

不只由指數的績效表現整理出結果，從理論上解釋也可以得到合理原因。如果不曉得美國 GDP 佔全球的比例（其實上網就查得到世界各國 GDP 比率，或者美國進口佔全球比率等數據），讀者朋友們可以從美股佔全球指數過半這件事上一見端倪——美國經濟體對全球的重要性。美國是最大的消費國，每年都從世界上其他區域進口商品，以及從新興市場進口原物料到國內加工，其進口金額遠大過其出口，是以國內經濟強弱會擴散到世界其他地方。美國經濟強勁、需求高，就會向其他國家進口越多，這時出口國家的經濟也會越好；美國經濟疲軟、需求減少，向其他國家進口便會減少，這時連帶其他國家也會收入減少。此外，由於美國是全球規模最大的金融市場，許多國家的資金都流入美國持有其金融資產，當美國經濟不佳時，金融市場下跌，也連帶影響這些國家投資人的資產價值縮水，甚至這些國家的金融機構持有的美國金融資產下跌，導致金融機構虧損，進而使這些金融機構在本國的股票也下跌，造成連鎖性的影響。

那知道「美股表現好，其他股市不一定好；美股表現不好，其他股市一定不好。」此現象對投資能有什麼幫助呢？筆者認為，此幫助在於，做未來一段期間的預測時，我們可以先預測美國經濟表現的好壞，若美國經濟也不好，那未來很大機率會出現全球性的經濟疲軟，這時就要考慮資金

全面轉入防禦性的資產；若預期美國未來經濟表現好，我們再去進一步預測，未來會是美國獨強而其他國家表現不好的狀態，抑或者其他國家有望表現比美國更強勁？這對選擇對的市場投資當有幫助。

### 美國指數類股比重

| | |
|---|---|
| 資訊科技 22.5% | 工業 9.0% |
| 醫療保健 14.0% | 必需／核心消費 7.0% |
| 金融 13.0% | 能源 4.5% |
| 通訊服務 10.5% | 公用事業 3.5% |
| 非必需／非核心消費 10.0% | 房地產 3.5% |
| | 原物料 2.5% |

註：以上比重數字經過處理，主要目的為彰顯相對大小，相加後未必等於 100%。

　　利潤率（net margin）較高的類股，如資訊科技、醫療保健和金融類股，在美股佔比較大。利潤率數據可以參考紐約大學 Stern 商學院所做的研究結果，所用資料截至 2019 年 1 月，有興趣的讀者不妨到 Stern 商學院的網站上看看。

　　上述筆者對各類股利潤率的說法有些籠統，因為同個類股之中，各產業或子產業的利潤率也可能大相逕庭，筆者的說法是綜觀而論。舉例而言，資訊科技類股當中，半導體產業的利潤率是 21.47%，軟體（系統與應用）利潤率是 10.45%，但軟體（網路）利潤率僅 1.88%；在金融類股當中，區域型銀行利潤率為 28.99%，金融服務為 20.06%，壽險為 11.24%；在醫療保健類股當中，製藥產業的利潤率是 10.94%，生物科技則是是 -1.61%。

　　作為對照，整體市場的利潤率為 8.89%，必需／核心消費類股中的家用品利潤率是 6.79%（但菸草製品高達 31.42%），工業類股中的運輸產

業為 6.74%，公用事業類股為 11.49%。

看到此處，不禁只能感慨，美國佬真會賺錢啊！跟其餘國家比起來，利潤率較高的類股在美股的確佔比較大，這關係到全球產業與供應鏈分配的問題，是個大議題，非本書所要著墨，所以此處暫且按下不表。

另外，或許有些讀者會疑問，為何美國的通訊服務類股佔比這麼大？竟有約 10.5%，排到第四位。本書的第二章在介紹類股劃分時其實就已提過：這主要是因為類股劃分標準的重新制定，把原先屬於資訊科技類股的「媒體與娛樂」產業與電信產業合併，再劃分到通訊服務類股之下。受此影響，臉書、Alphabet 都被劃分到通訊服務類股，將其佔比的排名向上提升。臉書的權重加上 Alphabet A 股、C 股的權重，參照下表前十大持股，就達 4.75%，快要達到通訊服務類股 10.5% 的一半。

## 美國指數前十大持股

| | 權重 | 所屬類股 |
|---|---|---|
| 蘋果 | 4.25% | 資訊科技 |
| 微軟 | 4.00% | 資訊科技 |
| 亞馬遜 | 2.75% | 非必需／非核心消費 |
| 臉書 | 1.75% | 通訊服務 |
| JP Morgan | 1.50% | 金融 |
| Alphabet C 股 | 1.50% | 通訊服務 |
| Alphabet A 股 | 1.50% | 通訊服務 |
| 嬌生 | 1.25% | 醫療保健 |
| 寶鹼（P&G） | 1.25% | 必需／核心消費 |
| VISA | 1.00% | 資訊科技 |
| 總和 | 21.00% | |

註：以上比重數字經過處理，主要目的為彰顯相對大小，各股票比重相加後未必等於總和數字。

## 加拿大指數績效圖（指數化）

註：以 2001 / 1 / 1 指數化報酬 100 為基點。

## 加拿大指數歷年報酬（%）

| 2001 | 2002 | 2003 | 2004 | 2005 | 2006 | 2007 | 2008 | 2009 | 2010 |
|------|------|------|------|------|------|------|------|------|------|
| -20.50 | -13.25 | 54.50 | 22.25 | 28.25 | 17.75 | 29.50 | -45.50 | 56.25 | 20.50 |

| 2011 | 2012 | 2013 | 2014 | 2015 | 2016 | 2017 | 2018 | ~2019/11 | |
|------|------|------|------|------|------|------|------|----------|---|
| -12.75 | 9.00 | 5.50 | 1.50 | -24.25 | 24.50 | 16.00 | -17.25 | 25.25 | |

## （二）加拿大指數

　　加拿大指數包含約 100 支股票，只包含中型與大型股，成分股涵蓋加拿大可投資股票市場市值約 85%。

　　從 2001 年起始的 19 年間，加拿大指數含息總報酬約為 200%，小幅

贏過世界指數的 195%，與全球指數大致持平。觀察加拿大指數的歷史表現，在 2015 年之前都領先全球指數，並保持相當差距，但差距在 2015 年之後漸漸縮小。在 2003 ～ 2008 年之間，加拿大指數的波段最大漲幅達 240%，不過此後報酬一直未創新高，究其原因，主要是受到國際油價與原物料報價自 2015 年之後一直低迷不振所影響（原物料報價高峰是 2011 年）。

## 加拿大指數類股比重

| | |
|---|---|
| 金融 39.5% | 必需 / 核心消費 4.5% |
| 能源 18.0% | 非必需 / 非核心消費 4.0% |
| 原物料 10.5% | 通訊服務 3.0% |
| 工業 9.5% | 公用事業 3.0% |
| 資訊科技 6.0% | 醫療保健 1.0% |
| | 房地產 0.5% |

註：以上比重數字經過處理，主要目的為彰顯相對大小，相加後未必等於 100%。

　　為何上面會說加拿大股市與全球指數報酬差距縮小，主要是受到油價和原物料報價低迷所影響？觀察加拿大指數的類股比重應該就一目了然：能源加原物料類股將近 30%。除此之外，最大的金融類股佔比 40%，三者就佔去指數的 70% 權重。先前曾經提過，一般而言成熟市場國家比較不會出現單一類股佔比過大的情況，不過加拿大成為了例外。

　　加拿大佔北美指數只有 5%，其對北美指數的主要貢獻，即稍微增加能源和原物料類股的權重。若預期未來全球經濟活動增溫而推升油價和國際原物料報價，屆時投資加拿大股市或以北美指數為基準指標的基金，可

能就相當合適。如果追求較高報酬與風險，可以考量只投資加拿大指數的相關金融商品；但若不想投資價值波動太過劇烈，又不想錯過油價和原物料的行情，透過主動式基金經理人的篩選，北美指數相關的基金可以讓我們同時參與加拿大的能源、原物料行情，又不會錯失美股的漲幅。

## 加拿大指數前十大持股

|  | 權重 | 所屬類股 |
| --- | --- | --- |
| 加拿大皇家銀行 | 8.00% | 金融 |
| 多倫多明道銀行 | 7.25% | 金融 |
| 恩橋（Enbridge） | 5.00% | 能源 |
| 豐業銀行（Nova Scotia） | 5.00% | 金融 |
| 國家鐵路局 | 4.50% | 工業 |
| Brookfield 資產管理 | 3.50% | 金融 |
| 蒙特婁銀行 | 3.25% | 金融 |
| TC 能源 | 3.25% | 能源 |
| 森科能源 | 3.25% | 能源 |
| 帝國商業銀行 | 2.50% | 金融 |
| 總和 | 46.00% |  |

註：以上比重數字經過處理，主要目的為彰顯相對大小，各股票比重相加後未必等於總和數字。

## 3-2. 成熟市場─歐洲

### （一）德國指數

德國指數包含約 75 支股票，只包含中型與大型股，成分股涵蓋德國可投資股票市場市值約 85%。

### 德國指數績效圖（指數化）

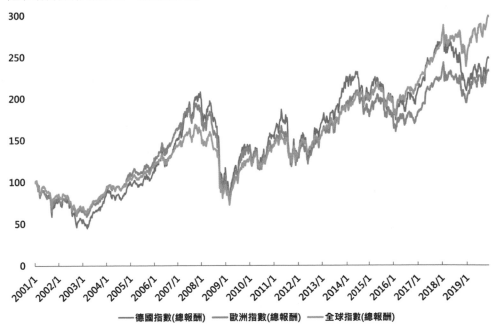

註：以 2001 ／ 1 ／ 1 指數化報酬 100 為基點。

### 德國指數歷年報酬（%）

| 2001 | 2002 | 2003 | 2004 | 2005 | 2006 | 2007 | 2008 | 2009 | 2010 |
|------|------|------|------|------|------|------|------|------|------|
| -19.50 | -31.25 | 57.25 | 14.75 | 10.00 | 36.00 | 35.25 | -46.00 | 25.25 | 8.50 |

| 2011 | 2012 | 2013 | 2014 | 2015 | 2016 | 2017 | 2018 | ~2019/11 | |
|------|------|------|------|------|------|------|------|----------|--|
| -18.00 | 31.00 | 31.25 | -10.25 | -2.00 | 2.75 | 27.75 | -22.25 | 18.50 | |

從 2001 年起始的 19 年間，德國指數含息總報酬約為 150%，勝過歐洲指數的約 130%，但不及全球指數的約 200%。作為歐洲的經濟支柱，德國指數大多數時間表現都優於歐洲指數，與全球指數比較的話，2006 ～ 2016 這十年時間也大多跑贏全球指數，唯美股在 2016 年初向上突破之後，由於全球指數受到美股向上拉抬，德國指數便開始落後大盤。

## 德國指數類股比重

| | |
|---|---|
| 非必需 / 非核心消費 18.0% | 原物料 9.5% |
| 金融 16.5% | 通訊服務 6.0% |
| 工業 13.5% | 房地產 4.0% |
| 資訊科技 13.5% | 公用事業 3.5% |
| 醫療保健 12.0% | 必需 / 核心消費 3.5% |
| | 能源 0.0% |

註：以上比重數字經過處理，主要目的為彰顯相對大小，相加後未必等於 100%。

　　德國股市的特色，即擁有較高權重的非必需 / 非核心消費和工業類股，另外也擁有英、德、法三國之中最高權重的資訊科技類股。至於金融類股佔比 16.5%，其比重算是在正常範圍內，通常金融類股在成熟市場國家股是的佔比都差不多這麼大。德國的非必需 / 非核心類股之下，主要發展的產業是汽車產業，而工業類股的強項則是精密機械。

## 德國指數前十大持股

|  | 權重 | 所屬類股 |
|---|---|---|
| SAP | 10.50% | 資訊科技 |
| 安聯 | 8.25% | 金融 |
| 西門子 | 7.00% | 工業 |
| 拜耳（Bayer） | 5.75% | 醫療保健 |
| BASF | 5.50% | 原物料 |
| 德國電信 | 4.75% | 通訊服務 |
| 愛迪達 | 4.50% | 非必需 / 非核心消費 |
| 戴姆勒（Daimler） | 4.25% | 非必需 / 非核心消費 |
| 慕尼黑再保險 | 3.25% | 金融 |
| 福斯汽車（VOLKSWAGEN） | 3.00% | 非必需 / 非核心消費 |
| 總和 | 56.75% |  |

註：以上比重數字經過處理，主要目的為彰顯相對大小，各股票比重相加後未必等於總和數字。

## （二）英國指數

英國指數包含約 100 支股票，只包含中型與大型股，成分股涵蓋英國可投資股票市場市值約 85%。

從 2001 年起始的 19 年間，英國指數含息總報酬約為 130%，與歐洲指數大致持平，但不及全球指數的約 200%。

## 英國指數績效圖（指數化）

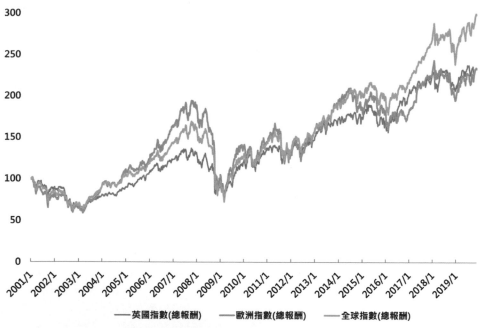

—— 英國指數(總報酬)　　—— 歐洲指數(總報酬)　　—— 全球指數(總報酬)

註：以 2001 / 1 / 1 指數化報酬 100 為基點。

## 英國指數歷年報酬（%）

| 2001 | 2002 | 2003 | 2004 | 2005 | 2006 | 2007 | 2008 | 2009 | 2010 |
|------|------|------|------|------|------|------|------|------|------|
| -10.00 | -23.75 | 17.75 | 10.25 | 7.50 | 30.50 | 8.50 | -48.25 | 43.25 | 8.75 |

| 2011 | 2012 | 2013 | 2014 | 2015 | 2016 | 2017 | 2018 | ~2019/11 | |
|------|------|------|------|------|------|------|------|----------|--|
| -2.50 | 15.25 | 20.75 | -5.25 | -7.50 | 0.00 | 22.50 | -14.00 | 15.25 | |

## 英國指數類股比重

| | |
|---|---|
| 金融 20.0% | 原物料 8.5% |
| 必需／核心消費 16.5% | 非必需／非核心消費 6.5% |
| 能源 16.0% | 通訊服務 5.5% |
| 醫療保健 11.5% | 公用事業 3.5% |
| 工業 10.0% | 房地產 1.0% |
| | 資訊科技 1.0% |

註：以上比重數字經過處理，主要目的為彰顯相對大小，相加後未必等於 100%。

　　英國股市的特色是擁有較高權重的金融、必需／核心消費以及能源類股。英國倫敦是歐洲的金融中心，乍看下英國股市的金融類股只佔比 20%，沒有比德國的 16% 多很多，但英國是英、德、法三國中股市規模最大者，股市市值約是德國的 1.8 倍，所以實際上英國金融類股的規模比德國金融類股還要大上許多。也因為同個原因，原物料類股在英國股市只佔比 8.5%，但英國的原物料類股在全球的原物料類股範疇下，其實是相當重要的。

　　能源類股方面，英國鄰近北海，全球原油有兩個主要交易所（是以有兩個價格），一個是美國的西德州原油，另一個就是英國倫敦的布侖特原油，因此英國的能源類股佔比相當大，在全球能源類股分佈裡也很重要。此外談到必需／核心消費類股，我們在介紹全球單一類股指數的章節會提到，全球的必需／核心消費類股相對集中在歐洲，並且主要就是集中在英國和瑞士。想像英國貴族對生活的態度，英國的菸草業、釀酒業等十分興盛，便不令人意外了。

　　考量上述我們提到的英國前三大類股之中，金融、能源類股在 2001 ～ 2019 年間（主要是 2008 年金融海嘯之後）表現皆不盡理想，唯一擊敗大盤的只有必需／核心消費類股，是以英國指數最終表現是不及全球指數的。

## 英國指數前十大持股

| | 權重 | 所屬類股 |
|---|---|---|
| 匯豐控股（HSBC） | 10.50% | 金融 |
| 英國石油（BP） | 8.25% | 能源 |
| 阿利斯康製藥 | 7.00% | 醫療保健 |
| 英荷皇家殼牌 A 股 | 5.75% | 能源 |
| GSK | 5.50% | 醫療保健 |
| 英荷皇家殼牌 B 股 | 4.75% | 能源 |
| Diageo | 4.50% | 必需 / 核心消費 |
| 英美菸草 | 4.25% | 必需 / 核心消費 |
| 聯合利華（英國） | 3.25% | 必需 / 核心消費 |
| 力拓集團（Rio Tinto） | 3.00% | 原物料 |
| 總和 | 56.75% | |

註：以上比重數字經過處理，主要目的為彰顯相對大小，各股票比重相加後未必等於總和數字。

## （三）法國指數

法國指數包含約 100 支股票，只包含中型與大型股，成分股涵蓋法國可投資股票市場市值約 85%。

從 2001 年起始的 19 年間，法國指數含息總報酬約為 100%，輸給歐洲指數的約 130%，也輸給全球指數的約 200%。在英、德、法三國之中，法國指數是表現最差者，從歐債危機爆發後，法國股市的報酬便一直未有起色。

## 法國指數績效圖（指數化）

——法國指數(總報酬)　——歐洲指數(總報酬)　——全球指數(總報酬)

註：以 2001／1／1 指數化報酬 100 為基點。

## 法國指數歷年報酬（%）

| 2001 | 2002 | 2003 | 2004 | 2005 | 2006 | 2007 | 2008 | 2009 | 2010 |
|------|------|------|------|------|------|------|------|------|------|
| -21.00 | -20.00 | 37.25 | 17.00 | 10.50 | 35.50 | 14.00 | -42.75 | 33.25 | -3.25 |
| 2011 | 2012 | 2013 | 2014 | 2015 | 2016 | 2017 | 2018 | ~2019/11 | |
| 16.00 | 22.75 | 27.75 | -9.00 | 0.75 | 6.00 | 30.00 | -12.00 | 23.25 | |

## 法國指數類股比重

| | | | |
|---|---|---|---|
| 工業 23.0% | | 醫療保健 7.5% | |
| 非必需／非核心消費 19.0% | | 通訊服務 5.5% | |
| 必需／核心消費 11.0% | | 原物料 5.0% | |
| 金融 10.5% | | 資訊科技 4.5% | |
| 能源 7.5% | | 公用事業 3.5% | |
| | | 房地產 3.0% | |

註：以上比重數字經過處理，主要目的為彰顯相對大小，相加後未必等於 100%。

　　法國的優勢產業是工業與非必需／非核心消費。法國的非必需／非核心消費類股主要是由精品產業組成，至於工業類股，必須一提的就是空中巴士。經過數十年的競爭，全球主要的民航飛機製造商剩下兩大巨頭：美國的波音及法國的空中巴士。實際上空中巴士是由英、法、德、比利時等各個歐洲國家在背後所支持的，只是總部設在法國而已。1980 年代以來，歐盟、美國就互相控告對方為了扶植其境內的航太工業（即歐盟扶植空中巴士，美國扶植波音），私下給予補貼、減稅或者舉國家之力提供技術支持，造成不公平競爭，在 WTO 成立後也屢屢互相告上仲裁庭。實際上美、歐對對方的指控大多屬實，雙方只是變換著方式在扶植自己的航太工業，當 WTO 核准其中一方可以加徵逞罰性關稅後，另一方通常也會聲稱要實施報復性關稅。總而言之，直至 2019 年，空中巴士與波音的大戰就是一筆看似不會結束的爛帳。

　　歐洲的工業、非必需／非核心消費、必需／核心消費類股指數在2001 ～ 2019 年間報酬皆擊敗歐洲指數和全球指數，而法國指數中，這三大類股相加就已經佔比超過 50%。所以歐債危機之後，是剩餘一半的其餘類股表現太差，拖累法國指數的報酬低於歐洲指數。

## 法國指數前十大持股

| | 權重 | 所屬類股 |
|---|---|---|
| 道達爾石油（Total） | 7.75% | 能源 |
| LVMH | 7.25% | 非必需／非核心消費 |
| 賽諾菲（Sanofi） | 6.50% | 醫療保健 |
| 空中巴士 | 5.25% | 工業 |
| 萊雅（L'OREAL） | 4.50% | 必需／核心消費 |
| 液化空氣（Air Liquide） | 3.75% | 原物料 |
| 法國巴黎銀行 | 3.50% | 金融 |
| 萬喜（Vinci） | 3.50% | 工業 |
| 賽峰（Safran） | 3.25% | 工業 |
| 安盛（AXA） | 3.25% | 金融 |
| 總和 | 48.50% | |

註：以上比重數字經過處理，主要目的為彰顯相對大小，各股票比重相加後未必等於總和數字。

### （四）荷蘭指數

荷蘭指數包含約 25 支股票，只包含中型與大型股，成分股涵蓋荷蘭可投資股票市場市值約 85%。

從 2001 年起始的 19 年間，荷蘭指數含息總報酬約為 365%，大幅擊敗歐洲指數的約 130%，以及全球指數的約 200%。荷蘭和瑞士，當為上述 19 年間，成熟歐洲表現最好的股市。對於荷蘭而言，報酬擊敗大盤的原因可以從類股比重看出：以必需／核心消費以及資訊科技類股為主要組成。

## 荷蘭指數績效圖（指數化）

── 荷蘭指數(總報酬)　── 歐洲指數(總報酬)　── 全球指數(總報酬)

註：以 2001 ／ 1 ／ 1 指數化報酬 100 為基點。

## 荷蘭指數歷年報酬（%）

| 2001 | 2002 | 2003 | 2004 | 2005 | 2006 | 2007 | 2008 | 2009 | 2010 |
|------|------|------|------|------|------|------|------|------|------|
| -13.00 | -3.00 | 46.50 | 31.25 | 31.25 | 17.50 | 8.75 | -45.50 | 37.75 | 8.75 |
| 2011 | 2012 | 2013 | 2014 | 2015 | 2016 | 2017 | 2018 | ~2019/11 | |
| -9.25 | 18.75 | 25.75 | 10.00 | 13.00 | 8.00 | 16.00 | -8.75 | 32.00 | |

　　必需／核心消費類股，是歐洲表現勝過全球指數的類股之一。荷蘭的資訊科技類股佔比 28%，跟歐洲各國比起來荷蘭的資訊科技類股權重最大。話雖如此，但荷蘭指數的資訊科技類股由一支股票獨大──ASML 一檔就佔比 20%。ASML 在 2008 年之後跟隨全球資訊科技類股的上漲潮流，也創造一波驚人漲勢，成為荷蘭指數擊敗大盤的最大貢獻者之一。

## 荷蘭指數類股比重

| | |
|---|---|
| 必需 / 核心消費 28.0% | 工業 6.0% |
| 資訊科技 27.5% | 非必需 / 非核心消費 6.0% |
| 金融 13.0% | 通訊服務 2.0% |
| 原物料 7.5% | 能源 1.0% |
| 醫療保健 7.5% | 公用事業 0.0% |
| | 房地產 0.0% |

註：以上比重數字經過處理，主要目的為彰顯相對大小，相加後未必等於 100%。

## 荷蘭指數前十大持股

| | 權重 | 所屬類股 |
|---|---|---|
| ASML | 20.00% | 資訊科技 |
| 聯合利華（荷蘭） | 15.50% | 必需 / 核心消費 |
| ING 集團 | 8.00% | 金融 |
| 飛利浦 | 7.50% | 醫療保健 |
| Prosus | 6.00% | 非必需 / 非核心消費 |
| 恩智浦半導體（NXP） | 6.00% | 資訊科技 |
| 皇家阿霍德 | 5.25% | 必需 / 核心消費 |
| 海尼根 | 4.75% | 必需 / 核心消費 |
| 帝斯曼（DSM） | 4.00% | 原物料 |
| 阿克蘇諾貝爾（Akzo Nobel） | 3.75% | 原物料 |
| 總和 | 80.75% | |

註：以上比重數字經過處理，主要目的為彰顯相對大小，各股票比重相加後未必等於總和數字。

### （五）瑞士指數

　　瑞士指數包含約 50 支股票，只包含中型與大型股，成分股涵蓋瑞士可投資股票市場市值約 85%。

　　從 2001 年起始的 19 年間，瑞士指數含息總報酬約為 215%，勝過歐洲指數的約 130%，以及全球指數的約 200%。如先前所述，荷蘭和瑞士股市是上述 19 年間表現最好的成熟歐洲股市，尤其是 2008 年金融海嘯之後。究其原因，瑞士指數有 36% 的醫療保健類股、26.5% 的必需／核心消費類股，而此二者在 2008 年後皆創下亮眼的漲幅。不過要注意的是，瑞士的醫療保健類股，其中羅氏製藥（Roche）與諾華（Novartis）的權重相加就已達 30.25%，而必需／核心消費類股裡，光是雀巢一檔權重就達 24.75%，此三檔股票相加權重高達 55%。

瑞士指數績效圖（指數化）

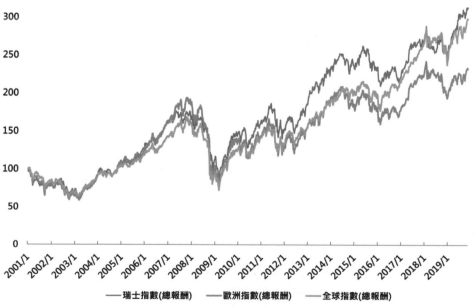

註：以 2001／1／1 指數化報酬 100 為基點。

## 瑞士指數歷年報酬（%）

| 2001 | 2002 | 2003 | 2004 | 2005 | 2006 | 2007 | 2008 | 2009 | 2010 |
|------|------|------|------|------|------|------|------|------|------|
| -21.25 | -6.50 | 28.00 | 14.75 | 17.25 | 28.25 | 6.00 | -30.00 | 26.50 | 12.75 |

| 2011 | 2012 | 2013 | 2014 | 2015 | 2016 | 2017 | 2018 | ~2019/11 | |
|------|------|------|------|------|------|------|------|----------|--|
| -6.00 | 21.50 | 27.50 | 0.50 | 1.25 | -4.00 | 23.50 | -8.25 | 28.00 | |

## 瑞士指數類股比重

| | |
|---|---|
| 醫療保健 36.0% | 非必需／非核心消費 4.0% |
| 必需／核心消費 26.5% | 通訊服務 1.0% |
| 金融 17.0% | 資訊科技 1.0% |
| 工業 8.0% | 房地產 0.5% |
| 原物料 6.5% | 公用事業 0.0% |
| | 能源 0.0% |

註：以上比重數字經過處理，主要目的為彰顯相對大小，相加後未必等於 100%。

## 瑞士指數前十大持股

| | 權重 | 所屬類股 |
|---|---|---|
| 雀巢 | 24.75% | 必需／核心消費 |
| 羅氏製藥（Roche） | 16.00% | 醫療保健 |
| 諾華（Novartis） | 14.25% | 醫療保健 |
| 蘇黎世保險（Zurich） | 4.50% | 金融 |
| 瑞士銀行（UBS） | 3.50% | 金融 |
| 歷峰集團（Richemont） | 3.00% | 非必需／非核心消費 |
| ABB | 3.00% | 工業 |
| 瑞士再保險集團 | 2.50% | 金融 |
| 瑞士信貸 | 2.50% | 金融 |
| 奇華頓（Givaudan） | 2.00% | 原物料 |
| 總和 | 75.50% | |

註：以上比重數字經過處理，主要目的為彰顯相對大小，各股票比重相加後未必等於總和數字。

## 3-3 . 成熟市場—亞太地區

### （一）日本指數

　　日本指數包含約 300 支股票，只包含中型與大型股，成分股涵蓋日本可投資股票市場市值約 85%。

　　從 2001 年起始的 19 年間，日本指數含息總報酬約為 80%，不及亞太指數的 140%，以及全球指數的約 200%。亞太指數跟歐洲指數相同，是自 2008 金融海嘯後表現最差的區域型股票指數，而日本又是拖累亞太指數的主因。

日本指數績效圖（指數化）

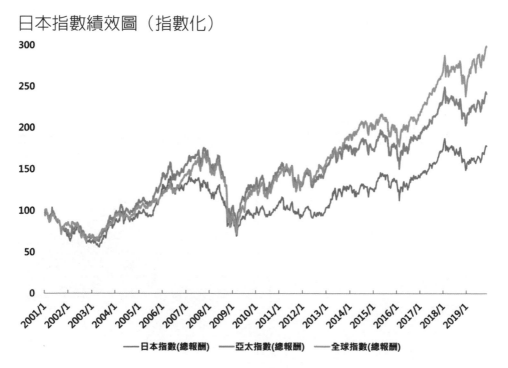

註：以 2001 ／ 1 ／ 1 指數化報酬 100 為基點。

## 日本指數歷年報酬（%）

| 2001 | 2002 | 2003 | 2004 | 2005 | 2006 | 2007 | 2008 | 2009 | 2010 |
|------|------|------|------|------|------|------|------|------|------|
| -27.75 | -13.25 | 37.25 | 13.00 | 25.75 | 6.50 | -4.25 | -29.00 | 6.50 | 15.50 |

| 2011 | 2012 | 2013 | 2014 | 2015 | 2016 | 2017 | 2018 | ~2019/11 |
|------|------|------|------|------|------|------|------|----------|
| -14.25 | 8.25 | 27.25 | -3.75 | 10.00 | 2.75 | 24.50 | -12.50 | 17.50 |

## 日本指數類股比重

| | |
|---|---|
| 工業 21.0% | 必需／核心消費 8.0% |
| 非必需／非核心消費 19.0% | 通訊服務 8.0% |
| 資訊科技 11.5% | 原物料 5.5% |
| 金融 10.5% | 房地產 4.5% |
| 醫療保健 9.5% | 公用事業 1.5% |
| | 能源 1.0% |

註：以上比重數字經過處理，主要目的為彰顯相對大小，相加後未必等於 100%。

　　日本指數的特色是，工業與非必需／非核心消費類股的權重較大。非常類似德國，日本工業的強項在精密機械，非必需／非核心消費類股也主要由汽車產業組成，這跟兩國的軍國主義背景有關。由於日本股市在亞太指數中的權重很大，日本股市表現疲軟，也拖累了亞太工業類股指數和亞太非必需／非核心消費類股指數的報酬。

## 日本指數前十大持股

|  | 權重 | 所屬類股 |
|---|---|---|
| 豐田汽車（Toyota） | 4.50% | 非必需／非核心消費 |
| Sony | 2.25% | 非必需／非核心消費 |
| 軟體銀行 | 1.75% | 通訊服務 |
| 三菱日聯集團 | 1.75% | 金融 |
| Keyence | 1.50% | 資訊科技 |
| 武田藥品（Takeda） | 1.50% | 醫療保健 |
| KDDI | 1.50% | 通訊服務 |
| 三井住友銀行 | 1.25% | 金融 |
| 瑞可立（Recruit） | 1.25% | 工業 |
| 本田（Honda） | 1.25% | 非必需／非核心消費 |
| 總和 | 18.75% | |

註：以上比重數字經過處理，主要目的為彰顯相對大小，各股票比重相加後未必等於總和數字。

## （二）澳洲指數

　　澳洲指數包含約 75 支股票，只包含中型與大型股，成分股涵蓋澳洲可投資股票市場市值約 85%。

## 澳洲指數績效圖（指數化）

註：以 2001 / 1 / 1 指數化報酬 100 為基點。

## 澳洲指數歷年報酬（%）

| 2001 | 2002 | 2003 | 2004 | 2005 | 2006 | 2007 | 2008 | 2009 | 2010 |
|------|------|------|------|------|------|------|------|------|------|
| 3.50 | -1.00 | 47.25 | 25.00 | 17.50 | 32.50 | 29.75 | -50.00 | 76.75 | 14.75 |
| 2011 | 2012 | 2013 | 2014 | 2015 | 2016 | 2017 | 2018 | ~2019/11 | |
| -10.75 | 22.25 | 4.25 | -3.25 | -10.00 | 11.75 | 20.25 | -12.00 | 21.25 | |

　　從 2001 年起始的 19 年間，澳洲指數含息總報酬約為 425%，遠遠超越亞太指數的約 140%，以及全球指數的約 200%。與日本不同，澳洲指數的報酬非常驚人，無奈日本佔亞太指數超過 6 成，而澳洲佔亞太指數大

約 20%，整體 19 年來說還是無法抵銷日本股市的疲弱。不過在 2003～2008 年間，這段澳洲股市漲幅最凶猛的年代，亞太指數有成功在澳洲指數（與香港指數）的推升之下，報酬擊敗全球指數。

## 澳洲指數類股比重

| | |
|---|---|
| 金融 37.5% | 非必需／非核心消費 5.5% |
| 原物料 16.0% | 能源 5.5% |
| 醫療保健 10.5% | 必需／核心消費 5.5% |
| 房地產 8.0% | 公用事業 2.0% |
| 工業 6.5% | 通訊服務 1.5% |
| | 資訊科技 0.5% |

註：以上比重數字經過處理，主要目的為彰顯相對大小，相加後未必等於 100%。

　　澳洲指數的金融與原物料類股佔比相當大，兩者相加就已超過 50%。另外一個特色是房地產類股佔比 8.0%，跟其他國家相比起來已經佔比很多。在全球的範疇之下，澳洲股市的原物料、房地產類股，對該類股在全球的分布都相當重要，兩者皆排進全球原物料類股指數的前五大成分國之中。

　　儘管原物料類股佔比 16% 在類股排行中為第 2，但澳洲經濟與股市跟原物料非常相關，畢竟金融類股的存在，主要是以借貸活動提供一個經濟體發展的基礎，而非生產活動擴張的動力來源。近年澳洲的出口佔 GDP 大約 20%，而出口中約 60% 屬於原物料，所以原物料相關產業活絡，澳洲經濟和金融活動也會隨之活絡。近年澳洲試圖改變其經濟結構，受到國際原物料報價主導國內經濟終究不是好事，澳洲指數中醫療保健類股排行第三便是例子，此外近年澳洲的工業產值也在逐漸上升中。

　　對澳洲原物料出口而言，鐵礦砂出口是最重要的一項，光此一項就佔

澳洲出口總額約 25%（剩下 35% 由煤礦和其餘農業產品組成）。而鐵礦砂的主要買家為中國，中國每年的鐵礦砂購買金額約佔全球鐵礦砂貿易量的 7 成，所以中國的鐵礦砂需求，顯著影響澳洲鐵礦砂出口，進而影響到澳洲經濟與股匯市表現。若分析澳洲股市每日的股價漲跌，除了國際股市的影響之外，通常不是受到澳洲本身金融類股的影響，就是受到中國鐵礦砂期貨價格所左右。

　　中國的鐵礦砂需求約在 2011 年左右達致頂峰，國際鐵礦砂報價也從 2011 年左右一路滑落，除了澳洲股市受到拖累，澳幣受到的影響更大，澳幣兌美元從 2011 年的頂峰 1.10：1 一路貶值，截至 2019 年 11 月，澳幣兌美元報價剩下 0.68：1，貶幅將近 4 成。

## 澳洲指數前十大持股

| | 權重 | 所屬類股 |
|---|---|---|
| 澳洲聯邦銀行 | 9.75% | 金融 |
| CSL | 8.00% | 醫療保健 |
| 必和必拓（BHP） | 7.50% | 原物料 |
| 西太平洋銀行 | 6.75% | 金融 |
| 澳洲國民銀行 | 5.50% | 金融 |
| 澳新銀行 | 5.25% | 金融 |
| 沃爾沃斯（Woolworths） | 3.25% | 必需／核心消費 |
| 西農集團（Wesfarmers） | 3.25% | 非必需／非核心消費 |
| 麥格理集團 | 3.00% | 金融 |
| Transurban | 2.75% | 工業 |
| 總和 | 55.00% | |

註：以上比重數字經過處理，主要目的為彰顯相對大小，各股票比重相加後未必等於總和數字。

## （三）香港指數

香港指數包含約 50 支股票，只包含中型與大型股，成分股涵蓋香港可投資股票市場市值約 85%。

### 香港指數績效圖（指數化）

香港指數(總報酬)　　亞太指數(總報酬)　　全球指數(總報酬)

註：以 2001 / 1 / 1 指數化報酬 100 為基點。

### 香港指數歷年報酬（%）

| 2001 | 2002 | 2003 | 2004 | 2005 | 2006 | 2007 | 2008 | 2009 | 2010 |
|------|------|------|------|------|------|------|------|------|------|
| -16.50 | -17.75 | 36.75 | 21.75 | 8.50 | 30.25 | 41.25 | -51.25 | 60.00 | 23.25 |
| 2011 | 2012 | 2013 | 2014 | 2015 | 2016 | 2017 | 2018 | ~2019/11 | |
| -16.00 | 28.25 | 11.00 | 5.00 | -5.00 | 2.25 | 36.25 | -7.75 | 6.25 | |

從 2001 年起始的 19 年間，香港指數含息總報酬約為 275%，優於亞太指數的約 140%，以及全球指數的約 200%。儘管在 2008 年金融海嘯時香港指數出現最大跌幅約 63%，但隨後快速反彈，一路高歌猛進，總報酬持續創歷史新高，不受到中國國內股市在 2015 年高峰後持續萎靡不振的影響。必須要闡明的是，香港指數的成分股並非一般所認為的在香港恆生證交所掛牌交易的所有股票，必須是總部註冊在香港的企業，才會被納入香港指數裡，是以屬於中國而在香港恆生證交所掛牌的股票並不屬於香港指數。

## 香港指數類股比重

| | |
|---|---|
| 金融 37.0% | 必需／核心消費 4.0% |
| 房地產 24.0% | 通訊服務 1.5% |
| 工業 13.0% | 醫療保健 1.0% |
| 公用事業 10.5% | 資訊科技 1.0% |
| 非必需／非核心消費 8.0% | 原物料 0.0% |
| | 能源 0.0% |

註：以上比重數字經過處理，主要目的為彰顯相對大小，相加後未必等於 100%。

## 香港指數前十大持股

| | 權重 | 所屬類股 |
| --- | --- | --- |
| 友邦保險（AIA） | 23.50% | 金融 |
| 香港證交所 | 7.25% | 金融 |
| 長江和記實業 | 4.75% | 工業 |
| 新鴻基地產 | 4.75% | 房地產 |
| 領展 REIT（Link） | 4.50% | 房地產 |
| 香港中華煤氣 | 3.75% | 公用事業 |
| 長江實業 | 3.50% | 房地產 |
| 中電集團 | 3.25% | 公用事業 |
| 恆生銀行 | 3.00% | 金融 |
| 銀河娛樂 | 3.00% | 非必需／非核心消費 |
| 總和 | 61.50% | |

註：以上比重數字經過處理，主要目的為彰顯相對大小，各股票比重相加後未必等於總和數字。

## 3-4. 新興市場—拉丁美洲

### （一）巴西指數

巴西指數包含約 50 支股票，只包含中型與大型股，成分股涵蓋巴西可投資股票市場市值約 85%。

從 2001 年起始的 19 年間，巴西指數含息總報酬約為 500%，優於新興拉丁美洲指數的約 440%，亦優於新興市場指數的約 425%。在第一次見到巴西指數的歷年報酬時，筆者差點嚇掉了眼睛——巴西指數竟然有 2 年的單年度報酬超越 100% ！尤其是 2003 ～ 2007 年的新興市場投資狂潮時期，巴西指數一勁瘋漲，不知何謂「跌」。不過，隨之而來的大崩跌，巴西指數歷經高達 76% 的可怕跌幅，一夕之間價格回歸 2005 年的位階。此外，儘管 2009 年巴西指數強勁反彈，但之後股市一路盤跌，至今總報酬未創歷史新高。

## 巴西指數績效圖（指數化）

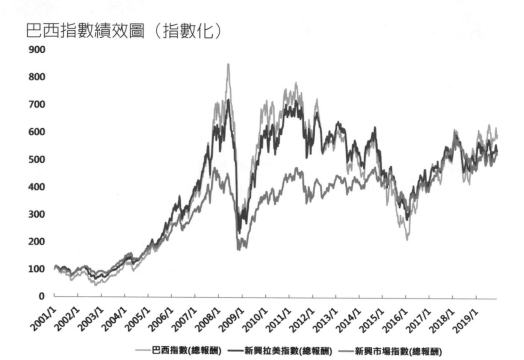

註：以 2001 ／ 1 ／ 1 指數化報酬 100 為基點。

## 巴西指數歷年報酬（%）

| 2001 | 2002 | 2003 | 2004 | 2005 | 2006 | 2007 | 2008 | 2009 | 2010 |
|------|------|------|------|------|------|------|------|------|------|
| -17.00 | -30.75 | 115.00 | 36.50 | 57.00 | 45.75 | 80.00 | -56.00 | 128.50 | 6.75 |
| 2011 | 2012 | 2013 | 2014 | 2015 | 2016 | 2017 | 2018 | ~2019/11 | |
| 21.50 | 0.50 | 15.75 | -13.75 | -41.25 | 66.75 | 24.50 | -0.25 | 17.50 | |

　　新興市場國家的美元債務在 2008 年金融海嘯之後持續增加，並且因為中國的需求趨緩，國際原物料報價在 2011 年達致頂峰，而美國聯準會在 2014 年 1 月表示未來將會升息，升息預期推升美元（升值到 2015 年

12 月聯準會升息確立，此後美元出現利多出盡走勢），加劇新興市場國家償還美元債務的壓力，於是導致 2014 ～ 2015 年間一波新興市場股市危機，其中以拉丁美洲和歐非中東地區尤為嚴重。

## 巴西指數類股比重

| | |
|---|---|
| 金融 38.5% | 工業 6.0% |
| 能源 14.5% | 公用事業 5.0% |
| 原物料 12.0% | 醫療保健 2.0% |
| 必需／核心消費 11.5% | 通訊服務 2.0% |
| 非必需／非核心消費 7.5% | 房地產 1.0% |
| | 資訊科技 0.5% |

註：以上比重數字經過處理，主要目的為彰顯相對大小，相加後未必等於 100%。

　　巴西指數除了金融類股之外，能源、原物料、必需／核心消費類股佔比都相對較大。金融類股不再討論，新興市場的金融類股通常都佔比很大。

　　巴西是出口導向國家，近年淨出口約佔 GDP 的 25 ～ 30%，這是相當大的比重。分析巴西的出口商品，其中能源、種子油、鐵礦砂與鋼，三大種類的商品大概各佔出口金額的 15%，如此可大致解釋為何巴西的能源與原物料類股這麼大。至於必需／核心消費類股，除了人口眾多使民生消費相關產業較大之外，巴西為啤酒生產大國以及菸草種植大國。儘管全球香菸的主要品牌都是以歐美為主，但巴西本身的香煙產業也有不小規模。

## 巴西指數前十大持股

| | 權重 | 所屬類股 |
|---|---|---|
| 伊塔烏聯合銀行（Itau） | 10.25% | 金融 |
| 淡水河谷（Vale） | 8.75% | 原物料 |
| 布拉德斯科銀行（Bradesco） | 8.25% | 金融 |
| 巴西石油（特別股） | 7.50% | 能源 |
| B3 | 5.75% | 金融 |
| 巴西石油（普通股） | 5.50% | 能源 |
| AmBev | 4.75% | 必需／核心消費 |
| Itausa | 3.50% | 金融 |
| 巴西銀行 | 2.50% | 金融 |
| Lojas Renner | 2.25% | 非必需／非核心消費 |
| 總和 | 59.00% | |

註：以上比重數字經過處理，主要目的為彰顯相對大小，各股票比重相加後未必等於總和數字。

## （二）墨西哥指數

墨西哥指數包含約 25 支股票，只包含中型與大型股，成分股涵蓋墨西哥可投資股票市場市值約 85%。

從 2001 年起始的 19 年間，墨西哥指數含息總報酬約為 370%，不及新興拉丁美洲指數的約 440%，亦不及新興市場指數的約 425%。

## 墨西哥指數績效圖（指數化）

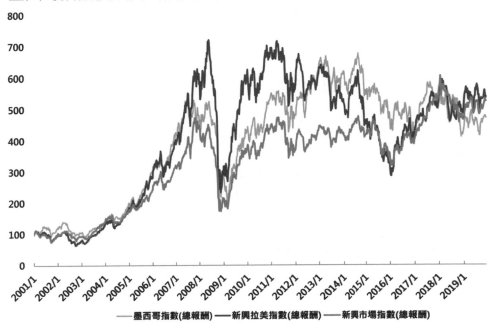

註：以 2001 ／ 1 ／ 1 指數化報酬 100 為基點。

## 墨西哥指數歷年報酬（%）

| 2001 | 2002 | 2003 | 2004 | 2005 | 2006 | 2007 | 2008 | 2009 | 2010 |
|------|------|------|------|------|------|------|------|------|------|
| 18.50 | -13.25 | 32.75 | 48.25 | 49.00 | 41.25 | 12.25 | -43.00 | 56.75 | 27.50 |
| 2011 | 2012 | 2013 | 2014 | 2015 | 2016 | 2017 | 2018 | ~2019/11 | |
| -12.00 | 29.00 | 0.25 | -9.25 | -14.25 | -9.00 | 16.25 | -15.25 | 6.25 | |

## 墨西哥指數類股比重

| | |
|---|---|
| 必需／核心消費 33.5% | 房地產 3.5% |
| 通訊服務 24.0% | 非必需／非核心消費 1.5% |
| 原物料 13.5% | 公用事業 1.5% |
| 金融 12.5% | 資訊科技 0.0% |
| 工業 9.5% | 醫療保健 0.0% |
| | 能源 0.0% |

註：以上比重數字經過處理，主要目的為彰顯相對大小，相加後未必等於 100%。

## 墨西哥指數前十大持股

| | 權重 | 所屬類股 |
|---|---|---|
| 美洲電信 | 19.25% | 通訊服務 |
| FEMSA | 14.50% | 必需／核心消費 |
| 沃爾瑪 - 墨西哥 | 11.25% | 必需／核心消費 |
| 北方銀行（Banorte） | 10.25% | 金融 |
| Grupo México | 6.50% | 原物料 |
| 西麥斯 Cemex | 4.50% | 原物料 |
| Televisa | 3.75% | 通訊服務 |
| Fibra UNO | 3.50% | 房地產 |
| Aero Pacífico | 2.75% | 工業 |
| Grupo Aeroportuario | 2.50% | 工業 |
| 總和 | 75.50% | |

註：以上比重數字經過處理，主要目的為彰顯相對大小，各股票比重相加後未必等於總和數字。

### （三）阿根廷指數

阿根廷指數包含 8 支股票，只包含中型與大型股，成分股涵蓋阿根廷

## 阿根廷指數績效圖（指數化）

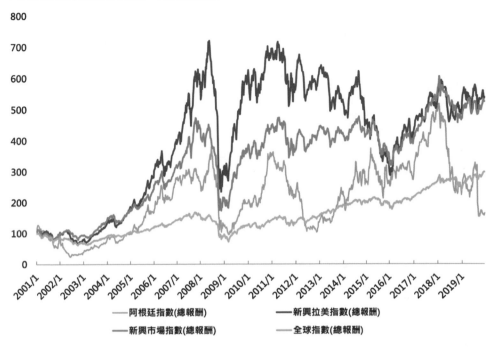

阿根廷指數(總報酬)　　新興拉美指數(總報酬)
新興市場指數(總報酬)　　全球指數(總報酬)

註：以 2001 / 1 / 1 指數化報酬 100 為基點。

## 阿根廷指數歷年報酬（%）

| 2001 | 2002 | 2003 | 2004 | 2005 | 2006 | 2007 | 2008 | 2009 | 2010 |
|---|---|---|---|---|---|---|---|---|---|
| -18.25 | -50.50 | 101.50 | 26.50 | 63.50 | 67.25 | -4.00 | -54.50 | 64.00 | 77.50 |

| 2011 | 2012 | 2013 | 2014 | 2015 | 2016 | 2017 | 2018 | ~2019 /11 |
|---|---|---|---|---|---|---|---|---|
| -39.00 | -37.00 | 66.25 | 19.25 | -0.50 | 5.00 | 73.75 | -50.75 | -31.25 |

可投資股票市場市值約 85%。

　　從 2001 年起始的 19 年間，阿根廷指數含息總報酬約為 65%，不及新興拉丁美洲指數的約 440%，亦不及新興市場指數的約 425%。

## 阿根廷指數類股比重

| | | | |
|---|---|---|---|
| 資訊科技 33.0% | | 非必需 / 非核心消費 0.0% | |
| 金融 26.5% | | 必需 / 核心消費 0.0% | |
| 能源 23.0% | | 工業 0.0% | |
| 公用事業 10.0% | | 房地產 0.0% | |
| 通訊服務 8.0% | | 醫療保健 0.0% | |
| | | 原物料 0.0% | |

註：以上比重數字經過處理，主要目的為彰顯相對大小，相加後未必等於 100%。

## 阿根廷指數前十大持股

| | 權重 | 所屬類股 |
|---|---|---|
| Globant | 33.00% | 資訊科技 |
| YPF | 17.00% | 能源 |
| Grupo Financiero Galicia | 12.25% | 金融 |
| Macro 銀行 | 10.75% | 金融 |
| Pampa 能源 | 10.00% | 能源 |
| 阿根廷電信 | 8.25% | 通訊服務 |
| Transportadora Gas | 6.00% | 能源 |
| BBVA Argentina | 2.50% | 金融 |
| 總和 | 100.00% | |

註：以上比重數字經過處理，主要目的為彰顯相對大小，各股票比重相加後未必等於總和數字。

# 3-5. 新興市場—歐非、中東地區

### （一）俄羅斯指數

俄羅斯指數包含約 25 支股票，只包含中型與大型股，成分股涵蓋俄羅斯可投資股票市場市值約 85%。

從 2001 年起始的 19 年間，俄羅斯指數含息總報酬約為 820%，遠遠勝過新興歐非中東指數的約 230%，亦勝過新興市場指數的約 425%。俄羅斯指數當為新興市場主要國家指數中，上述 19 年間報酬最好的指數。從 2001 ～ 2008 年金融海嘯前的高峰，俄羅斯指數創下超過 1,000% 的漲幅，但金融海嘯時的最大跌幅為 80%。此外，由於俄羅斯指數中並無資訊科技股，2000 年網路泡沫時受創較輕微，並且很快復甦。

俄羅斯指數績效圖（指數化）

註：以 2001／1／1 指數化報酬 100 為基點。

## 俄羅斯指數歷年報酬（%）

| 2001 | 2002 | 2003 | 2004 | 2005 | 2006 | 2007 | 2008 | 2009 | 2010 |
|------|------|------|------|------|------|------|------|------|------|
| 55.75 | 15.75 | 76.00 | 5.75 | 73.75 | 56.00 | 24.75 | -73.75 | 105.00 | 19.50 |
| 2011 | 2012 | 2013 | 2014 | 2015 | 2016 | 2017 | 2018 | ~2019/11 | |
| -19.25 | 14.50 | 1.50 | -45.75 | 5.00 | 56.00 | 6.00 | 0.50 | 39.50 | |

　　2014 ～ 2015 年間俄羅斯同樣受到美元升值導致的新興市場債務危機所影響，不過影響更大的是 2014 年克里米亞戰爭。在俄羅斯入侵原屬烏克蘭的克里米亞之後，歐美國家為了支援烏克蘭，便對俄羅斯實施經濟制裁，參與制裁的國家皆停止向俄羅斯購買原油。俄羅斯的經濟主要仰賴能源出口，能源類股佔其指數達 59%，在被歐美國家制裁之後，俄羅斯經濟產值一夕之間蒸發 20%，該段期間股市最大跌幅約 50%。儘管截至 2019 年 11 月，歐美對俄羅斯的經濟制裁仍未撤銷，不過俄羅斯在經濟制裁後將原油轉賣其盟國（如中國），經濟逐漸從被制裁的谷底復甦，股市價格回升。總而言之，金融海嘯之後，由於經濟制裁以及 2008 年時的股市高點過高，導致俄羅斯指數尚未回至歷史高點。

## 俄羅斯指數類股比重

| 能源 59.0% | 公用事業 1.0% |
|------------|---------------|
| 金融 19.0% | 工業 0.0% |
| 原物料 15.5% | 資訊科技 0.0% |
| 必需／核心消費 3.5% | 房地產 0.0% |
| 通訊服務 2.0% | 非必需／非核心消費 0.0% |
| | 醫療保健 0.0% |

註：以上比重數字經過處理，主要目的為彰顯相對大小，相加後未必等於 100%。

## 俄羅斯指數前十大持股

| | 權重 | 所屬類股 |
|---|---|---|
| 俄羅斯天然氣（Gazprom） | 19.00% | 能源 |
| 俄羅斯聯邦儲蓄銀行 | 17.25% | 金融 |
| 盧克石油（Lukoil） | 16.00% | 能源 |
| Novatek GDR | 8.50% | 能源 |
| Tatneft | 7.75% | 能源 |
| 諾里爾鎳礦（Nornickel） | 7.75% | 原物料 |
| 俄羅斯石油（Rosneft） | 3.50% | 能源 |
| Surgutneftegas | 2.00% | 能源 |
| MTS | 2.00% | 通訊服務 |
| X5 零售集團 | 1.75% | 必需／核心消費 |
| 總和 | 85.50% | |

註：以上比重數字經過處理，主要目的為彰顯相對大小，各股票比重相加後未必等於總和數字。

### （二）波蘭指數

　　波蘭指數包含約 25 支股票，只包含中型與大型股，成分股涵蓋波蘭可投資股票市場市值約 85%。

　　從 2001 年起始的 19 年間，波蘭指數含息總報酬約為 130%，不及新興歐非中東指數的約 230%，不及新興市場指數的約 425%，甚至不及全球指數的約 200%。

## 波蘭指數績效圖（指數化）

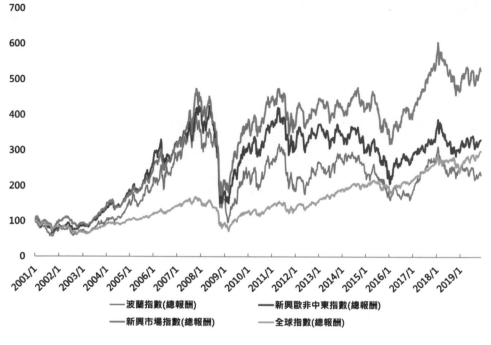

　　──波蘭指數(總報酬)　　　──新興歐非中東指數(總報酬)
　　──新興市場指數(總報酬)　　　──全球指數(總報酬)

註：以 2001 / 1 / 1 指數化報酬 100 為基點。

## 波蘭指數歷年報酬（%）

| 2001 | 2002 | 2003 | 2004 | 2005 | 2006 | 2007 | 2008 | 2009 | 2010 |
|------|------|------|------|------|------|------|------|------|------|
| 55.75 | 15.75 | 76.00 | 5.75 | 73.75 | 56.00 | 24.75 | -73.75 | 105.00 | 19.50 |

| 2011 | 2012 | 2013 | 2014 | 2015 | 2016 | 2017 | 2018 | ~2019 /11 | |
|------|------|------|------|------|------|------|------|-----------|---|
| -19.25 | 14.50 | 1.25 | -45.75 | 5.00 | 56.00 | 6.00 | 0.50 | -7.75 | |

## 波蘭指數類股比重

| | |
|---|---|
| 金融 45.5% | 必需 / 核心消費 3.5% |
| 能源 22.5% | 公用事業 3.0% |
| 通訊服務 13.0% | 資訊科技 0.0% |
| 非必需 / 非核心消費 8.0% | 房地產 0.0% |
| 原物料 6.0% | 工業 0.0% |
| | 醫療保健 0.0% |

註：以上比重數字經過處理，主要目的為彰顯相對大小，相加後未必等於 100%。

## 波蘭指數前十大持股

| | 權重 | 所屬類股 |
|---|---|---|
| 波蘭儲蓄銀行（BKO BP） | 15.50% | 金融 |
| 波蘭國營石油（PKN Orlen） | 14.50% | 能源 |
| PZU | 14.25% | 金融 |
| PEKAO 銀行 | 8.50% | 金融 |
| CD Projekt | 8.00% | 通訊服務 |
| KGHM | 5.50% | 原物料 |
| Santander 銀行 | 5.25% | 金融 |
| LPP | 5.00% | 非必需 / 非核心消費 |
| Lotos | 4.00% | 能源 |
| PGNiG | 3.75% | 能源 |
| 總和 | 80.50% | |

註：以上比重數字經過處理，主要目的為彰顯相對大小，各股票比重相加後未必等於總和數字。

### （三）沙烏地阿拉伯指數

　　沙烏地阿拉伯指數包含約 75 支股票，只包含中型與大型股，成分股涵蓋沙烏地阿拉伯可投資股票市場市值約 85%。

## 沙烏地阿拉伯指數績效圖（指數化）

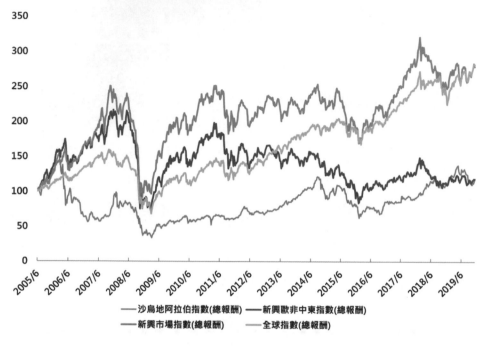

——沙烏地阿拉伯指數(總報酬)　——新興歐非中東指數(總報酬)
——新興市場指數(總報酬)　——全球指數(總報酬)

註：以 2005 / 6 / 1 指數化報酬 100 為基點。

## 沙烏地阿拉伯指數歷年報酬（%）

| 2001 | 2002 | 2003 | 2004 | 2005 | 2006 | 2007 | 2008 | 2009 | 2010 |
|------|------|------|------|------|--------|-------|--------|-------|-------|
| - | - | - | - | - | -50.75 | 46.75 | -57.50 | 39.00 | 15.50 |

| 2011 | 2012 | 2013 | 2014 | 2015 | 2016 | 2017 | 2018 | ~2019 /11 | |
|-------|-------|-------|-------|--------|-------|------|-------|-----------|--|
| -2.50 | 10.75 | 32.25 | -2.75 | -12.50 | 10.25 | 7.50 | 19.25 | 5.25 | |

　　從 2006 年 6 月至 2019 年 11 月，沙烏地阿拉伯指數含息總報酬約為 18%，不及同期間新興歐非中東指數的約 19%，也不及新興市場指數與全球指數的約 180%。沙烏地阿拉伯指數表現會如此慘澹，主要係因沙特阿

美還未上市。沙烏地阿拉伯的經濟仰賴原油出口，以舉國之力支持沙特阿美成立，但沙特阿美未上市，導致沙烏地阿拉伯指數不涵蓋該國最重要的類股的報酬，是以沙烏地阿拉伯指數表現平平。

## 沙烏地阿拉伯指數類股比重

| | |
|---|---|
| 金融 48.0% | 公用事業 3.0% |
| 原物料 27.0% | 房地產 2.0% |
| 通訊服務 8.5% | 醫療保健 2.0% |
| 必需／核心消費 4.5% | 能源 1.5% |
| 非必需／非核心消費 4.0% | 工業 0.5% |
| | 資訊科技 0.0% |

註：以上比重數字經過處理，主要目的為彰顯相對大小，相加後未必等於 100%。

## 沙烏地阿拉伯指數前十大持股

| | 權重 | 所屬類股 |
|---|---|---|
| 拉吉哈銀行（Al Rajhi） | 15.00% | 金融 |
| 沙基工業（SABIC） | 13.25% | 原物料 |
| 國家商業銀行（AlAhi） | 10.50% | 金融 |
| 沙烏地電信 | 7.75% | 通訊服務 |
| 沙美金融集團（Samba） | 5.50% | 金融 |
| 利雅德銀行（Riyad） | 5.25% | 金融 |
| Banque Saudi Fransi | 3.50% | 金融 |
| Ma'aden | 3.50% | 原物料 |
| 沙特電力 | 3.50% | 公用事業 |
| Alinma 銀行 | 3.00% | 金融 |
| 總和 | 70.50% | |

註：以上比重數字經過處理，主要目的為彰顯相對大小，各股票比重相加後未必等於總和數字。

## （四）南非指數

　　南非指數包含約 50 支股票，只包含中型與大型股，成分股涵蓋南非可投資股票市場市值約 85%。

　　從 2001 年起始的 19 年間，南非指數含息總報酬約為 430%，優於新興歐非中東指數的約 230%，小幅超越新興市場指數的約 425%。南非為新興歐非中東指數的主要組成，佔比達 33%。南非指數的表現相當亮眼，與俄羅斯一同拉抬新興歐非中東指數。不過新興歐非中東指數成分國報酬非常極端，有南非、俄羅斯這樣亮眼的明星，也有沙烏地阿拉伯、卡達等表現慘澹的國家，彼此的影響相互抵消。

### 南非指數績效圖（指數化）

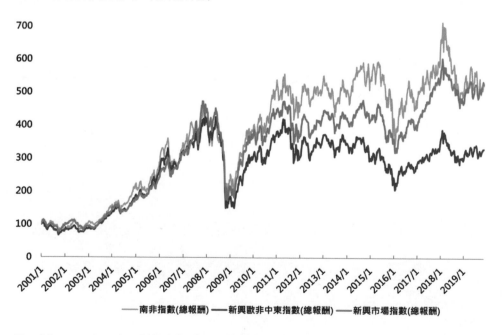

── 南非指數(總報酬)　── 新興歐非中東指數(總報酬)　── 新興市場指數(總報酬)

註：以 2001 / 1 / 1 指數化報酬 100 為基點。

## 南非指數歷年報酬（%）

| 2001 | 2002 | 2003 | 2004 | 2005 | 2006 | 2007 | 2008 | 2009 | 2010 |
|---|---|---|---|---|---|---|---|---|---|
| -17.25 | 28.00 | 45.75 | 45.00 | 28.25 | 20.50 | 18.25 | -38.00 | 57.75 | 34.25 |

| 2011 | 2012 | 2013 | 2014 | 2015 | 2016 | 2017 | 2018 | ~2019/11 | |
|---|---|---|---|---|---|---|---|---|---|
| -14.25 | 19.00 | -5.75 | 5.75 | -25.25 | 18.50 | 36.75 | -24.25 | -1.25 | |

南非為非洲的經濟與金融中心，基本上整個非洲指數就是以南非為主，類似美國支於北美指數。南非的天然資源出口也相當聞名，其中以寶石的出口最為重要。

## 南非指數類股比重

| | |
|---|---|
| 金融 33.5% | 房地產 4.5% |
| 非必需／非核心消費 28.0% | 醫療保健 2.5% |
| 原物料 12.0% | 工業 1.5% |
| 必需／核心消費 9.0% | 能源 1.0% |
| 通訊服務 8.0% | 公用事業 0.0% |
| | 資訊科技 0.0% |

註：以上比重數字經過處理，主要目的為彰顯相對大小，相加後未必等於 100%。

## 南非指數前十大持股

| | 權重 | 所屬類股 |
|---|---|---|
| Naspers | 24.00% | 非必需 / 非核心消費 |
| 標準銀行 | 5.75% | 金融 |
| FirstRand | 5.50% | 金融 |
| MTN 集團 | 4.00% | 通訊服務 |
| SASOL | 4.00% | 原物料 |
| Sanlam | 3.75% | 金融 |
| AngloGold Ashanti | 3.50% | 原物料 |
| Bid Corp | 3.00% | 必需 / 核心消費 |
| ABSA | 2.75% | 金融 |
| Old Mutual | 2.50% | 金融 |
| 總和 | 59.00% | |

註：以上比重數字經過處理，主要目的為彰顯相對大小，各股票比重相加後未必等於總和數字。

# 3-6. 新興市場—亞洲地區

## （一）中國指數

　　中國的可投資股票市場區分相當複雜，可以分為 A 股、B 股、P 股（P chips）、H 股、紅籌股。茲分別說明如下：

　　・**A 股**：企業註冊在中國境內，股票在上海或深圳交易所掛牌交易，股價以人民幣計價。這類股票只可經由中國公民，或者經過特許的外國投資人（QFII）才可購買。在滬港通和深港通開通之後，外國投資人也可經由此兩個管道投資上海證交所或深圳證交所的股票，唯 2014 ～ 2018 年之間，滬港通和深港通的每日額度分別是 130 億和 105 億人民幣，對比上海證交所每日成交金額數千億，甚至萬億，比例實在微不足道。2018 年中，中國政府將滬港通、深港通額度分別開放 4 倍，但相較成交金額比例依然偏低，後續成效還待觀察。

　　・**B 股**：企業註冊在中國境內，股票在上海或深圳交易所掛牌交易，股價在上海以美元計價，在深圳以港幣計價。這類股票對外國投資人開放，但屬於 B 股的股票不多。

　　・**P 股**：企業註冊在中國境外，股票在香港恆生證交所掛牌交易，股價以港幣計價。必須滿足該企業由中國人所控制、營收 80% 以上來自中國境內，以及資產 60% 以上在中國境內的三大條件。

　　・**紅籌股**：企業註冊在中國境外，股票在香港交易所掛牌交易，股價以港幣計價。這類企業是由中國政府幕後所持有，向外國投資人開放。

　　・**H 股**：企業註冊在中國境內，股票在香港交易所掛牌交易，股價以港幣計價，向外國投資人開放。

　　看完上述眼花撩亂的各種類別，大家關心的應該是，中國指數包含哪些類別呢？

中國指數包含約 700 支股票，只包含中型與大型股，成分股涵蓋中國 B 股、P 股、H 股、紅籌股，和海外交易所掛牌的中國企業股票。當前另外包含 15% 的 A 股大型股。中國指數涵蓋上述市場市值約 85%。

　　從 2001 年起始的 19 年間，中國指數含息總報酬約為 470%，優於新興市場指數的約 425%，但不及新興亞洲指數的約 490%。新興亞洲指數中，中國佔大約一半，是以新興亞洲指數大致上跟隨中國的走勢，不過 2018 年美中貿易戰開打之後，儘管多數新興亞洲國家皆受到中國拖累而下跌，但中國作為始作俑者，股市表現也是最不理想者之一，所以 2018 年後中國股市的報酬由原本的超越新興亞洲指數，轉為落後。

## 中國指數績效圖（指數化）

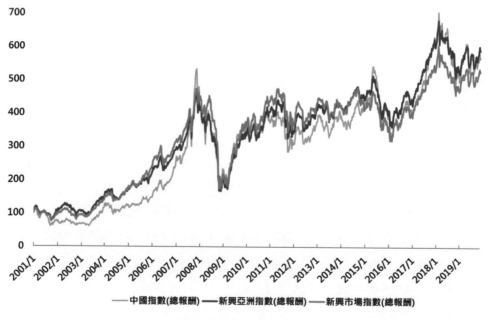

註：以 2001 / 1 / 1 指數化報酬 100 為基點。

## 中國指數歷年報酬（%）

| 2001 | 2002 | 2003 | 2004 | 2005 | 2006 | 2007 | 2008 | 2009 | 2010 |
|------|------|------|------|------|------|------|------|------|------|
| -14.25 | -12.75 | 91.25 | 16.75 | 44.25 | 56.25 | 58.75 | -59.50 | 93.00 | 9.50 |

| 2011 | 2012 | 2013 | 2014 | 2015 | 2016 | 2017 | 2018 | ~2019/11 | |
|------|------|------|------|------|------|------|------|----------|--|
| -22.75 | 14.50 | -3.50 | -2.75 | -13.50 | 12.00 | 41.75 | -13.50 | -14.25 | |

## 中國指數類股比重

| | |
|---|---|
| 非必需／非核心消費 25.0% | 能源 4.0% |
| 金融 22.0% | 醫療保健 4.0% |
| 通訊服務 22.0% | 資訊科技 3.5% |
| 房地產 5.5% | 必需／核心消費 3.5% |
| 工業 5.5% | 公用事業 3.0% |
| | 原物料 2.0% |

註：以上比重數字經過處理，主要目的為彰顯相對大小，相加後未必等於 100%。

　　中國指數基本上不包含在上海與深圳交易的股票，所以無法完全真實反映中國股市的類股組成情況。中國指數以非必需／非核心消費類股為最大，但阿里巴巴和京東這兩檔股票，相加起來權重就達 18.25%，佔去了大多數非必需／非核心消費類股的權重。此外，騰訊、中國移動、百度的權重相加，也達 16.25%，超過通訊服務類股的一半。投資中國指數，大致而言等同於投資中國大型國企（通訊與金融類股）以及阿里巴巴、百度、騰訊和京東。

## 中國指數前十大持股

|  | 權重 | 所屬類股 |
| --- | --- | --- |
| 阿里巴巴（ADR） | 17.25% | 非必需／非核心消費 |
| 騰訊（H） | 12.25% | 通訊服務 |
| 建設銀行（H） | 4.00% | 金融 |
| 平安保險（H） | 3.25% | 金融 |
| 中國移動（H） | 2.50% | 通訊服務 |
| 工商銀行（H） | 2.50% | 金融 |
| 中國銀行（H） | 1.75% | 金融 |
| 百度（ADR） | 1.50% | 通訊服務 |
| 中國海洋石油（H） | 1.50% | 能源 |
| 京東（ADR） | 1.00% | 非必需／非核心消費 |
| 總和 | 47.25% |  |

註：以上比重數字經過處理，主要目的為彰顯相對大小，各股票比重相加後未必等於總和數字。

## （二）中國 A 股指數

　　中國 A 股指數包含約 450 支股票，只包含中型與大型股，成分股涵蓋中國 A 股市場中，名列「滬港通」、「深港通」名單的全部股票。

　　由於中國 A 股指數是由海外投資者的角度編制，所以其成分股必須是海外投資人買得到的股票才有意義，而當前海外投資者想要參與中國 A 股市場（上海與深圳證交所），主要管道即透過「滬港通」與「深港通」。

　　從 2001 年起始的 19 年間，中國 A 股指數含息總報酬約 175%，遠遠不如中國指數的約 470%，新興亞洲指數的約 490%，新興市場指數的約 425%。這代表中國整體而言，上述 19 年間上漲的主要都是包含國企的大型股。

　　中國 A 股充滿驚奇，股市漲跌非常戲劇性，尤其是 2014 ～ 2015 年。

## 中國 A 股指數績效圖（指數化）

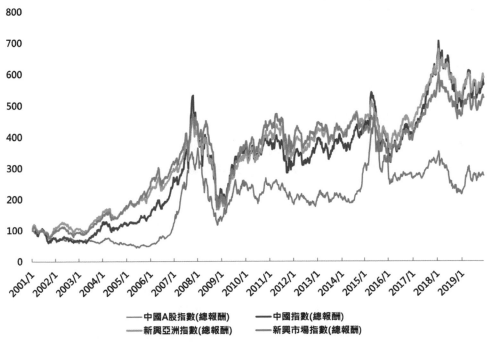

――― 中國A股指數(總報酬)　　　――― 中國指數(總報酬)
――― 新興亞洲指數(總報酬)　　　――― 新興市場指數(總報酬)

註：以 2001 / 1 / 1 指數化報酬 100 為基點。

## 中國 A 股指數歷年報酬（%）

| 2001 | 2002 | 2003 | 2004 | 2005 | 2006 | 2007 | 2008 | 2009 | 2010 |
|---|---|---|---|---|---|---|---|---|---|
| -26.00 | -16.50 | 5.00 | -16.00 | -4.25 | 135.75 | 175.75 | -61.75 | 97.00 | -4.25 |

| 2011 | 2012 | 2013 | 2014 | 2015 | 2016 | 2017 | 2018 | ~2019/ 11 | |
|---|---|---|---|---|---|---|---|---|---|
| -22.75 | 9.75 | 1.00 | 47.00 | 7.25 | -19.00 | 20.50 | -32.75 | 26.00 | |

由上圖不難看出，中國 A 股有個特性，即通常盤整很久，卻又在一夕之間
突然噴發。2014 年 11 月，中國 A 股突然開始爆發性上漲，短短半年間指
數漲幅高達 110%，主要原因是中國央行為了避免 2008 年之後中國面臨
的「經濟硬著陸」問題，實施降息政策，使得整體金融市場槓桿增加，造

成股市狂漲。但這種狂漲是不具基本面支撐的，是以在中國政府出手「去槓桿」之後，中國 A 股立即開始崩跌，最終我們看到的 2015 年當年度報酬，僅有 7%，但這 7% 包含了漲跌來回 200% 以上的報酬波動，多少人賺得盈滿缽滿，又多少人血本無歸。

　　中國境內的基金經理人，在「去槓桿」之前，通常透過民間所謂的「影子銀行」籌措資金，再投入股市，但影子銀行的監管不易，造成中國金融體系的結構性問題，是以中國政府有出手打壓的必要。中國政府的打算是，透過央行降息等寬鬆貨幣政策，一邊維持金融體系的資金充裕，一邊打壓影子銀行以去除難以控管的槓桿，豈料造成中國 A 股崩盤。不過長痛不如短痛，「去槓桿」對於中國金融市場與整體經濟的長遠發展實有其必要。

### 中國 A 股指數類股比重

| | |
|---|---|
| 金融 26.5% | 原物料 7.5% |
| 必需／核心消費 15.0% | 非必需／非核心消費 6.5% |
| 工業 12.5% | 房地產 4.5% |
| 資訊科技 11.0% | 公用事業 3.0% |
| 醫療保健 9.0% | 通訊服務 2.5% |
| | 能源 2.5% |

註：以上比重數字經過處理，主要目的為彰顯相對大小，相加後未必等於 100%。

## 中國 A 股指數前十大持股

| | 權重 | 所屬類股 |
|---|---|---|
| 貴州茅台 | 5.75% | 必需／核心消費 |
| 平安保險 | 3.50% | 金融 |
| 招商銀行 | 2.75% | 金融 |
| 宜賓五糧液 | 2.00% | 必需／核心消費 |
| 江蘇恆瑞醫藥 | 1.50% | 醫療保健 |
| 長江電力 | 1.50% | 公用事業 |
| 興業銀行 | 1.50% | 金融 |
| 上海浦東發展銀行 | 1.50% | 金融 |
| 工商銀行 | 1.25% | 金融 |
| 海康威視 | 1.25% | 資訊科技 |
| 總和 | 47.00% | |

註：以上比重數字經過處理，主要目的為彰顯相對大小，各股票比重相加後未必等於總和數字。

## （三）印度指數

印度指數包含約 100 支股票，只包含中型與大型股，成分股涵蓋印度可投資股票市場市值約 85%。

從 2001 年起始的 19 年間，印度指數含息總報酬約為 580%，優於新興亞洲指數的約 490%，亦優於新興市場指數的約 425%。相對而言，印度指數的表現是較不受到國際股市所影響的。印度指數每日的漲跌波動，通常受到佔其權重最大的幾檔股票所影響，例如屬於金融類股的住房開發金融公司 (HDFC)、能源類股的信實工業，抑或屬於資訊科技類股的 Infosys。

## 印度指數績效圖（指數化）

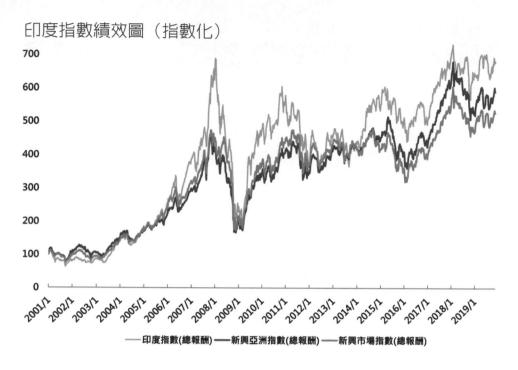

——印度指數(總報酬) ——新興亞洲指數(總報酬) ——新興市場指數(總報酬)

註：以 2001 / 1 / 1 指數化報酬 100 為基點。

## 印度指數歷年報酬（%）

| 2001 | 2002 | 2003 | 2004 | 2005 | 2006 | 2007 | 2008 | 2009 | 2010 |
|------|------|------|------|------|------|------|------|------|------|
| -19.50 | 8.25 | 78.25 | 19.00 | 37.50 | 51.00 | 73.00 | -64.75 | 102.75 | 21.00 |
| 2011 | 2012 | 2013 | 2014 | 2015 | 2016 | 2017 | 2018 | ~2019 /11 | |
| -37.25 | 26.00 | -3.75 | 23.75 | -6.00 | -1.50 | 38.75 | -7.25 | 9.00 | |

　　至於國家整體經濟層面，常見的影響因子如下：

　　（1）財政、稅制改革。

　　（2）雨季的降雨量：是否充足，但又不能達到氾濫的程度，因印度的 GDP 中約 18% 是由農業所組成，且農業提供了印度國內約 50% 的工作機會。

（3）國際油價與印度盧比的走勢：印度是原油進口大國，因而國際油價波動顯著影響其進口成本，美元兌盧比的價格亦然。

## 印度指數類股比重

| | |
|---|---|
| 金融 26.0% | 原物料 8.0% |
| 能源 16.5% | 醫療保健 4.0% |
| 資訊科技 16.0% | 工業 4.0% |
| 必需／核心消費 11.0% | 通訊服務 3.0% |
| 非必需／非核心消費 9.0% | 公用事業 2.5% |
| | 房地產 0.0% |

註：以上比重數字經過處理，主要目的為彰顯相對大小，相加後未必等於 100%。

## 印度指數前十大持股

| | 權重 | 所屬類股 |
|---|---|---|
| 信實工業 | 11.75% | 能源 |
| 住房開發金融 (HDFC) | 9.75% | 金融 |
| Infosys | 6.75% | 資訊科技 |
| 塔塔諮詢服務 | 5.75% | 資訊科技 |
| Axis 銀行 | 4.25% | 金融 |
| 印度聯合利華 | 4.00% | 必需／核心消費 |
| 工業信貸投資銀行（ICICI） | 3.00% | 金融 |
| 印度菸草（ITC） | 2.50% | 必需／核心消費 |
| Maruti Suzuki | 2.25% | 非必需／非核心消費 |
| 巴帝電信 | 2.25% | 通訊服務 |
| 總和 | 52.50% | |

註：以上比重數字經過處理，主要目的為彰顯相對大小，各股票比重相加後未必等於總和數字。

## （四）台灣指數

　　台灣指數包含約 100 支股票，只包含中型與大型股，成分股涵蓋台灣可投資股票市場市值約 85%。

### 台灣指數績效圖（指數化）

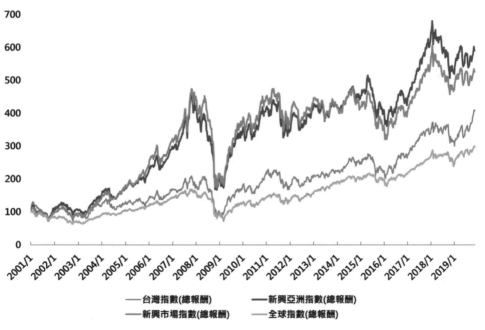

註：以 2001 / 1 / 1 指數化報酬 100 為基點。

### 台灣指數歷年報酬（%）

| 2001 | 2002 | 2003 | 2004 | 2005 | 2006 | 2007 | 2008 | 2009 | 2010 |
|------|------|------|------|------|------|------|------|------|------|
| 10.50 | -24.50 | 42.50 | 9.75 | 7.25 | 21.00 | 9.00 | -46.00 | 80.25 | 22.75 |
| 2011 | 2012 | 2013 | 2014 | 2015 | 2016 | 2017 | 2018 | ~2019/11 | |
| -20.25 | 17.75 | 9.75 | 10.00 | -11.00 | 19.50 | 28.00 | -8.25 | 28.00 | |

　　從 2001 年起始的 19 年間，台灣指數含息總報酬約為 310%，不及新興亞洲指數的約 490%，不及新興市場指數的約 425%，但優於全球指數的約 200%。先前曾提過，台灣指數的走勢，比較類似成熟市場國家，而非新興市場國家，這一點由上面的績效比較圖可見端倪。整體而言，台灣指數波動度較新興市場低，但依然有不錯的報酬（與全球指數相比，因兩者波動度近似）。此外，若比較基點是由 2009 年 1 月開始，則台灣指數表現優於整體新興亞洲、新興市場以及全球指數。詳見下圖。

　　台灣指數的走勢會較類似成熟市場國家，主要因為其由資訊科技類股為主要組成，尤其是半導體產業，而資訊科技類股受到美國那斯達克指數影響很深，半導體產業也受美國費城半導體指數顯著影響，是以台灣及韓國指數與美股的連動性較高。實際數據亦可支持此論點，從 2001 年 1 月至 2019 年 11 月，台灣指數與中國 A 股指數每日漲跌幅的相關係數約為 0.23，屬弱關聯，跟美國指數每日漲跌幅的相關係數則為 0.47，屬於顯著關聯。

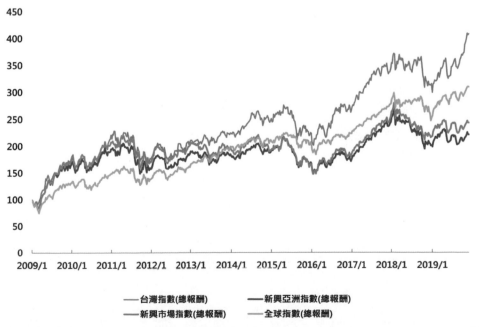

## 台灣指數類股比重

| | |
|---|---|
| 資訊科技 62.0% | 必需 / 核心消費 3.0% |
| 金融 17.0% | 工業 2.0% |
| 原物料 8.5% | 能源 0.5% |
| 通訊服務 3.5% | 房地產 0.5% |
| 非必需 / 非核心消費 3.5% | 醫療保健 0.5% |
| | 公用事業 0.0% |

註：以上比重數字經過處理，主要目的為彰顯相對大小，相加後未必等於 100%。

## 台灣指數前十大持股

| | 權重 | 所屬類股 |
|---|---|---|
| 台積電 | 36.50% | 資訊科技 |
| 鴻海 | 5.00% | 資訊科技 |
| 聯發科 | 3.00% | 資訊科技 |
| 大立光 | 2.25% | 資訊科技 |
| 台塑 | 2.25% | 原物料 |
| 中華電信 | 2.00% | 通訊服務 |
| 中國信託 | 2.00% | 金融 |
| 南亞塑膠 | 1.75% | 原物料 |
| 統一集團 | 1.75% | 必需 / 核心消費 |
| 兆豐金控 | 1.50% | 金融 |
| 總和 | 58.00% | |

註：以上比重數字經過處理，主要目的為彰顯相對大小，各股票比重相加後未必等於總和數字。

### （五）韓國指數

　　韓國指數包含約 100 支股票，只包含中型與大型股，成分股涵蓋韓國可投資股票市場市值約 85%。

　　從 2001 年起始的 19 年間，韓國指數含息總報酬約為 685%，擊敗新興亞洲指數的約 490%，亦擊敗新興市場指數的約 425%。相較台灣，韓國對中國經濟的關聯更大，再加上近年與日本的貿易摩擦漸增，在 2018 年 1 月美中貿易戰開打之後，韓國指數與台灣指數的表現出現明顯差距，韓國指數 2018 年下跌 20%，2019 年至 11 月為止只上漲 2.5%，但台股已創新高。

### 韓國指數績效圖（指數化）

註：以 2001 / 1 / 1 指數化報酬 100 為基點。

## 韓國指數歷年報酬（%）

| 2001 | 2002 | 2003 | 2004 | 2005 | 2006 | 2007 | 2008 | 2009 | 2010 |
|------|------|------|------|------|------|------|------|------|------|
| 48.75 | 8.50 | 35.00 | 22.75 | 58.00 | 13.25 | 32.50 | -5.00 | 72.00 | 27.25 |
| 2011 | 2012 | 2013 | 2014 | 2015 | 2016 | 2017 | 2018 | ~2019/11 | |
| -11.75 | 21.50 | 4.25 | -10.75 | -6.25 | 9.25 | 47.75 | -20.50 | 2.50 | |

## 韓國指數類股比重

| | |
|---|---|
| 資訊科技 44.0% | 原物料 6.0% |
| 非必需／非核心消費 11.0% | 必需／核心消費 5.5% |
| 金融 11.0% | 醫療保健 4.5% |
| 工業 8.5% | 能源 2.0% |
| 通訊服務 6.5% | 公用事業 1.0% |
| | 房地產 0.0% |

註：以上比重數字經過處理，主要目的為彰顯相對大小，相加後未必等於 100%。

## 韓國指數前十大持股

| | 權重 | 所屬類股 |
|---|------|---------|
| 三星電子（普通股） | 30.50% | 資訊科技 |
| SK 海力士 | 5.50% | 資訊科技 |
| 三星電子（特別股） | 4.50% | 資訊科技 |
| Naver | 3.00% | 通訊服務 |
| 新韓金融集團 | 2.50% | 金融 |
| 現代汽車 | 2.50% | 非必需／非核心消費 |
| Celltrion | 2.25% | 醫療保健 |
| KB 金融集團 | 2.00% | 金融 |
| 浦項鋼鐵（POSCO） | 2.00% | 原物料 |
| 現代 Mobis | 2.00% | 非必需／非核心消費 |
| 總和 | 56.50% | |

註：以上比重數字經過處理，主要目的為彰顯相對大小，各股票比重相加後未必等於總和數字。

—————————CH4—————————
# 單一類股指數 & 特殊策略指數

## 4-1. 循環型類股指數

　　本章進入股票市場的最後環節,將介紹 11 個單一類股指數和其他各種特殊策略指數。雖然是最後環節,但實際上前幾章介紹的區域型指數、單一國家指數和本章將介紹的單一類股指數,筆者認為只是基礎而已,特殊策略指數可以說是進階版。

　　本章將介紹的 11 個單一類股指數,都是在全球指數之下的範疇,所以這些指數的名稱將會是「全球 OO 類股指數」(OO 可以填入金融、資訊科技、公用事業等類股的名稱),實際上市場也存在「美國 OO 類股指數」、「亞太排除日本 OO 類股指數」、「中國 A 股 OO 類股指數」等等,這些筆者都稱作單一國家(區域)特定類股指數。選擇介紹「全球 OO 類股指數」,是希望能針對某一種類股,其在全球範圍下的分布狀況,提供大家一個較全面性的觀點。

　　上述的單一國家(區域)類股指數,就屬於筆者歸類為進階版策略指數的一種例子。因為要投資某個單一國家或某區域的其中一種類股指數,勢必對該類股的基本面,以及對該國家或區域的經濟狀況有較深入的理解,也有機會創造更高的收益。

　　至於特殊策略指數,例如全球大型股指數(Large Capped)、全球價值股指數(Value),這種筆者就認為還算是基礎,但若論及印度小型股指數,這就屬於進階版的範疇。

另外要注意的一點是，並非每個國家和區域都有每一種類股指數，而是某類股在該地區權重較大，才會有相對應的單一國家（區域）類股指數。舉例而言，台灣醫療保健類股指數——不論台灣的醫療保健類股相對全球股市的重要性，光是在台灣指數本身，醫療保健類股的權重為 0.5%，豈有必要特定為其編一個國際性的指數？

## （一）全球資訊科技類股指數

　　談到循環型類股，最具有代表性的當為資訊科技類股，而且做為寶島台灣的最大類股，也是近 10 年驅動全球股市上漲的最大動力之一，當然要放到第一位介紹。以下先來看看全球資訊科技類股的報酬表現。

全球資訊科技類股指數績效圖（指數化）

註：以 2001 ／ 1 ／ 1 指數化報酬 100 為基點。

## 全球資訊科技類股指數歷年報酬（%)

| 2001 | 2002 | 2003 | 2004 | 2005 | 2006 | 2007 | 2008 | 2009 | 2010 |
|------|------|------|------|------|------|------|------|------|------|
| -22.25 | -39.25 | 41.25 | 2.00 | 7.00 | 9.75 | 14.00 | -44.50 | 58.75 | 11.75 |

| 2011 | 2012 | 2013 | 2014 | 2015 | 2016 | 2017 | 2018 | ~2019/11 | |
|------|------|------|------|------|------|------|------|------|------|
| -4.10 | 15.75 | 27.00 | 15.75 | 3.75 | 12.75 | 42.25 | -5.50 | 40.75 | |

　　從 2001 年起始的 19 年間，全球資訊科技類股指數含息總報酬約為
205%，小幅贏過全球指數的約 200%，跟美國的資訊科技類股指數相比，
則輸了 20% 左右。全球資訊科技類股指數 19 年間只贏過全球指數 5%，
這個結果是否有些讓人吃驚？事實上在 2008 年金融海嘯之前，資訊科技
類股表現是大幅落後大盤的，作為 2000 年網路泡沫的主角，資訊科技類
股受創最重，跌幅最深。資訊科技類股和大盤的報酬差距，在金融海嘯後
有稍微縮小，但整體情況的翻轉發生在 2016 年美股向上突破之後。

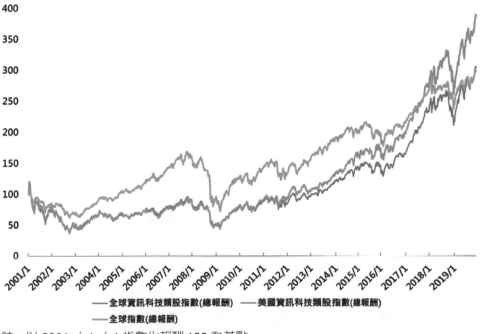

註：以 2001 / 1 / 1 指數化報酬 100 為基點。

上圖顯示資訊科技類股在近 10 年的強勁走勢。若報酬從 2009/1/1 起算，則全球資訊科技類股的含息總報酬約為 520%，美國資訊科技類股總報酬約為 680%，同期間全球指數總報酬則約為 230%。不論美國資訊科技類股的報酬，全球資訊科技類股的報酬就比全球指數多上將近 300%。

2018 年 10 月，由於美中貿易衝突加劇、美國科技股獲利不如預期以及美國公債殖利率加速上升，引發市場恐慌，因而導致由美股帶頭的全球性股市下跌，其中尤以資訊科技類股跌幅最重。不過從那一波的低點（2018 年 12 月）起算，截至 2019 年 11 月底，美國那斯達克指數已經上漲約 35%，而本書所採用的指數更是上漲約 50%。

2016 年開始資訊科技類股開始拉開與大盤的報酬差距，原因有很多，筆者也非此領域研究的專家，只能大致描述可能的原因，例如資訊科技領域在大數據、雲端計算等技術的發展推動下，開始井噴式的成長，抑或者在摩爾定律（如果摩爾定律未死）之下，科技的發展本就是呈指數上升，而 2016 年附近剛好來到了關鍵點。

資訊科技類股的例子，告訴我們類股的表現會輪動，所以接下來我們要思考，資訊科技類股的強勢還能保持多久，又或者未來還有哪些類股表現也有機會變得如此強勢？

## 全球資訊科技類股指數國家比重

| | | | |
|---|---|---|---|
| 美國 76.0%（+20.0%） | | 韓國 3.5%（+2.5%） | |
| 台灣 5.0%（+4.0%） | | 德國 2.0%（+0.5%） | |
| 日本 5.0%（-2.0%） | | 其他 8.0%（-17.0%） | |

註：以上比重數字經過處理，主要目的為彰顯相對大小，相加後未必等於 100%；括號中數字為該國權重相對全球指數的增減狀況。

全球資訊科技類股指數包含約 300 支股票，只包含中型與大型股，

成分股涵蓋全球指數中所有屬於資訊科技類股的企業。本書的單一類股指數，在國家權重分佈表上，都將提供相對全球指數該國家的權重增減狀況。由於美國股市本身市值就比較大，佔全球指數達 56%，我們會看到所有全球特定類股指數的國家分佈裡，美國都會佔最大權重。而提供分佈的相對狀況，例如此處全球資訊科技類股中的美國權重，相對全球指數的美國多了 20%，告訴我們資訊科技類股真的分佈較集中在美國。

　　全球的資訊科技類股，大約 75% 市值分布在美國，15% 市值分布在亞洲。先前介紹美國指數時曾經提過，資訊科技是利潤率較高的類股，而在全球的產業分布之下，這些利潤率較高的類股通常被歐美佔據大頭。如下表所顯示，全球股票市值前 10 大的資訊科技企業，除了有幸名列第 6 的台積電與第 7 的三星，其他都屬於美國。

## 全球資訊科技類股指數前十大持股

| | 權重 | 所屬國家 |
|---|---|---|
| 蘋果 | 14.50% | 美國 |
| 微軟 | 13.25% | 美國 |
| VISA | 3.75% | 美國 |
| 萬事達卡 | 3.25% | 美國 |
| 英特爾 | 3.00% | 美國 |
| 台積電 | 3.00% | 台灣 |
| 三星 | 2.50% | 韓國 |
| 思科 | 2.25% | 美國 |
| Adobe | 1.75% | 美國 |
| Salesforce.com | 1.75% | 美國 |
| 總和 | 49.00% | |

註：以上比重數字經過處理，主要目的為彰顯相對大小，各股票比重相加後未必等於總和數字。

## （二）全球非必需／非核心消費類股指數

　　從 2001 年起始的 19 年間，全球非必需／非核心消費類股指數含息總報酬約為 245%，美國非必需／非核心消費類股指數總報酬約為 415%，雙雙贏過全球指數的約 200%。如果比較這 19 年時間，非必需／非核心消費類股的表現是贏過資訊科技類股的。不過若比較從 2009 年 1 月開始至 2019 年 11 月這段期間，全球非必需／非核心消費類股指數含息總報酬約為 355%，美國非必需／非核心消費類股指數含息總報酬約為 580%，分別低於全球資訊科技類股指數、美國資訊科技類股指數的 520% 和 680%。

全球非必需／非核心消費類股指數績效圖（指數化）

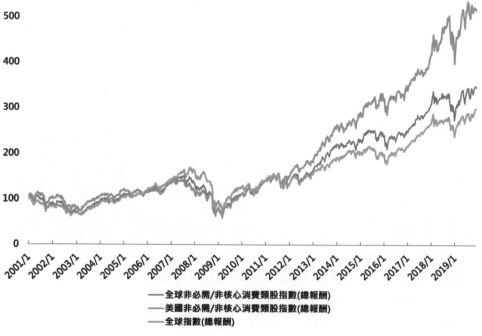

註：以 2001 / 1 / 1 指數化報酬 100 為基點。

## 全球非必需／非核心消費類股指數歷年報酬（%）

| 2001 | 2002 | 2003 | 2004 | 2005 | 2006 | 2007 | 2008 | 2009 | 2010 |
|------|------|------|------|------|------|------|------|------|------|
| -7.75 | -22.50 | 36.00 | 13.75 | 2.50 | 20.75 | -2.00 | -42.00 | 44.25 | 25.50 |

| 2011 | 2012 | 2013 | 2014 | 2015 | 2016 | 2017 | 2018 | ~2019/11 | |
|------|------|------|------|------|------|------|------|----------|--|
| -5.00 | 24.00 | 36.50 | 4.00 | 4.50 | 3.25 | 25.75 | -8.00 | 23.75 | |

## 全球非必需／非核心消費類股指數國家比重

| 美國 51.5%（-4.5%） | 法國 6.0%（+2.5%） |
|---|---|
| 日本 12.5%（+5.5%） | 德國 4.0%（+1.5%） |
| 中國 10.0%（+6.5%） | 其他 15.5%（-9.5%） |

註：以上比重數字經過處理，主要目的為彰顯相對大小，相加後未必等於 100%；括號中數字為該國權重相對全球指數的增減狀況。

　　全球非必需／非核心消費類股指數包含約 350 支股票，只包含中型與大型股，成分股涵蓋全球指數中所有屬於非必需／非核心消費類股的企業。除了美國之外，前五大國中的其餘四國，非必需／非核心消費類股在其國家指數中都是權重排名較前的類股，例如非必需／非核心消費在中國、德國都是最大的類股，在日本、法國則是第二大的類股。不過日本、中國的非必需／非核心消費類股表現相當差，甚至輸給全球指數；歐洲（德、法）的非必需／非核心消費類股則小幅擊敗大盤，整體而言全球非必需／非核心消費類股指數的超額報酬是由美國的成分股所驅動。

### 全球非必需／非核心消費類股指數前十大持股

| | 權重 | 所屬國家 |
| --- | --- | --- |
| 亞馬遜 | 14.25% | 美國 |
| 阿里巴巴 | 6.50% | 中國 |
| 家得寶 | 4.50% | 美國 |
| 豐田汽車（Toyota） | 3.00% | 日本 |
| 麥當勞 | 2.75% | 美國 |
| LVMH | 2.25% | 法國 |
| NIKE | 2.25% | 美國 |
| 星巴克 | 2.00% | 美國 |
| 勞氏（LOWE'S） | 1.75% | 美國 |
| BOOking Holdings | 1.50% | 美國 |
| 總和 | 41.00% | |

註：以上比重數字經過處理，主要目的為彰顯相對大小，各股票比重相加後未必等於總和數字。

## （三）全球金融類股指數

從 2001 年起始的 19 年間，全球金融類股指數含息總報酬約為 75%，美國金融類股指數總報酬約為 100%，皆不及全球指數的約 200%。金融類股在這 19 年表現大幅落後大盤，除了因 2008 年次貸風暴金融類股是重災區（全球金融類股指數最大跌幅約 75%，相較全球指數最大跌幅約 58%），主要原因是 2008 年後全球進入低利率甚至是負利率時代，金融業獲利成長力道大不如前。

若進一步分析金融類股的產業組成，全球金融類股指數中，大約 80% 是銀行業和保險業，剩下 20% 才是由資產管理業、投資銀行、券商、金融資訊服務商、證券交易所等組成。而對於銀行業和保險業，其主要獲利

## 全球金融類股指數績效圖（指數化）

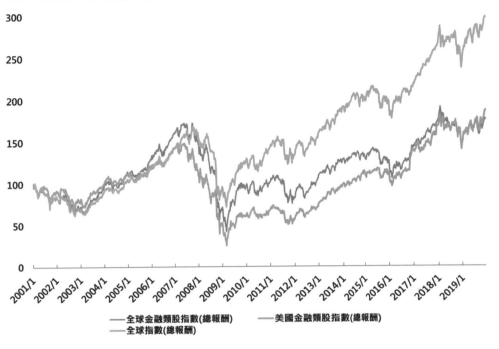

——全球金融類股指數(總報酬) ——美國金融類股指數(總報酬)
——全球指數(總報酬)

註：以 2001 ／ 1 ／ 1 指數化報酬 100 為基點。

## 全球金融類股指數歷年報酬（％）

| 2001 | 2002 | 2003 | 2004 | 2005 | 2006 | 2007 | 2008 | 2009 | 2010 |
|------|------|------|------|------|------|------|------|------|------|
| -15.00 | -14.75 | 35.00 | 17.00 | 13.00 | 25.50 | -4.75 | -53.50 | 37.50 | 7.00 |

| 2011 | 2012 | 2013 | 2014 | 2015 | 2016 | 2017 | 2018 | ～2019/11 | |
|------|------|------|------|------|------|------|------|------|------|
| -19.00 | 29.50 | 22.75 | 4.00 | -5.00 | 13.00 | 24.75 | -15.25 | 19.75 | |

來源是利息淨收入，也就是其資金創造的獲利減去利息支出。對於銀行業
而言，獲利減支出大致上就是「存放款利差」，而對於保險業則是「債券
利息收入減支付的保險金」，這兩者與市場整體的利率水準都是息息相關

的。論「存放款利差」：若利率水準較高，存款利率與放款利率才可能存在比較大的利差；論「債券利息收入減支付的保險金」：若整體利率水準偏低，如 2019/11 月底美國 10 年期公債殖利率大約在 1.8% 左右、美元投資級債約 3%、美元高收益債約 6.3%、新興美元債約 5.5%，債券的利息收入也難以帶來太高的報酬率，則銀行業和保險業的獲利成長便難以如資訊科技類股那般強勁。上述原因導致整體金融類股獲利成長較疲軟，報酬表現也遠遠輸給大盤。

## 全球金融類股指數國家比重

| | |
|---|---|
| 美國 43.5%（-12.5%） | 中國 5.0%（+1.5%） |
| 加拿大 7.0%（+4.0%） | 日本 4.5%（-2.5%） |
| 英國 5.5%（+0.5%） | 其他 34.0%（+9.0%） |

註：以上比重數字經過處理，主要目的為彰顯相對大小，相加後未必等於 100%；括號中數字為該國權重相對全球指數的增減狀況。

　　全球金融類股指數包含約 500 支股票，只包含中型與大型股，成分股涵蓋全球指數中所有屬於金融類股的企業。全球金融類股指數中，美國的佔比相對全球指數少了 12.5%，而其他的權重則多了 9.0%，這與本書先前曾提過的「金融類股在新興市場通常權重很大」互相呼應。此外，雖然全球金融類股指數在 2001-2019 年間表現疲軟，新興市場金融類股指數表現則相對優異，其報酬表現大致與新興市場指數相同，偶爾小幅超越。

## 全球金融類股指數前十大持股

| | 權重 | 所屬國家 |
|---|---|---|
| JP Morgan | 4.25% | 美國 |
| 美國銀行 | 4.00% | 美國 |
| 波克夏海薩威 | 2.75% | 美國 |
| 富國銀行 | 1.75% | 美國 |
| 花旗銀行 | 1.50% | 美國 |
| 匯豐（HSBC） | 1.50% | 英國 |
| 友邦保險 | 1.50% | 香港 |
| 加拿大皇家銀行 | 1.25% | 加拿大 |
| 多倫多明道銀行 | 1.25% | 加拿大 |
| 安聯 | 1.00% | 德國 |
| 總和 | 24.25% | |

註：以上比重數字經過處理，主要目的為彰顯相對大小，各股票比重相加後未必等於總和數字。

### （四）全球工業類股指數

從 2001 年起始的 19 年間，全球工業類股指數含息總報酬約為 200%，美國工業類股指數總報酬約為 260%，而全球指數約為 200%。全球工業類股指數報酬大致與大盤持平。觀察歷史數據，全球工業指數與全球指數的表現通常不會偏差太遠。

## 全球工業類股指數績效圖（指數化）

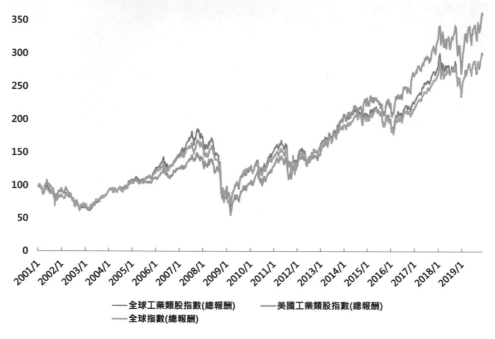

——全球工業類股指數(總報酬)　　——美國工業類股指數(總報酬)
——全球指數(總報酬)

註：以 2001 ／ 1 ／ 1 指數化報酬 100 為基點。

## 全球工業類股指數歷年報酬（%）

| 2001 | 2002 | 2003 | 2004 | 2005 | 2006 | 2007 | 2008 | 2009 | 2010 |
|------|------|------|------|------|------|------|------|------|------|
| -14.00 | -21.50 | 35.25 | 19.25 | 13.00 | 20.00 | 19.25 | -44.75 | 29.75 | 24.25 |

| 2011 | 2012 | 2013 | 2014 | 2015 | 2016 | 2017 | 2018 | ~2019/11 |
|------|------|------|------|------|------|------|------|----------|
| -9.75 | 16.75 | 30.00 | 0.75 | -2.50 | 12.50 | 26.00 | -14.00 | 25.50 |

## 全球工業類股指數國家比重

| 美國 49.0%（-7.0%） | 英國 4.5%（-0.5%） |
|---|---|
| 日本 14.5%（+7.5%） | 德國 3.5%（+1.0%） |
| 法國 7.5%（+4.0%） | 其他 20.5%（-4.5%） |

註：以上比重數字經過處理，主要目的為彰顯相對大小，相加後未必等於 100%；括號中數字為該國權重相對全球指數的增減狀況。

　　全球工業類股指數包含約 450 支股票，只包含中型與大型股，成分股涵蓋全球指數中所有屬於工業類股的企業。全球工業類股指數中的美國佔比，相對全球指數少了 7%，其他這項也少了 4.5%，從上表以及先前介紹歐洲指數和日本指數所得知的資訊，我們大致可推知全球的工業除美國外，主要分布在成熟歐洲及日本。其中除了美國工業類股表現優於全球指數之外，成熟歐洲的工業類股亦勝過全球指數（而歐洲指數表現不如全球指數），工業類股當為成熟歐洲中表現最佳的類股。

　　在第二章時曾介紹過，工業類股底下有三個產業群，分別是「資本財」、「商業與專業服務」和「交通運輸」。比較其報酬，資本財（尤其是國防工業）、交通運輸產業群的表現較優，擊敗全球指數，商業與專業服務的表現則小幅低於大盤。

## 全球工業類股指數前十大持股

| | 權重 | 所屬國家 |
|---|---|---|
| 波音 | 3.75% | 美國 |
| 漢威聯合（Honeywell） | 2.50% | 美國 |
| 聯合太平洋鐵路 | 2.50% | 美國 |
| 聯合技術 | 2.25% | 美國 |
| 洛克希德·馬丁 | 2.00% | 美國 |
| 西門子 | 2.00% | 德國 |
| 通用電器（奇異） | 2.00% | 美國 |
| 3M | 2.00% | 美國 |
| 空中巴士 | 2.00% | 法國 |
| 聯合包裹服務 | 1.50% | 美國 |
| 總和 | 22.00% | |

註：以上比重數字經過處理，主要目的為彰顯相對大小，各股票比重相加後未必等於總和數字。

## （五）全球通訊服務類股指數

　　從 2001 年起始的 19 年間，全球通訊類股指數含息總報酬約為 70%，美國通訊服務類股指數總報酬約為 100%，皆不如全球指數的約 200%。第二章曾提過，通訊服務類股的前身是電信類股，類股之下只有「電信服務」一個產業群，但 2018 年中原先屬於資訊科技類股的 GOOgle（Alphabet）、臉書、騰訊等被拉出來，另外成立一個「媒體娛樂」產業群，與電信服務產業群一起構成新的通訊服務類股。原本屬於電信類股的時期，此類股屬於防禦型類股，這點從上表提供的單一年度報酬就看得出來，漲跌幅度都比其他類股小：2008 年金融海嘯時，全球電信類股

全球通訊服務類股指數績效圖（指數化）

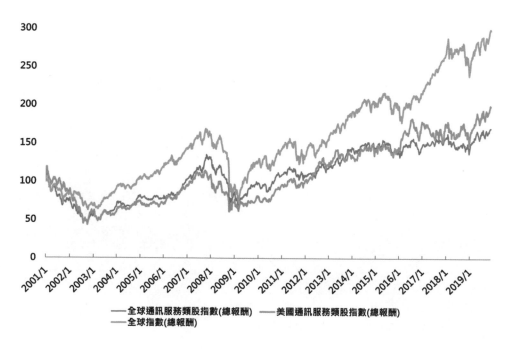

註：以 2001 / 1 / 1 指數化報酬 100 為基點。

## 全球通訊服務類股指數歷年報酬（%）

| 2001 | 2002 | 2003 | 2004 | 2005 | 2006 | 2007 | 2008 | 2009 | 2010 |
|------|------|------|------|------|------|------|------|------|------|
| -22.25 | -27.50 | 23.00 | 17.25 | 17.00 | 34.25 | 28.25 | -35.00 | 17.50 | 12.25 |
| 2011 | 2012 | 2013 | 2014 | 2015 | 2016 | 2017 | 2018 | ~2019/11 | |
| 0.50 | 9.00 | 24.50 | -1.00 | -1.50 | 6.00 | 8.50 | -10.00 | 21.50 | |

指數的單一年度報酬是 -35%，小於全球指數的 -58%；但若比起多頭時期的漲幅，也遠遠不及其他循環型類股，這也是導致通訊服務類股表現落後的主因。

2018 年中，電信類股變為通訊服務類股後，由於媒體娛樂產業群佔了此類股多數權重，因此通訊服務類股被劃分為循環型，此後特性有了明顯轉變，尤其體現在波動度增加。

## 全球通訊服務類股指數國家比重

| | |
|---|---|
| 美國 66.5%（+10.5%） | 英國 3.0%（-2.0%） |
| 中國 9.5%（+6.0%） | 法國 2.0%（-1.5%） |
| 日本 7.0%（+0.0%） | 其他 12.5%（-12.5%） |

註：以上比重數字經過處理，主要目的為彰顯相對大小，相加後未必等於 100%；括號中數字為該國權重相對全球指數的增減狀況。

全球通訊服務類股指數包含約 200 支股票，只包含中型與大型股，成分股涵蓋全球指數中所有屬於通訊服務類股的企業。通訊服務類股主要分布在美、中兩個大國。用中國的術語來說，當前正值「互聯網」時代，透過網路將萬事萬物串聯，發揮乘數效應；而唯一能跟中國對壘的便是美國，當前台灣人常用的通訊軟體，除了 Line 是日本公司之外，臉書、Youtube、Netflix 等等都是美國企業。不過無論是美國或中國的通訊服務

類股，其報酬表現都大幅輸給大盤，只能期待經過 2018 年結構性變化後，接下來數年的報酬會不會有起色了。

### 全球通訊服務類股指數前十大持股

| | 權重 | 所屬國家 |
|---|---|---|
| 臉書 | 11.25% | 美國 |
| Alphabet C 股 | 9.50% | 美國 |
| Alphabet A 股 | 9.00% | 美國 |
| AT&T | 6.25% | 美國 |
| 迪士尼 | 6.25% | 美國 |
| 威訊（Verizon） | 5.75% | 美國 |
| 騰訊 | 5.75% | 中國 |
| 康卡斯特（Comcast） | 4.75% | 美國 |
| Netflix | 3.25% | 美國 |
| 特許通信（Charter） | 1.75% | 美國 |
| 總和 | 63.25% | |

註：以上比重數字經過處理，主要目的為彰顯相對大小，各股票比重相加後未必等於總和數字。

## （六）全球原物料類股指數

從 2001 年起始的 19 年間，全球原物料類股指數含息總報酬約為 270%，美國原物料類股指數總報酬約 330%，雙雙勝過全球指數的約 200%。若仔細觀察績效圖，會發現全球原物料類股指數和美國原物料類股指數的報酬差距，來自 2011 年中之後，全球原物料類股的表現開始趨向橫盤整理，但美國原物料類股則穩步向上。

## 全球原物料股指數績效圖（指數化）

註：以 2001 / 1 / 1 指數化報酬 100 為基點。

## 全球原物料類股指數歷年報酬（％）

| 2001 | 2002 | 2003 | 2004 | 2005 | 2006 | 2007 | 2008 | 2009 | 2010 |
|------|------|------|------|------|------|------|------|------|------|
| 0.00 | -3.25 | 45.00 | 16.50 | 21.25 | 31.25 | 38.75 | -51.75 | 70.75 | 22.00 |

| 2011 | 2012 | 2013 | 2014 | 2015 | 2016 | 2017 | 2018 | ~2019/11 |
|------|------|------|------|------|------|------|------|----------|
| -21.25 | 11.50 | -0.25 | -7.00 | -15.75 | 24.25 | 30.25 | -15.50 | 14.75 |

　　為了找到原因，必須去細究兩個指數更細的產業分佈。茲提供全球原物料類股指數和美國原物料類股指數的前五大產業如下：

## 全球原物料類股指數產業比重

| | |
|---|---|
| 化學原料 30.5% | 建築材料 8.0% |
| 金屬與採礦 15.0% | 鋼 7.5% |
| 工業氣體 10.0% | 其他 29.0% |

## 美國原物料類股指數產業比重

| | |
|---|---|
| 化學原料 40.5% | 化肥與農用藥劑 7.0% |
| 工業氣體 22.5% | 建築材料 5.0% |
| 紙類與包裝 10.0% | 其他 15.0% |

　　兩個指數的主要差別在，相對於全球原物料類股指數，美國原物料類股指數分別加碼了約 10% 的化學原料產業和工業氣體產業，減碼超過 10% 的金屬與採礦產業。而從 2011 年中，工業金屬、貴金屬價格從高峰急轉直下，連帶拖累金屬與採礦產業（整體原物料價格都走低），但另一方面，化學原料、工業氣體受到的影響較小，甚至相關股票的價格依舊相當強勢（尤其是工業氣體產業，如下表前 10 大持股中的 Air Liquide 和 Air Products & Chemicals），因此造成了報酬差異。

## 全球原物料類股指數國家比重

| | |
|---|---|
| 美國 31.5%（-24.5%） | 澳洲 7.0%（+4.5%） |
| 英國 9.0%（+4.0%） | 加拿大 6.5%（+3.5%） |
| 日本 8.0%（+1.0%） | 其他 38.0%（+13.0%） |

註：以上比重數字經過處理，主要目的為彰顯相對大小，相加後未必等於 100%；括號中數字為該國權重相對全球指數的增減狀況。

　　全球原物料類股指數包含約 300 支股票，只包含中型與大型股，成分股涵蓋全球指數中所有屬於原物料類股的企業。

　　原物料類股當是所有類股指數中，相對而言美國佔比最少的指數。不

過美國所佔據的產業，是 2011 年原物料價格崩盤後，利潤率依舊較佳的產業，也就是化學與工業氣體，上述是非常仰賴科學技術突破的產業；歐洲的工業技術一直相當先進，在工業相關原物料亦然，雖然工業金屬價格萎靡不振，但工業氣體表現依然不錯；新興市場相對佔據較多天然資源開採相關的產業，例如金屬與採礦、紙類與林業產品等等，這些屬於較不仰賴科技的產業，定價也更加取決於當時的國際行情（除了開採技術的精進，但開採技術對定價並無太大幫助），利潤率較差。綜合上述，美國、歐洲、新興市場三大區域的原物料類股指數，報酬自 2011 年之後出現差異，美國最強，歐洲次之但也擊敗全球指數，新興市場則連全球指數都不及。

註：據 NYU Stern 商學院截至 2019 ／ 1 的利潤率資料（net margin），基礎化學原料（9.30%）、特殊化學原料（8.29%）、紙類與林業產品（3.07%）、貴金屬（-5.90%）、礦業與開採（8.33%，該產業利潤率從 2016 年中開始回升，至 2019 ／ 1 時與特殊化學原料的利潤率大致相同）、包裝與容器（7.30%）

## 全球原物料類股指數前十大持股

| | 權重 | 所屬國家 |
|---|---|---|
| 林德化工集團（Linde） | 4.75% | 法國 |
| 必和必拓 - 澳洲（BHP-AU） | 3.25% | 澳洲 |
| BASF | 3.00% | 德國 |
| 液化空氣（Air Liquide） | 2.75% | 法國 |
| 力拓集團（Rio Tinto） | 2.75% | 英國 |
| Air Products（&Chemicals） | 2.25% | 美國 |
| Sherwin-Williams | 2.00% | 美國 |
| 藝康（Ecolab） | 2.00% | 美國 |
| 杜邦公司 | 2.00% | 美國 |
| 必和必拓 - 英國（BHP-GB） | 2.00% | 英國 |
| 總和 | 27.25% | |

註：以上比重數字經過處理，主要目的為彰顯相對大小，各股票比重相加後未必等於總和數字。

### （七）全球房地產類股指數

　　全球房地產類股指數包含約 200 支股票，只包含中型與大型股，成分股涵蓋全球指數中所有屬於房地產類股的企業。

全球房地產類股指數績效圖（指數化）

＿＿全球房地產指數(總報酬)　　＿＿美國房地產指數(總報酬)　　＿＿全球指數(總報酬)

註：以 2016 ／ 8 ／ 31 指數化報酬 100 為基點。

全球房地產類股指數歷年報酬（%）

| 2016 | 2017 | 2018 | ~2019/11 |
|------|------|------|----------|
| -0.50 | 14.50 | -10.50 | 17.50 |

　　從 2016 年 8 月底起始的約 3 年半間，全球房地產類股指數含息總報酬約為 25%，同期間美國房地產類股指數總報酬約 30%，皆不如全球指

數的約 40%。以往房地產類股被囊括在金融類股裡面，一直到 2016 年中，才從金融類股中分離而出，是以其報酬資料從 2016 年中才開始。在 2003-2008 年左右的美國經濟擴張期間，美國的 GDP 成長主要是由房地產類股成長所驅動，但在次貸風暴房地產類股受到重創之後，其表現便開始不如大盤。而 2016 左右開始美國經濟成長傲視各國，主要驅動力則是資訊科技類股。

## 全球房地產類股指數國家比重

| | |
|---|---|
| 美國 57.0%（+1.0%） | 中國 6.5%（+3.0%） |
| 日本 9.5%（+2.5%） | 澳洲 5.0%（+2.0%） |
| 香港 7.0%（+6.0%） | 其他 15.0%（-10.0%） |

註：以上比重數字經過處理，主要目的為彰顯相對大小，相加後未必等於 100%；括號中數字為該國權重相對全球指數的增減狀況。

　　全球房地產類股指數包含約 200 支股票，只包含中型與大型股，成分股涵蓋全球指數中所有屬於房地產類股的企業。比較值得注意的是房地產類股相對集中在亞洲，尤其是中國和香港。香港的房地產類股市值為何會超過中國的房地產類股？儘管香港指數只包含香港本地註冊的房地產企業，但這些香港的房地產企業的業務成功開拓到中國內地，甚至東南亞等海外市場，是以能支撐起其龐大的股票市值。香港前十大持股之一的長實地產便是一例。

### 全球房地產類股指數前十大持股

| | 權重 | 所屬國家 |
|---|---|---|
| 美國電塔 | 6.00% | 美國 |
| Prologis | 3.50% | 美國 |
| 冠城國際（Crown Castle） | 3.50% | 美國 |
| Equinix | 3.00% | 美國 |
| 西蒙地產 | 3.00% | 美國 |
| Welltower 投資信託 | 2.00% | 美國 |
| 公共存儲（Public Storage） | 2.00% | 美國 |
| 住宅房產投資信託 | 2.00% | 美國 |
| 艾芙隆海灣社區公司 | 1.75% | 美國 |
| Vonovia | 1.50% | 德國 |
| 總和 | 28.50% | |

註：以上比重數字經過處理，主要目的為彰顯相對大小，各股票比重相加後未必等於總和數字。

## 4-2 防禦型類股指數

### （一）全球醫療保健類股指數

　　從 2001 年起始的 19 年間，全球醫療保健類股指數含息總報酬約為 220%，美國醫療保健類股指數總報酬約 260%，雙雙勝過全球指數的約 200%。2008 年金融海嘯之前，無論是全球或美國醫療保健類股指數，相對全球指數表現皆相當疲軟，但在金融海嘯之後，從 2009 年開始，醫療保健類股開啓了長達 10 年的輝煌歲月。或許有投資朋友以為，防禦型類股一定是在整體股市的熊市階段會跌比較少，在牛市階段也漲比較少，因而總體來說漲幅一定會輸給大盤。但醫療保健類股的例子便明顯指出，此種想法走入了誤區，儘管防禦型類股有防禦型類股的特性，但其長期的報酬表現，還是取決於該類股基本面的好壞。

全球醫療保健類股指數績效圖（指數化）

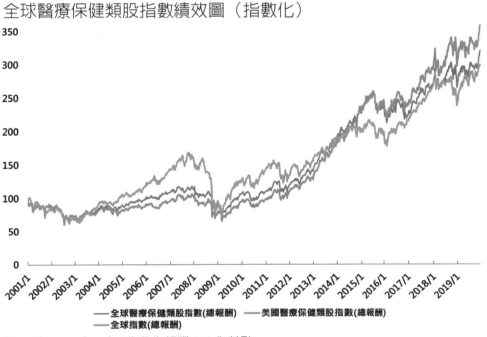

——全球醫療保健類股指數(總報酬)　——美國醫療保健類股指數(總報酬)
——全球指數(總報酬)

註：以 2001／1／1 指數化報酬 100 為基點。

## 全球醫療保健類股指數歷年報酬（%）

| 2001 | 2002 | 2003 | 2004 | 2005 | 2006 | 2007 | 2008 | 2009 | 2010 |
|---|---|---|---|---|---|---|---|---|---|
| -14.50 | -14.25 | 16.75 | 44.50 | 9.75 | 10.50 | 4.75 | -21.00 | 20.25 | 3.50 |

| 2011 | 2012 | 2013 | 2014 | 2015 | 2016 | 2017 | 2018 | ~2019 /11 | |
|---|---|---|---|---|---|---|---|---|---|
| 9.50 | 18.50 | 36.50 | 18.75 | 6.75 | -6.25 | 20.75 | 2.25 | 19.00 | |

## 全球醫療保健類股指數國家比重

| | |
|---|---|
| 美國 66.5%（+10.5%） | 英國 4.5%（-0.5%） |
| 瑞士 8.50%（+5.5%） | 德國 2.5%（-1.0%） |
| 日本 6.0%（-1.0%） | 其他 11.5%（-13.5%） |

註：以上比重數字經過處理，主要目的為彰顯相對大小，相加後未必等於 100%；括號中數字為該國權重相對全球指數的增減狀況。

　　全球醫療保健類股指數包含約 250 支股票，只包含中型與大型股，成分股涵蓋全球指數中所有屬於醫療保健類股的企業。先前曾說過，全球的醫療保健類股主要分佈在歐美國家。根據上表，全球醫療保健類股指數中的美國權重，相對全球指數多了 10.5%，瑞士也多了 5.5%，這兩國是全球醫療保健類股發展最興盛、技術也最先進的國家。美國就不多說，至於瑞士，就如第 4 章所示，瑞士指數的第一大類股為醫療保健，並且佔比 36%，在醫療保健類股 2008 年之後的強勁漲幅引領之下，瑞士指數的報酬在成熟歐洲獨占鰲頭。相對之下，日本、英國、德國雖然分別是 3~5 名，但相對權重其實是減少的，醫療保健類股對該國股市來說，是相對較不重要的。

全球醫療保健類股指數前十大持股

| | 權重 | 所屬國家 |
|---|---|---|
| 嬌生 | 6.25% | 美國 |
| 聯合健康集團 | 4.50% | 美國 |
| 默克藥廠 | 3.75% | 美國 |
| 羅氏製藥（Roche） | 3.75% | 瑞士 |
| 輝瑞藥廠 | 3.75% | 美國 |
| 諾華（Novartis） | 3.50% | 瑞士 |
| 雅培 | 2.50% | 美國 |
| 美敦力 | 2.50% | 美國 |
| 安進製藥 | 2.50% | 美國 |
| Bristol-Myers Squibb | 2.25% | 美國 |
| 總和 | 35.50% | |

註：以上比重數字經過處理，主要目的為彰顯相對大小，各股票比重相加後未必等於總和數字。

## （二）全球必需／核心消費類股指數

　　從 2001 年起始的 19 年間，全球必需／核心消費類股指數含息總報酬約為 300%，美國必需／核心消費類股指數總報酬約 330%，雙雙勝過全球指數的約 200%。如果從 2001 年開始看，必需／核心消費類股當為報酬最佳的類股之一，其績效幾乎不曾低於全球指數過，並且考量其為防禦型類股的特性，波動度較低，在風險加權之後，必需／核心消費類股當成為類股投資的首選。

## 全球必需／核心消費類股指數績效圖（指數化）

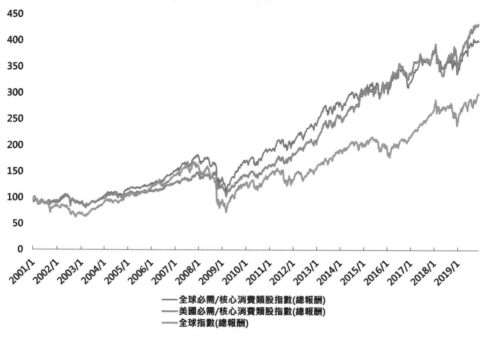

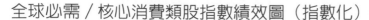

——全球必需/核心消費類股指數(總報酬)
——美國必需/核心消費類股指數(總報酬)
——全球指數(總報酬)

註：以 2001 ／ 1 ／ 1 指數化報酬 100 為基點。

## 全球必需／核心消費類股指數歷年報酬（%）

| 2001 | 2002 | 2003 | 2004 | 2005 | 2006 | 2007 | 2008 | 2009 | 2010 |
|------|------|------|------|------|------|------|------|------|------|
| -9.00 | -11.25 | 15.50 | 12.00 | 7.50 | 21.75 | 19.25 | -23.50 | 25.09 | 14.75 |
| 2011 | 2012 | 2013 | 2014 | 2015 | 2016 | 2017 | 2018 | ~2019 /11 | |
| 8.50 | 15.25 | 19.25 | 6.75 | 5.75 | 2.25 | 18.50 | -10.00 | 19.50 | |

## 全球必需／核心消費類股指數國家比重

| 美國 48.0%（-8.0%） | 日本 7.0%（+0.0%） |
|------|------|
| 英國 9.5%（+4.5%） | 法國 4.5%（+1.0%） |
| 瑞士 8.5%（+5.5%） | 其他 22.5%（-2.5%） |

註：以上比重數字經過處理，主要目的為彰顯相對大小，相加後未必等於 100%；括號中數字為該國權重相對全球指數的增減狀況。

　　全球必需／核心消費類股指數包含約 250 支股票，只包含中型與大型股，成分股涵蓋全球指數中所有屬於必需／核心消費類股的企業。如第 3 章所述，歐洲的必需／核心消費類股權重相當大，尤其集中在瑞士與英國。不過若比較世界各區域的必需／核心消費類股指數的報酬，自 2001 年起始的 19 年間，歐洲的表現略微輸給美國、亞太地區墊底、新興市場儘管權重相對較小，報酬竟是最優。此外，大家應該記得亞太指數、歐洲指數在上述期間的總報酬，是大幅輸給全球指數的，不過亞太地區和歐洲地區的必需／核心消費類股指數，不僅總報酬贏過本國指數，更是贏過全球指數。

## 全球必需／核心消費類股指數前十大持股

| | 權重 | 所屬國家 |
|---|---|---|
| 雀巢 | 7.75% | 瑞士 |
| 寶鹼（P&G） | 7.50% | 美國 |
| 可口可樂 | 5.50% | 美國 |
| 百事 | 4.75% | 美國 |
| 沃爾瑪 | 4.25% | 美國 |
| Costco | 3.25% | 美國 |
| 菲利普莫里斯（Philip Morris） | 3.25% | 美國 |
| Diageo | 2.50% | 英國 |
| 奧馳亞（Altria） | 2.25% | 美國 |
| 英美菸草 | 2.25% | 英國 |
| 總和 | 43.25% | |

註：以上比重數字經過處理，主要目的為彰顯相對大小，各股票比重相加後未必等於總和數字。

## （三）全球能源類股指數

　　從 2001 年起始的 19 年間，全球能源類股指數含息總報酬約為 160%，美國能源類股指數總報酬約 185%，皆低於全球指數的約 200%。

　　在 2014 年之前，全球（美國）能源類股指數的報酬都勝過全球指數，

### 全球能源類股指數績效圖（指數化）

　　——全球能源類股指數(總報酬)　　　——美國能源類股指數(總報酬)
　　——全球指數(總報酬)

註：以 2001 ／ 1 ／ 1 指數化報酬 100 為基點。

### 全球能源類股指數歷年報酬（％）

| 2001 | 2002 | 2003 | 2004 | 2005 | 2006 | 2007 | 2008 | 2009 | 2010 |
|------|------|------|------|------|------|------|------|------|------|
| -6.50 | -4.50 | 27.75 | 28.00 | 32.00 | 21.00 | 34.25 | -42.00 | 34.00 | 12.00 |

| 2011 | 2012 | 2013 | 2014 | 2015 | 2016 | 2017 | 2018 | ~2019/11 |
|------|------|------|------|------|------|------|------|----------|
| -2.50 | 3.00 | 14.25 | -13.00 | -21.50 | 28.50 | 7.75 | -12.50 | 8.00 |

並且還保持不小幅度的領先，但在 2014 年之後，不僅領先幅度漸漸縮小，2019 年還被反超過去。原因很簡單─能源類股看油價臉色吃飯，詳見下圖。

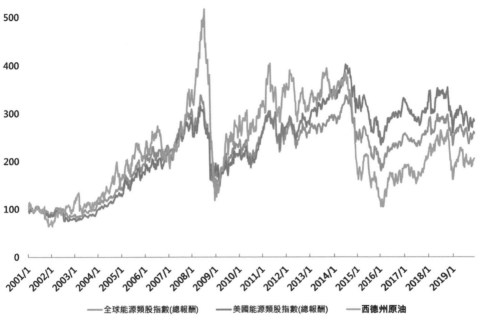

註：以 2001 / 1 / 1 指數化報酬 100 為基點。

## 全球能源類股指數國家比重

| | |
|---|---|
| 美國 44.5%（-11.5%） | 俄羅斯 5.5%（+5.0%） |
| 英國 14.0%（+9.0%） | 法國 5.0%（+1.5%） |
| 加拿大 10.5%（+7.5%） | 其他 20.5%（-4.5%） |

註：以上比重數字經過處理，主要目的為彰顯相對大小，相加後未必等於 100%；括號中數字為該國權重相對全球指數的增減狀況。

全球能源類股指數包含約 150 支股票，只包含中型與大型股，成分股

涵蓋全球指數中所有屬於能源類股的企業。能源類股也是一個相對而言，在美國佔比較小的類股（比全球指數裡的美國佔比少了 11.5%），而在英國、加拿大以及俄羅斯指數裡佔比較大。不論屬於新興市場的俄羅斯，對於英國與加拿大，能源類股竟分別佔其本國股市 16%、18%，對於成熟國家而言，是相當少見的情況，這也凸顯能源類股對這兩國股市的重要性。

全球能源類股指數前十大持股

| | 權重 | 所屬國家 |
|---|---|---|
| 埃克森美孚 | 11.50% | 美國 |
| 雪弗龍 | 8.75% | 美國 |
| 英國石油（BP） | 5.00% | 英國 |
| 道達爾石油（Total） | 5.00% | 法國 |
| 英荷皇家殼牌 A 股 | 5.00% | 英國 |
| 英荷皇家殼牌 B 股 | 4.25% | 英國 |
| 恩橋（Enbridge） | 3.00% | 加拿大 |
| 康菲公司（ConocoPhillips） | 2.75% | 美國 |
| 信實工業 | 2.50% | 印度 |
| Phillips 66 | 2.00% | 美國 |
| 總和 | 49.50% | |

註：以上比重數字經過處理，主要目的為彰顯相對大小，各股票比重相加後未必等於總和數字。

## （四）全球公用事業類股指數

從 2001 年起始的 19 年間，全球公用事業類股指數含息總報酬約為 160%，低於全球指數的約 200%，美國公用事業類股指數的總報酬則約 200%。

上圖透露出一條非常重要的訊息，筆者認為很適合作為例子以解釋公

## 全球公用事業類股指數績效圖（指數化）

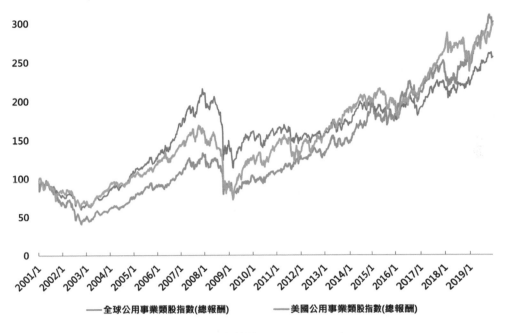

——全球公用事業類股指數(總報酬)　　　　——美國公用事業類股指數(總報酬)

註：以 2001 ／ 1 ／ 1 指數化報酬 100 為基點。

## 全球公用事業類股指數歷年報酬（%）

| 2001 | 2002 | 2003 | 2004 | 2005 | 2006 | 2007 | 2008 | 2009 | 2010 |
|------|------|------|------|------|------|------|------|------|------|
| -21.50 | -14.50 | 28.25 | 27.25 | 15.00 | 37.50 | 23.25 | -30.00 | 11.00 | 1.00 |
| 2011 | 2012 | 2013 | 2014 | 2015 | 2016 | 2017 | 2018 | ~2019 /11 | |
| -3.50 | 3.25 | 11.50 | 14.75 | -7.50 | 6.50 | 15.00 | 2.25 | 17.25 | |

用事業類股的特性。該訊息是：美國公用事業類股指數報酬超越全球公用
事業類股指數以及全球指數，以及超越的時間點。

　　一般而言，我們會認為公用事業類股的股價表現與利率水準息息相
關。公用事業的企業通常都是由地方政府背書，並且受政府的保護成為該

地區的獨佔。而公用事業的特性，令其獲利難以大幅度成長，例如自來水公司或發電廠，在該水利或發電設施興建之前，通常都已做好一連串的評估，包含人口增減、用水量、用電量、發電量、如何配送水電等等，對未來能收到的水電費用也都有一定的預估與規劃，在此情況下寄望公用事業的企業能有類似資訊科技、原物料等循環型類股的爆發性獲利成長，本就是不現實的事。所以一般而言，投資公用事業類股的投資人，著眼的是其獲利穩定、高股利收益的特性。由於獲利穩定，理論上股價也不應有太大幅度的變化。綜合上述，大家不覺得公用事業類股就跟債券很像嗎？兩者都有穩定的價格，以及偏高的利息收入。

　　是以公用事業類股的確是被當作債券的替代品來看待。在 2008 年次貸風暴之後，全球進入了低利率甚至是負利率時代，公用事業類股由於提供較高股利，在部分債券投資者眼裡，甚至比成熟國家公債與投資級債還具有吸引力。舉例而言，2019 年 11 月底，全球公用事業類股指數的股利率是 3.55%，而同時的美國十年期公債殖利率約是 1.80%，美元投資級債指數殖利率約是 3.0%。

　　既然如此，則公用事業類股的價格走勢，不就應該與利率相反？理由有三：

　　（1）若整體利率水準上升，公用事業類股的股利率就相對失去吸引力，股價應要下跌；若利率水準下降，公用事業類股的股利率相對較有吸引力，會吸引部分債券投資人買入，股價應要上漲。

　　（2）公用事業類股屬於防禦型類股，並且由於其獲利穩定的特性，可能被視為資金避風港，具有避險效果。一般而言，成熟國家的市場利率水準下降時，通常是經濟狀況不佳，央行才需要降息以刺激經濟，而這種時候正是避險情緒上揚資金轉入防禦型類股的時候。

　　（3）公用事業的企業，其興建的設施通常是非常大型的計畫，需要

大筆資金融通並以長期的收益慢慢攤還，一般而言其財務結構裡，債務會比別的類股還佔更高比重（即各種債務比率較別的類股還高）。是以市場利率的影響對其影響很大。

以上是一般認知，現在我們來檢驗市場狀況與之是否相符。

相符的例子：

2008 年金融海嘯後，在全球低利率的環境下，公用事業類股反彈。不過在超跌之後，什麼類股不反彈？

相悖的例子：

（1）2004 ～ 2006 年：網路泡沫後，經濟逐漸復甦，2004 年美國聯準會帶頭升息，各成熟市場國家紛紛升息，整體市場利率水準上升，照理論來說，公用事業類股受到利率上升的影響，表現應該要較差才是。但與一般預期相反，全球公用事業類股指數在 2004-2006 年一路上漲，報酬向上超越全球指數，並且差距一路拉大到 2008 年。

（2）2015 年 12 月以後：2015 年 12 月，美國聯準會開啓金融海嘯以來首次的升息，但這時間點，也是美國公用事業類股指數的報酬，向上超越全球公用事業類股指數以及全球指數的時間點。

為何會發生此種狀況？事實上不只要考慮公用事業類股其本身如債券的特性，還要考慮其產業的基本面：在 2004-2006（2008）年間，非美成熟市場國家與新興市場經濟活絡，其公用事業企業的財務狀況普遍改善、債務減輕，類股基本面轉佳的力道，大過利率上升帶來的負面影響，是以驅動非美以及新興市場的公用事業類股股價上漲，並且漲幅超越大盤；2015 年 12 月後的美國公用事業類股亦然。

事實上，筆者認為公用事業類股的特性很像投資級債。投資級債除了會受到整體利率水準變動的影響，也會受到信用利差收斂或放寬所影響，而信用利差就跟該企業的基本面密切相關。更細節與投資級債相關的內

容，我們將放到本書的債券章節再深入探討。

## 全球公用事業類股指數國家比重

| | |
|---|---|
| 美國 55.0%（+1.0%） | 英國 5.0%（+0.0%） |
| 西班牙 5.5%（+4.5%） | 日本 3.5%（-3.5%） |
| 義大利 5.0%（+4.5%） | 其他 26.5%（+1.5%） |

註：以上比重數字經過處理，主要目的為彰顯相對大小，相加後未必等於 100%；括號中數字為該國權重相對全球指數的增減狀況。

全球公用事業類股指數包含約 150 支股票，只包含中型與大型股，成分股涵蓋全球指數中所有屬於公用事業類股的企業。

## 全球公用事業類股指數前十大持股

| | 權重 | 所屬國家 |
|---|---|---|
| 新紀元能源（NextEra） | 7.00% | 美國 |
| Dominion Energy | 4.25% | 美國 |
| 南方電力 | 4.00% | 美國 |
| 杜克能源 | 4.00% | 美國 |
| 義大利國家電力 | 3.75% | 義大利 |
| Iberdrola | 3.75% | 西班牙 |
| 美國電力 | 2.75% | 美國 |
| 艾索倫電力（Exelon） | 2.75% | 美國 |
| 桑普拉能源（Sempra） | 2.50% | 美國 |
| 英國國家電網 | 2.50% | 英國 |
| 總和 | 36.75% | |

註：以上比重數字經過處理，主要目的為彰顯相對大小，各股票比重相加後未必等於總和數字。

## （五）各種類股指數比較

各種類股指數績效比較圖

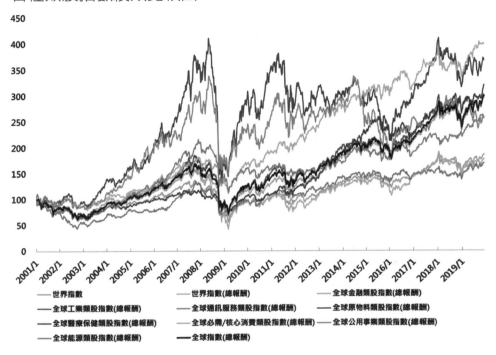

註：以 2001 ／ 1 ／ 1 指數化報酬 100 為基點；全球房地產類股指數報酬從 2016 ／ 8 ／ 31 開始，故不納入上圖比較。

## 全球循環型類股指數績效比較圖

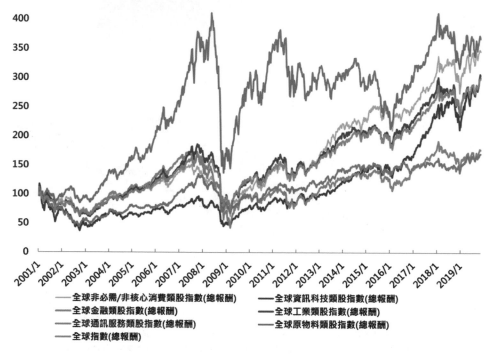

圖例：
- 全球非必需/非核心消費類股指數(總報酬)
- 全球金融類股指數(總報酬)
- 全球通訊服務類股指數(總報酬)
- 全球指數(總報酬)
- 全球資訊科技類股指數(總報酬)
- 全球工業類股指數(總報酬)
- 全球原物料類股指數(總報酬)

註：以 2001／1／1 指數化報酬 100 為基點。全球房地產類股指數報酬從 2016／8／31 開始，故不納入上圖比較。

## 全球防禦型類股指數績效比較圖

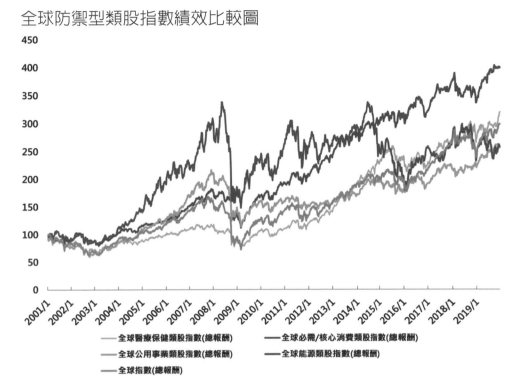

全球醫療保健類股指數(總報酬) ——— 全球必需/核心消費類股指數(總報酬)
全球公用事業類股指數(總報酬) ——— 全球能源類股指數(總報酬)
全球指數(總報酬)

註：以 2001 ／ 1 ／ 1 指數化報酬 100 為基點。

## 全球循環型類股指數比較

| | 股利率 | 本益比 | 10 年年化報酬率 | 10 年年化波動度 | 10 年年化夏普比率 |
|---|---|---|---|---|---|
| 資訊科技 | 1.5% | 25.5 | 15.75% | 15.5% | 0.98 |
| 非必需／非核心消費 | 1.7% | 21.0 | 13.00% | 14.5% | 0.87 |
| 金融 | 3.4% | 12.5 | 6.75% | 16.5% | 0.44 |
| 工業 | 2.0% | 19.0 | 10.00% | 15.0% | 0.68 |
| 通訊服務 | 1.7% | 22.0 | 6.50% | 12.5% | 0.53 |
| 原物料 | 3.1% | 17.5 | 3.00% | 18.5% | 0.22 |
| 房地產 | 3.4% | 19.5 | - | - | - |
| 全球指數 | 2.4% | 19.0 | 9.4% | 13.0% | 0.69 |

註：資料截至 2019 ／ 11 。

## 全球防禦型類股指數比較

| | 股利率 | 本益比 | 10 年年化報酬率 | 10 年年化波動度 | 10 年年化夏普比率 |
|---|---|---|---|---|---|
| 醫療保健 | 1.9% | 24.5 | 12.50% | 12.0% | 1.00 |
| 必需／核心消費 | 2.6% | 22.0 | 9.75% | 10.5% | 0.88 |
| 能源 | 4.7% | 13.5 | 1.5% | 19.0% | 0.14 |
| 公用事業 | 3.5% | 18.0 | 6.0% | 11.0% | 0.53 |
| 全球指數 | 2.4% | 19.0 | 9.4% | 13.0% | 0.69 |

註：資料截至 2019 ／ 11。

# 4-3. 特殊策略指數

　　本節我們將介紹 6 種基本的特殊策略指數：大小型股指數、價值與成長股指數、高股息與低波動指數。事實上，將上述 6 種特殊策略結合各種不同的國家或地區、不同的類股，可以變化出千變萬化令人眼花撩亂的投資策略，對於有志研究市場、磨礪心性與精進投資功力的朋友們來說，是有望創造超額報酬的。

## （一）全球大／小型股指數

全球大／小型股指數績效圖（指數化）

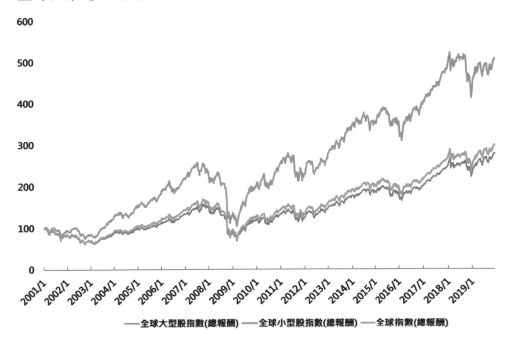

註：以 2001 ／ 1 ／ 1 指數化報酬 100 為基點。

## 全球大型股指數歷年報酬（%）

| 2001 | 2002 | 2003 | 2004 | 2005 | 2006 | 2007 | 2008 | 2009 | 2010 |
|------|------|------|------|------|------|------|------|------|------|
| -15.75 | -18.50 | 28.25 | 12.75 | 10.25 | 21.25 | 12.75 | -41.25 | 34.00 | 11.50 |
| 2011 | 2012 | 2013 | 2014 | 2015 | 2016 | 2017 | 2018 | ~2019 /11 | |
| -6.50 | 16.75 | 23.25 | 4.75 | -2.00 | 8.50 | 24.50 | -8.00 | 23.00 | |

## 全球小型股指數歷年報酬（%）

| 2001 | 2002 | 2003 | 2004 | 2005 | 2006 | 2007 | 2008 | 2009 | 2010 |
|------|------|------|------|------|------|------|------|------|------|
| -4.50 | -11.50 | 49.50 | 22.00 | 16.25 | 14.00 | 7.75 | -40.25 | 28.00 | 10.50 |
| 2011 | 2012 | 2013 | 2014 | 2015 | 2016 | 2017 | 2018 | ~2019 /11 | |
| -8.75 | 16.00 | 15.50 | 3.00 | -4.00 | 7.50 | 22.50 | -12.75 | 18.25 | |

　　從 2001 年起始的 19 年間，全球大型股指數含息的總報酬約為 180%，全球小型股指數總報酬約為 405%，而全球指數約為 200%。

　　一般認為，小型股會較大型股波動劇烈，所以大多頭市場中，小型股漲幅會比大型股還多；而大空頭市場中，小型股也會跌得更重。在多頭行情中買進小型股指數，這是一個有可能達成超額報酬的策略，但實際施行有個關鍵困難點：你如何確定當前正是一個小型股會勝過大型股的大多頭市場？

　　在大多頭市場，小型股短期內就會出現瘋狂的漲勢；但若屬於盤整中的市場，小型股通常都呈死魚狀態，只有大型股在引導股市走勢，甚至還有可能出現大型股上漲而小型股下跌的情形（這點長年混跡台股的投資人應該深有所感）。然而對多數人而言，市場永遠都在前景不明的狀態（若人人都看得清未來，則全市場沒有賠錢的人了），所謂的大多頭市場，永遠只有在回顧時才能確認。

　　此外，每個市場都有其特性，此處所指的特性並非如本書所介紹的，例如「台灣指數由 6 成的資訊科技類股所組成」這種特性，而是指每個市

場都像人一樣,有自己的個性、自己的處事方法,遇到同一事件可能會有不同的反應。所以作為認真的投資者,我們若要施行大小型股的策略,應該要事先瞭解不同市場的特性,或許一時之間難以洞悉,但至少透過觀察歷史價格走勢一窺其端倪。

## 全球大型股指數國家比重

| | |
|---|---|
| 美國 57.5% | 中國 4.5% |
| 日本 7.0% | 法國 3.5% |
| 英國 4.5% | 其他 23.5% |

## 全球小型股指數國家比重

| | |
|---|---|
| 美國 51.0% | 加拿大 3.5% |
| 日本 11.0% | 澳洲 2.5% |
| 英國 6.5% | 其他 25.5% |

註:以上比重數字經過處理,主要目的為彰顯相對大小,相加後未必等於 100%。

## 全球大型股指數類股比重

| | |
|---|---|
| 資訊科技 17.5% | 工業 9.0% |
| 金融 17.5% | 必需 / 核心消費 9.0% |
| 醫療保健 12.0% | 能源 5.5% |
| 非必需 / 非核心消費 10.5% | 原物料 4.0% |
| 通訊服務 9.5% | 公用事業 3.0% |
| | 房地產 2.5% |

## 全球小型股指數類股比重

| | |
|---|---|
| 工業 17.5% | 醫療保健 10.5% |
| 金融 13.5% | 原物料 7.5% |
| 資訊科技 13.5% | 必需／核心消費 4.5% |
| 非必需／非核心消費 12.0% | 通訊服務 3.5% |
| 房地產 11.5% | 能源 3.0% |
| | 公用事業 3.0% |

註：以上比重數字經過處理，主要目的為彰顯相對大小，相加後未必等於 100%。

　　全球大型股指數包含約 1,500 支股票，成分股涵蓋全球指數成分國家股市總市值約 70%；全球小型股指數包含約 6,000 支股票，成分股涵蓋全球指數成分國家股市總市值約 14%。

## 全球大型股指數前十大持股

| | 所屬國家 | 權重 | 所屬類股 |
|---|---|---|---|
| 蘋果 | 美國 | 3.00% | 資訊科技 |
| 微軟 | 美國 | 2.50% | 資訊科技 |
| 亞馬遜 | 美國 | 1.75% | 非必需／非核心消費 |
| 臉書 | 美國 | 1.25% | 通訊服務 |
| JP Morgan | 美國 | 1.00% | 金融 |
| Alphabet C 股 | 美國 | 1.00% | 通訊服務 |
| Alphabet A 股 | 美國 | 1.00% | 通訊服務 |
| 嬌生 | 美國 | 1.00% | 醫療保健 |
| 雀巢 | 瑞士 | 0.75% | 必需／核心消費 |
| 寶鹼（P&G） | 美國 | 0.75% | 必需／核心消費 |
| 總和 | | 14.00% | |

## 全球小型股指數前十大持股

| | 所屬國家 | 權重 | 所屬類股 |
|---|---|---|---|
| FICO | 美國 | 0.25% | 資訊科技 |
| The Trade Desk | 美國 | 0.25% | 資訊科技 |
| Coupa 軟體 | 美國 | 0.25% | 資訊科技 |
| STORE 資本 | 美國 | 0.25% | 房地產 |
| Carlisle | 美國 | 0.25% | 工業 |
| Zendesk | 美國 | 0.25% | 資訊科技 |
| 明亮地平線家庭解決方案公司（Bright Horizon） | 美國 | 0.25% | 非必需／非核心消費 |
| US FOOds | 美國 | 0.25% | 必需／核心消費 |
| WEX | 美國 | 0.25% | 資訊科技 |
| 賽普拉斯半導體（Cypress） | 美國 | 0.25% | 資訊科技 |
| 總和 | | 1.50% | |

註：以上比重數字經過處理，主要目的為彰顯相對大小，各股票比重相加後未必等於總和數字。

## （二）全球價值／成長股指數

從 2001 年起始的 19 年間，全球成長股指數含息的總報酬約為 205%，全球價值股指數總報酬約為 185%，而全球指數總報酬約為 200%。此處編制指數對於何謂成長股、何謂價值股自有非常嚴格的定義，但此處略過不表。簡而言之，投資成長股追求的是以 EPS 高速成長為驅動股價上漲的動力，而投資價值股追求的是尋找具有價值的股票並在其價格被低估時買入，巴菲特便是此流派的大師。

全球價值／成長股指數績效圖（指數化）

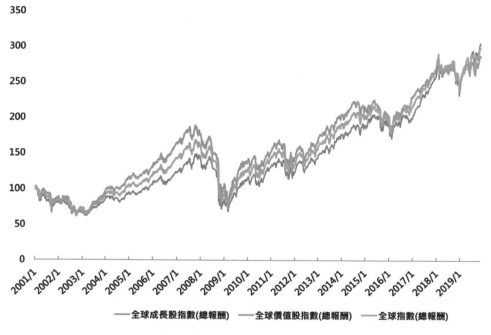

註：以 2001 ／ 1 ／ 1 指數化報酬 100 為基點。

## 全球價值股指數歷年報酬（%）

| 2001 | 2002 | 2003 | 2004 | 2005 | 2006 | 2007 | 2008 | 2009 | 2010 |
|------|------|------|------|------|------|------|------|------|------|
| -13.75 | -19.00 | 40.00 | 19.75 | 11.50 | 26.50 | 7.25 | -41.00 | 32.75 | 11.00 |
| 2011 | 2012 | 2013 | 2014 | 2015 | 2016 | 2017 | 2018 | ~2019 /11 | |
| -6.75 | 16.50 | 23.25 | 3.50 | -5.50 | 13.50 | 19.00 | -10.00 | 17.75 | |

## 全球長股指數歷年報酬（%）

| 2001 | 2002 | 2003 | 2004 | 2005 | 2006 | 2007 | 2008 | 2009 | 2010 |
|------|------|------|------|------|------|------|------|------|------|
| -18.50 | -19.00 | 29.50 | 11.75 | 11.25 | 16.75 | 17.00 | -42.75 | 38.00 | 15.50 |
| 2011 | 2012 | 2013 | 2014 | 2015 | 2016 | 2017 | 2018 | ~2019 /11 | |
| -7.00 | 17.25 | 23.50 | 5.75 | 2.00 | 3.75 | 30.50 | -7.75 | 28.25 | |

　　觀察報酬比較圖，我們會發現，價值投資在 2008 年金融海嘯之前是擊敗大盤與成長股的，唯金融海嘯後情況翻轉，與大盤及成長股的報酬差距縮小，最終反被超越。

　　若將比較的基點設為 2009 年 1 月，則價值股的報酬落後跡象，會更加明顯，如下圖。

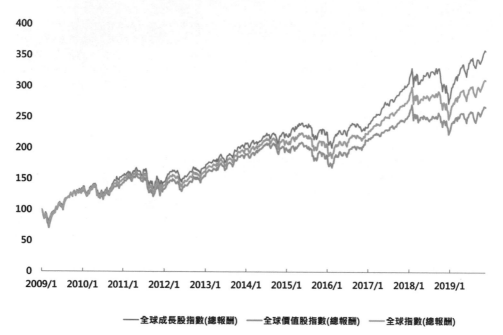

註：以 2009 ／ 1 ／ 1 指數化報酬 100 為基點。

　　從 2009 年 1 月至 2019 年 11 月底，全球成長股指數總報酬約為 255%，全球價值股指數總報酬約為 165%，全球指數總報酬約為 210%。這意謂著金融海嘯之後，價值投資整體而言不但沒有擊敗成長股，甚至也未擊敗大盤。這並不代表巴老或者價值投資不厲害了，反之，筆者非常推崇巴老的成就與價值投資法，但市場狀況告訴我們，風水輪流轉，沒有任何一種投資方法（交易系統）能永遠擊敗市場，甚至是穩定賺錢。這也是為什麼，筆者每次在書局看到各種將價值投資當成唯一聖經的投資書，總是眉頭一蹙。

　　2008 年之前，價值投資盛行數十年，2008 年之後，成長股表現較佳。但接下來這兩種投資方法的報酬差距會如何演變，誰知道呢？說不定價值投資從 2020 年開始的報酬，又再度擊敗市場。

## 全球價值股指數國家比重

| | |
|---|---|
| 美國 56.0% | 中國 4.0% |
| 日本 7.5% | 法國 3.0% |
| 英國 6.0% | 其他 23.5% |

## 全球成長股指數國家比重

| | |
|---|---|
| 美國 56.0% | 瑞士 4.0% |
| 日本 7.0% | 法國 3.5% |
| 中國 4.0% | 其他 25.5% |

註：以上比重數字經過處理，主要目的為彰顯相對大小，相加後未必等於 100%。

## 全球價值股指數類股比重

| | |
|---|---|
| 金融 26.5% | 通訊服務 7.5% |
| 醫療保健 11.0% | 資訊科技 6.5% |
| 能源 9.0% | 非必需／非核心消費 5.5% |
| 工業 9.0% | 公用事業 6.0% |
| 必需／核心消費 7.5% | 原物料 5.5% |
| | 房地產 4.0% |

## 全球成長股指數類股比重

| | |
|---|---|
| 資訊科技 27.0% | 必需／核心消費 8.5% |
| 非必需／非核心消費 15.0% | 金融 7.0% |
| 醫療保健 13.0% | 原物料 4.0% |
| 工業 12.0% | 房地產 2.5% |
| 通訊服務 10.0% | 能源 2.0% |
| | 公用事業 0.5% |

註：以上比重數字經過處理，主要目的為彰顯相對大小，相加後未必等於 100%。

全球價值股指數包含約 1,900 支股票，成分股涵蓋全球指數成分股中，符合價值股篩選標準的所有股票；全球成長股指數包含約 1,500 支股票，成分股涵蓋全球指數成分股中，符合成長股篩選標準的所有股票。觀察下表全球價值／成長股指數的前十大持股，很有趣的一點是，價值投資大師巴菲特ㄅ，其經營的波克夏海薩威也入選為前 10 大價值股了。

　　要提醒大家的是，常見有人誤以為成長股通常屬於市值較小，較新成立的企業的股票，而價值股通常屬於市值龐大，較老牌的股票。但觀察下表，比對全球指數的前 10 大持股（意即全球市值最大的 10 檔股票），其中有 7 檔是屬於成長股呢！此外，成長股和價值股也有可能角色互換，或許某一日全球的金融業結構改變，EPS 再度開始快速成長，JP Morgan 成為了成長股也說不定。

### 全球價值股指數前十大持股

| | 所屬國家 | 權重 | 所屬類股 |
|---|---|---|---|
| JP Morgan | 美國 | 5.00% | 金融 |
| 嬌生 | 美國 | 4.50% | 醫療保健 |
| 寶鹼（P&G） | 美國 | 3.00% | 必需／核心消費 |
| 美國銀行 | 美國 | 2.00% | 金融 |
| 波克夏海薩威 | 美國 | 1.75% | 金融 |
| 艾克森美孚 | 美國 | 1.50% | 能源 |
| AT&T | 美國 | 1.50% | 通訊服務 |
| 迪士尼 | 美國 | 1.25% | 通訊服務 |
| 英特爾 | 美國 | 1.25% | 資訊科技 |
| 威訊（Verizon） | 美國 | 1.00% | 通訊服務 |
| 總和 | | 22.50% | |

### 全球成長股指數前十大持股

|  | 所屬國家 | 權重 | 所屬類股 |
|---|---|---|---|
| 蘋果 | 美國 | 5.00% | 資訊科技 |
| 微軟 | 美國 | 4.50% | 資訊科技 |
| 亞馬遜 | 美國 | 3.00% | 非必需／非核心消費 |
| 臉書 | 美國 | 2.00% | 通訊服務 |
| Alphabet C 股 | 美國 | 1.75% | 通訊服務 |
| Alphabet A 股 | 美國 | 1.50% | 通訊服務 |
| 雀巢 | 瑞士 | 1.50% | 必需／核心消費 |
| VISA | 美國 | 1.25% | 資訊科技 |
| 阿里巴巴 | 中國 | 1.25% | 非必需／非核心消費 |
| 聯合健康集團 | 美國 | 1.00% | 醫療保健 |
| 總和 |  | 22.50% |  |

註：以上比重數字經過處理，主要目的為彰顯相對大小，各股票比重相加後未必等於總和數字。

### （三）全球高股息指數

　　從 2001 年起始的 19 年間，全球高股息指數含息總報酬約為 275%，而全球指數約為 200%。全球高股息指數 2019 年的股利率約為 4.0%，作為對照，全球指數股利率約為 2.4%。

## 全球高股息指數績效圖（指數化）

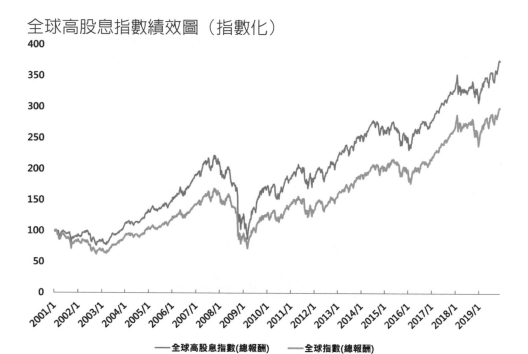

全球高股息指數(總報酬)　　全球指數(總報酬)

註：以 2001／1／1 指數化報酬 100 為基點。

## 全球高股息指數歷年報酬（%）

| 2001 | 2002 | 2003 | 2004 | 2005 | 2006 | 2007 | 2008 | 2009 | 2010 |
|------|------|------|------|------|------|------|------|------|------|
| -7.25 | -10.00 | 33.00 | 20.50 | 10.25 | 29.75 | 9.75 | -41.00 | 38.25 | 8.50 |
| 2011 | 2012 | 2013 | 2014 | 2015 | 2016 | 2017 | 2018 | ~2019/11 | |
| 0.00 | 15.25 | 19.00 | 2.00 | -4.50 | 11.00 | 19.75 | -6.25 | 21.25 | |

## 全球高股息指數國家比重

| 美國 43.0% | 瑞士 5.0% |
|-----------|----------|
| 英國 7.0% | 加拿大 4.5% |
| 日本 6.5% | 其他 34.0% |

註：以上比重數字經過處理，主要目的為彰顯相對大小，相加後未必等於 100%。

## 全球高股息指數類股比重

| | |
|---|---|
| 醫療保健 17.0% | 資訊科技 8.5% |
| 金融 15.5% | 能源 8.0% |
| 必需／核心消費 13.0% | 非必需／非核心消費 7.0% |
| 工業 9.5% | 公用事業 6.0% |
| 通訊服務 8.5% | 原物料 5.5% |
| | 房地產 2.0% |

註：以上比重數字經過處理，主要目的為彰顯相對大小，相加後未必等於 100%。

　　全球高股息指數包含約 600 支股票，成分股涵蓋全球指數成分股中，符合高股息篩選標準，並被預期可持續配發高股息的所有股票。

## 全球高股息指數前十大持股

| | 所屬國家 | 權重 | 所屬類股 |
|---|---|---|---|
| 寶鹼（P&G） | 美國 | 2.75% | 必需／核心消費 |
| 艾克森美孚 | 美國 | 2.75% | 能源 |
| AT&T | 美國 | 2.50% | 通訊服務 |
| 威訊（Verizon） | 美國 | 2.25% | 通訊服務 |
| 台積電 | 台灣 | 2.25% | 資訊科技 |
| 默克藥廠 | 美國 | 2.00% | 醫療保健 |
| 可口可樂 | 美國 | 2.00% | 必需／核心消費 |
| 羅氏製藥（Roche） | 瑞士 | 2.00% | 醫療保健 |
| 輝瑞藥廠 | 美國 | 2.00% | 醫療保健 |
| 三星 | 韓國 | 1.75% | 資訊科技 |
| 總和 | | 22.00% | |

註：以上比重數字經過處理，主要目的為彰顯相對大小，各股票比重相加後未必等於總和數字。

## （四）全球低波動指數

　　此處提供全球指數的歷年報酬以方便讀者比較。從 2001 年起始的 19 年間，全球低波動指數含息總報酬約為 385%，全球指數總報酬約為 200%。全球低波動指數各段期間的波動度，大致皆保持在 8% 上下，與大盤的 Beta 值約為 0.6，這意謂著大盤漲跌 1% 時，大致上全球低波動指數只會反映 0.6%。

全球低波動指數績效圖（指數化）

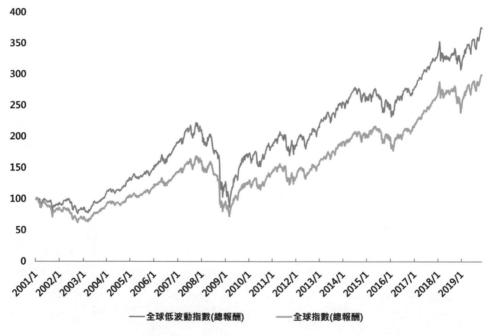

註：以 2001 ／ 1 ／ 1 指數化報酬 100 為基點。

## 全球低波動指數歷年報酬（%）

| 2001 | 2002 | 2003 | 2004 | 2005 | 2006 | 2007 | 2008 | 2009 | 2010 |
|------|------|------|------|------|------|------|------|------|------|
| -9.75 | -5.75 | 28.50 | 22.50 | 9.50 | 25.75 | 7.50 | -25.00 | 18.00 | 15.00 |
| 2011 | 2012 | 2013 | 2014 | 2015 | 2016 | 2017 | 2018 | ~2019 /11 | |
| 6.00 | 10.75 | 17.75 | 11.50 | 3.50 | 8.00 | 18.75 | -1.00 | 19.50 | |

## 全球指數歷年報酬（%）

| 2001 | 2002 | 2003 | 2004 | 2005 | 2006 | 2007 | 2008 | 2009 | 2010 |
|------|------|------|------|------|------|------|------|------|------|
| -15.00 | -20.00 | 28.50 | 10.00 | 16.25 | 14.00 | 7.75 | -40.25 | 28.00 | 10.50 |
| 2011 | 2012 | 2013 | 2014 | 2015 | 2016 | 2017 | 2018 | ~2019 /11 | |
| -8.75 | 16.00 | 15.50 | 3.00 | -4.00 | 7.50 | 22.50 | -12.75 | 18.25 | |

事實證明，低波動尤其是限制最大跌幅（max drawdown）非常重要，比大盤少跌一點，反彈時便從更高的基點開始上漲，即便只有些微差異，長期累積下來報酬差距也非常可觀。更何況全球低波動指數做到空頭時跌得比大盤少，但多頭時漲得不會比較少，於是達成 19 年間超額報酬185% 的驚人成果。市場上也存在新興市場低波動指數，在新興市場總報酬高的基礎上，又加上低波動的加成，自成立以來的報酬也非常可觀。

在台灣也接觸得到部分以各區域低波動指數為基準指標的金融商品，有興趣的投資朋友不妨研究看看，唯主動式金融商品與基準指標之間報酬必定存在高低差異，被動式金融商品與基準指標之間也必定存在追蹤誤差，且低波動指數並不保證定能創造如過去類似的亮麗報酬，建議投資朋友們謹慎以對。

## 全球低波動指數國家比重

| | |
|---|---|
| 美國 51.0% | 加拿大 4.5% |
| 日本 12.5% | 台灣 4.0% |
| 瑞士 5.5% | 其他 22.5% |

註：以上比重數字經過處理，主要目的為彰顯相對大小，相加後未必等於 100%。

## 全球低波動指數類股比重

| | |
|---|---|
| 金融 19.5% | 房地產 8.5% |
| 必需／核心消費 13.0% | 工業 8.0% |
| 資訊科技 12.0% | 非必需／非核心消費 7.5% |
| 通訊服務 11.5% | 醫療保健 7.5% |
| 公用事業 8.5% | 原物料 4.5% |
| | 能源 0.5% |

註：以上比重數字經過處理，主要目的為彰顯相對大小，相加後未必等於 100%。

　　全球低波動指數包含約 450 支股票，成分股涵蓋全球指數成分股中，符合特定篩選標準，使全球低波動指數可以反映對全球指數成分股（只含大型股與中型股）施行最小平方法所得到的報酬表現的所有股票。

## 全球低波動指數前十大持股

| | 所屬國家 | 權重 | 所屬類股 |
|---|---|---|---|
| 雀巢 | 瑞士 | 1.25% | 資訊科技 |
| 廢物管理公司 | 美國 | 1.00% | 工業 |
| 聯合愛迪生 | 美國 | 1.00% | 公用事業 |
| 瑞士再保險 | 瑞士 | 1.00% | 金融 |
| 百事 | 美國 | 1.00% | 必需／核心消費 |
| NTT DOCOMO | 日本 | 1.00% | 通訊服務 |
| 麥當勞 | 美國 | 1.00% | 非必需／非核心消費 |
| 威訊（Verizon） | 美國 | 1.00% | 通訊服務 |
| 德國電信 | 德國 | 1.00% | 通訊服務 |
| VISA | 美國 | 1.00% | 資訊科技 |
| 總和 | | 10.00% | |

註：以上比重數字經過處理，主要目的為彰顯相對大小，各股票比重相加後未必等於總和數字。

# PART 2

## 全球債券市場
## 解析

— CH5 —

# 債券投資基本觀念入門

## 5-1. 什麼是債券？

　　要認識債券投資，就要從最基本的幾個問題開始－債券是什麼、誰適合投資債券、為什麼要投資債券、該怎麼投資債券？

　　債券是發行者為了籌募資金而發行的一種有價證券。債券一般來說會每年定期配發利息，並且在到期時償還本金。債券的大分類可以依據發行者、利息償還方式、償還期限、募集方式、擔保性質以及債券型態等特性來分類；債券的子分類則更細，政府債可以分成國債與地方債、金融債可以分成主順位債與次順位債、公司債依照結構可以分成母公司發行或是子公司發行，按照公開說明書中的條款還可以再去細分等等。

　　由於債券的基本知識實在是太過豐富，因此在這個章節，我們將重點放在債券投資的必須知識，希望能讓讀者用最少的時間搞懂債券投資與債券指數，了解這個市場的基本運作模式和思考方式。除此之外，正如投資股票市場時，我們想會知道一些法人或是參與者的想法，以便掌握市場的情緒，我們會另外補充一些債券市場的實務投資狀況，讓大家瞭解債券市場的現券（Cash Bond）參與者在想什麼，方便大家想像出一個債券投資的世界，以讓各位更好的作為一個投資人去了解這個市場。我們不希望投資人僅僅只是把債券市場當作一個模糊概念的投資產品，不知為何要投資，也不知道這個市場的面貌。第 6 章會藉由債券市場的核心－政府公債，帶到整個債券市場運作的方式；第 7 章的重點主要放在由公債衍生出來的

其它類別債券指數，如同其它全球投資商品，我們基本上都是透過指數觀察債券市場，而大家所投資的基金也是以指數作為基準來調整部位，因此了解指數的概念非常重要。第 8 章則介紹近年來蓬勃發展的債券商品－債券 ETF，並讓大家對於直接投資單一產業債券市場有一些基本概念。

第 7 章的前半段，我們將會以成熟市場（歐、美、日）為主，一直到後半段才會提到新興市場（新興亞洲、新興拉丁美洲、新興歐非中東），關於債券的投資，基本上都是以整體投資組合，而非單一債券為主，也因此衍伸出許許多多參考指標。債券市場中至少有上百個指數，而且每個指數的特性都有所不同，雖然我們無法介紹所有指數，但我們能以原則性的方法來介紹市場，只要瞭解市場原則就能舉一反三，分析其它指標。本書所介紹的指數基本上都是台灣投資人最常購買基金的參考指標，希望各位投資人更加了解自己投資的標的，以及在這些標的背後，資金到底流往哪些市場，這些市場的特性又是如何。

## 誰適合投資債券？

所有人都適合投資債券，只是由於一般人平常不會接觸到債券，因此可能不知道債券市場的真正樣貌。過去市場上曾經有種說法，是當市場情緒較為積極時，資金會從債市流到股市；市場情緒較為保守時，資金會從股市流往債市。然而整體債券市場的規模遠大於股票市場，也正因如此，債券種類可說是五花八門，投資人甚至可以在市場中找到比股票風險還高的債券，也可以找到世界上幾乎最安全的投資級債券。所以說，大家關於風險和商品選擇的概念並非錯誤，只不過這種觀念只有在部分債券參與者之中適用，市場中有更多的債券投資人只能投資債券這種商品，也因此如果深刻了解債券市場，會發現所有的投資人在債券市場都能找到自己的一席之地，並在債市中做到細部的差異化配置。

## 為什麼要投資債券？

　　債券的特點在於相對較小的波動，以及只要公司不倒閉，就能夠持續收到配息的特色。債券的驅動因子與股票不同，因此搞懂債券市場，不嚴謹的說，就等於投資人多了一倍以上的投資機會。對主觀投資人來說，他們能在解讀總體經濟後多出更多機會獲利；對被動投資人來說，他們多了一個能夠找到能夠替代、互補整體投資組合的機會。除此之外，一些比新興市場還要更小的邊境市場，可能連股票市場都還不夠完善，但是他們的政府卻會發行國債以進行基礎建設。參與邊境市場國家剛開始起飛的經濟，也是債券投資人的福利之一！

## 該怎麼投資債券？

　　要投資債券首先要了解債券市場，從專有名詞與概念，到債券市場的運作原理，再到各個指數的基本特性。再來是進入債券市場的方法，對一般人而言，由於外國單一國家資料較難獲得，而且債券的單價較高，比較難做到詳細研究與適度配置。此時透過基金把大家的資金集合在一起，債券基金經理人就能夠有足夠的資金分配至某個特定類別，而不需要壓注在單一發行者之上；對於小資族來說，除了能夠使用較低的本金參與一個大市場，研究的層級不需要太過深入，以抓住大趨勢為主的投資方式，在資訊收集與判讀上也相對較容易一些。

　　也因此在本書的債券章節之中，債券原理與指數的解析佔據了大部分內容，就是因為債券基金經理人基本上是盯著區域或是類別投資，像是美元債券、高收益債券、新興市場債券等等。對債券基金投資人來說，在做基金投資的決策時，必須先從各種類別，也就是指數來了解債券市場。有了債券市場的基本概念，再搭配全球性的指數分析，才能做出完整的投資決策。

## 低利時代的債券投資

第 6 章與第 7 章都會提到各種指數的平均信用評等、到期殖利率、存續期間,以及歷史年報酬率,並在最後做統整,其中我們會著重切分 2008 年金融海嘯以前以及金融海嘯以後的數據差異。之所以要以 2008 年為切分時間點,是因為金融海嘯後美國政府祭出了 QE 政策,使得全球相對於過去進入了低利率時代,這對債券市場來說影響非常大。

在低利時代,固定收益(債券)商品的殖利率與過去有所差異,因此專業投資者會開始轉移投資的策略,這種趨勢變化使整體債券市場結構與以往大不相同,例如以收益為主的投資人,可能會把投資天期拉長,又或者是轉移到風險相對較高的債券以尋找更高的投資報酬來源。不僅如此,在低利時代,存款、保單、借貸等生活中可能會碰到的金融商品,收益與結構都和過去不同,也因此在這種不同的環境之下,如何利用正確的策略投資債券基金並找到獲利機會,是當下最重要的課題。

## 5-2 . 債券市場不可或缺的專有名詞、運作原理

要投資債券市場，有些基本概念是不可或缺的，因此這次我們把這些概念寫在前面。覺得一直閱讀定義很無聊，也不知道在哪個時間點會用到這些概念的讀者，可以先記住這些專有名詞，在後續發現不懂的專有名詞之後，再回來看解釋就可以了。

### 債券市場 vs. 股票市場

一直以來都有人把債券市場和股票市場當作兩個完全互補的市場，但事實上真的是這樣嗎？我們可以從兩個角度去反駁這個想法，首先讓我們從資金流動的角度來看待這件事。有一種理論是整體市場的資金有限，因此資金不是投資到債市就是投資到股市，但是讓我們靜下心來好好想想，如果一個基金投資人投資了債券基金，卻發現他的錢被轉到股市上，這樣合理嗎？從基金的角度來看，債券基金就是要投資於債券市場，股票基金就是要投資於股票市場，這些被規則限制住的資金是不會在兩邊移動的。除此之外，如果你只有一百萬，很有可能願意去股市賭賺 50% 或是賠 30% 的機會，但是今天如果你有一億，你會在看好市場的情況下，為了 5000 萬的收益，去承擔賠 3,000 萬的風險，還是穩穩每年賺入三五百萬呢？因此資金的流動其實並非理論上的債券市場與股票市場隨意轉移，債券市場投資人與股票市場投資人，從整體國際投資的角度來看，擁有著不同的客群。

再來一個常見的說法是從風險配置的角度出發的，常常有人說，如果市場風險情緒較高（Risk On），整體市場的風險看起來較低，投資人願意將資金配置於較高風險的部位以賺取較高的報酬，那資金就會從債市流往股市；反之如果市場目前情緒比較緊張，風險情緒較低（Risk Off），則股票市場的資金就會從股市流往債市。如果投資人有在關注每

週的股債市現金流（Fund Flow），或許能夠看到這個現象，但是就像上一段所提到的，許多資金其實沒有辦法隨意轉移。除此之外，在股票市場中我們可以找到類似於台積電這種穩定經營的公司，也能夠挖掘出一些雞蛋水餃股，那種完全不知道在做什麼的奇怪股票；相對的，在債券市場中我們能找到極為穩定的國家公債，同時也能夠發現一些評級較低的高收益債，因此在風險情緒波動的時候，其實不論市股市或是債市，都能夠找到相對應的高低風險標的，更不用說部位越大的資金，在流動時會有越高的轉移成本，會隨著市場氣氛隨意流動的資金畢竟還是小眾。也因此，雖然透過股債市現金流能夠看到當下市場新進資金的想法，但要說股市與債市這兩個市場的資金能夠隨意轉換，卻還是太過於牽強。這兩大市場其實擁有不一樣的性質，了解這兩個大市場的區別，並且在正確的時間配置在對的市場，才是我們所追求的最佳投資方式。

### 殖利率

債券投資從買入一直到結束持有為止，實質的投資報酬率稱為債券殖利率，那麼殖利率和票面利率有何不同呢？票面利率就是每年持有某一檔債券，發行人會支付的利息總數，然而隨著買入該檔債券的價格不同，投資報酬率也就會和票面利率有所差異。可以想像一檔每年固定票面利率配息的債券，在買入債券所花的價格越高的情況下，由於能夠收到的利息數額是固定的，因此實質投資報酬率在成本提高的情況下會降低，也就是殖利率會變低，而票面利率維持不變。從這邊我們可以簡單了解殖利率與價格呈反向的概念，至於為什麼在債券投資與比較的時候不直接看價格或是票面利率的主要原因也是如此，由於債券的主要投資人大多都希望能夠有穩定的收益，因此從當前的殖利率角度觀察，我們才能清楚了解當下投資的收益狀況為何，並且方便不同債券之間的比較。此外，一般常用的殖利

率為到期殖利率，也就是假設這檔債券被持有至到期時，投資人所能獲得的報酬率，不過實務上部分債券之中還訂定了發行人買回的權利，如果債券發行人在中途強制買回債券，換算回來的報酬率其實就會有所不同。因此市場上其實還有最接近買回殖利率、最差殖利率等概念。但是大家也不用擔心，基金基本上會採取「慣用殖利率」，也就是依據個別債券最可能發生的狀況去推估其殖利率，因此從基金投資人的角度，只要大概了解整體部位的殖利率報酬就沒有問題了，因為這就代表了該檔基金或是該類別所能獲得的基本報酬，剩下來就只是市場價格變動的問題了。

## 無風險利率

　　無風險利率代表的就是一般市場認為最安全資產的報酬，也就是什麼都不做也能獲得的基本報酬，或者換句話說就是資金的機會成本。在台灣，一般人會把活存或是定存當作無風險利率，並且要求投資報酬率能夠超過活、定存利率就算是有賺到。不過在債券市場，一般國際間認同的無風險利率其實是國家公債的殖利率，以美元計價債券來說，美國公債的殖利率就是無風險利率；歐元計價債券的無風險利率則是德國公債殖利率；如果用新興市場本地貨幣債來說的話，各國的當地公債就是無風險利率。在債券市場中，無風險利率的概念特別重要，因為所有風險資產的報酬，都是以無風險債券的殖利率做為基準。所以作為債券投資人，應該要持續追蹤每一檔（或一個類別的）債券，當前殖利率水準如何，以及與無風險利率的基準點（basic points, 即 0.01%，1% 即為 100 個 bp）差異，而這也就是等等會提到的利差概念。

## 存續期間

　　簡單來說，存續期間最直觀的解釋方式就是投資人所投資部位的還本

時間，存續期間（Duration）以「年」為單位，在專業上有很多種算法，例如麥考利存續期間（Macaulay Duration）、修正存續期間（Modifired Duration）等，有興趣的投資人可以上網瞭解這些不同算法的差異。這個數字同時也代表一個部位或一檔債券投資商品受到利率波動的影響。存續期間的數字越大，代表在基準利率下降或上升時所受到的漲跌幅影響將會越大，到期天期越長的債券，由於回收時間越長，面臨利率變動所受到的風險越高，因此存續期間會越長，到期天期越短的債券存續期間則會越短；若將債券的天期固定，則會發現風險較低，如投資級債這種利率較低的標的，存續期間會比較長，而在高收益債等風險與利率較高的商品之中，存續期間就會較短。

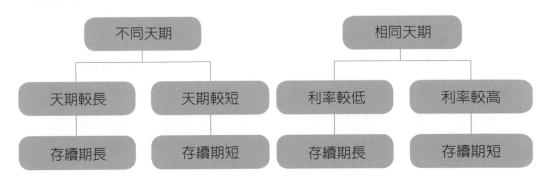

## 利差介紹

顧名思義，「利差」就是兩個利率之間的差異，不過利差在不同場合卻有不同的意思，例如在所有金融商品的買進賣出之間的買賣價差就是其中一種。大家最常碰到買賣價差的例子是在貨幣市場，當你要出國時去銀行換匯，會發現銀行的買進和賣出的價格之間有一大段差異，這段差異就是買賣價差。而對於一般債券投資人來說，提到利差的時候一般是指不同債券之間的利率差異，例如投資人當下看到某檔債券相對於基準指標的加

點，或是兩國公債之間的殖利率差異。前者的例子像是某檔 10 年期公司債的殖利率為 3.5%，而公債僅有 2%，因此我們會說這檔公司債的利差是 3.5% - 2% = 1.5%；後者的例子包括大家在新聞上可能偶爾會看到的中美利差、美德利差，這些利差可能會影響國際資金流動的大趨勢。因此，講到利差的時候，必須要以前後文來判斷詞意會比較明確。

## 信用風險

當投資人投資的並非公債（代表無風險利率的資產），就表示投資人承接了額外的風險，以公司債為例子，由於風險和報酬成正比，因此公司債相對於公債多出來的殖利率就會被視作這間公司或是產業本身的信用風險（Credit Risk），投資人之所以購買這些公司債能夠有額外的報酬，就是因為承擔了公司背後的信用風險，每一分額外獲利都是來自於額外的每一分風險。同時，藉由觀察信用利差，我們可以了解市場對一檔公司債的評價如何。當然，對一檔債券實際風險的評估非常主觀，如同一檔股票有人覺得貴，也有人覺得便宜，這也因此造就了整體公司債市場的漲跌變化。如果一檔公司債相對於公債高出 200 bp（2%），但是有投資人認為這間公司的風險只有 150 bp（1.5%），則對這個投資人來說，這檔公司債就是處於相對便宜的位置。正是因為如此，金融市場才有存在的必要，而對所有專業投資人來說，對於金融市場的看法不一致也使他們能夠展現獲取超額報酬的能力。

## 基準利率

　　基準利率指的是各國央行會定期開會討論，並且自身有能力調整的一個國家之中最核心的利率指標，基本上各國公債會隨著基準利率變動，當地貨幣計價公司債又會隨該公債變動，因此基準利率可以看成是所有債券商品的核心。而各國央行也會透過調整基準利率，影響整體市場的資金流動，這種調整就被稱為貨幣政策。每個國家的基準利率都不同，例如美國的基準利率是聯邦基金利率、歐洲是再融資利率、日本是隔夜拆款利率等等，關於這些利率的定義，投資人如果有興趣可以上網查詢，但是從投資的角度來說，我們只要暫時知道每個國家都有自己的基準利率，並且會影響整體債券市場的變動就可以了。

## 基準指數（指標）

　　基準指數是一種相對的概念，其中還包含了風險與報酬成正比的重要概念。雖然各種不同債券有各自影響其殖利率的因子，但是在拆解殖利率的來源時，一定會有一項基本的因子，這個因子我們稱之為基準指數。以前面提過的信用風險來說，公司債的殖利率＝無風險利率（公債利率）＋信用利差（信用風險的報酬），信用利差雖然還可以被細拆為財務上的風險、政治上的風險、產業的風險…等等，但在在拆解的第一步，我們一定是從無風險利率，也就是公司債的基準指數出發，觀察一檔公司債的殖利率高出基準指數多少，以判斷其風險。

　　那麼政府公債作為公司債的基準指數，就沒有基準指數了嗎（有點繞口）？實際上當然是有的，政府公債的基準指數就是央行的基準利率，例如美國公債的基準指數就是聯準會的聯邦基金利率。除此之外，由於市場主要反映的不是當下的狀況，而是未來可能發生的事件，因此如果市場

認為聯準會有機率調整基準利率，美國公債的次級市場就會在交易的過程中，調整於對基準利率的看法，最終透過交易的結果，使公債殖利率有所變化，側面反映市場對美國基準利率的預期。從另外一個角度想，這其實就是市場在推測美國公債基準指標的位置，並且使其逼近（市場認為的）基準指標，這也是為什麼我們一般會用美國公債期貨來判斷央行升降息的機率，其實換句話說就是在尋找市場共識。

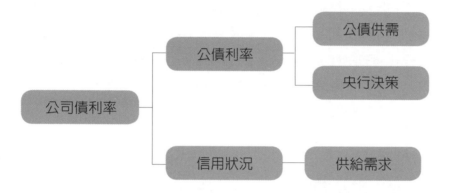

再來說到我們的投資標的－基金，基金其實也有基準指標，但是基金的基準指標意思其實不太一樣。基金的基準指標英文叫做 Benchmark，也有人會翻譯成基金的追蹤指數，意思是該檔基金主要是以該指數為基準，並透過調整權重比例或增減現券配比來達到超額報酬。大家在選擇基金的時候，不妨先比較某檔基金的報酬與基準指標長的像不像，再橫向比較類似基金的表現，進而判斷基金經理人操作的功力。不過這邊也要注意，如果有某檔基金超越基準指標太多，不要忘記看一下該檔基金的主要成分，然後判斷是該檔基金配置的能力夠強，成功加碼漲多的產業並減碼跌多的產業，還是那檔基金其實與基準指標其實完全沒關聯，只是隨便追蹤一檔指數然後進行自己的操作。如果是後者，這檔基金就和投資人分析過後想要投資的標的完全沒有關聯，還是避開比較好！

　　當然，回到債券市場，與基準指數的關聯性只是債券市場殖利率變動的因素之一，卻並非唯一因素。例如債券本身的供給與需求，或是前面提到投資人對於個別公司債的信用風險認定，都會透過對價格的影響，而導致殖利率的變化。不過無論如何，在債券市場之中，基準指數在大部分時間都是影響一檔債券最大的因素之一。

## 信評機構與信用評級

　　如果要投資債券市場，了解信評機構還有信用評級對債券市場的影響也是不可或缺的重點。評級市場的核心是信用評等機構，國際市場上最主要的信評機構有三家，分別是標準普爾（Standard & Poors, S&P）、穆迪（Moody's）、惠譽國際（Fitch Rating），這些信評機構底下有非常多的研究員，會根據各種不同產業提出各自的分析方法，再進而對每一間公司提出各種由高到低的評分，也就是所謂的信用評級。這種說法可能有點抽象，讓我們在下一段再仔細解釋。

　　一間公司的信用評級由高到低主要是從 AAA（Aaa）到 C，其中標準普爾與惠譽國際的信用評級寫法相同，而穆迪則有所差異，但是基本上為了方便全球投資人交叉比對信評，這三間公司的評級寫法可以互通，例如標準普爾的 BBB+ 評級與穆迪的 Baa1 就代表相同的意思，三大信評機構詳細的信用評級階層如下。

| 標準普爾 | 穆迪 | 惠譽國際 |
| --- | --- | --- |
| AAA | Aaa | AAA |
| AA+ | Aa1 | AA+ |
| AA | Aa2 | AA |
| AA- | Aa3 | AA- |
| A+ | A1 | A+ |
| A | A2 | A |
| A- | A3 | A- |
| BBB+ | Baa1 | BBB+ |
| BBB | Baa2 | BBB |
| BBB- | Baa3 | BBB- |
| BB+ | Ba1 | BB+ |
| BB | Ba2 | BB |
| BB- | Ba3 | BB- |
| B+ | B1 | B+ |
| B | B2 | B |
| B- | B3 | B- |
| CCC+ | Caa1 | CCC+ |
| CCC | Caa2 | CCC |
| CCC- | Caa3 | CCC- |
| CC | Ca | CC |
| C | C | C |

　　那麼為什麼這些信用評級在債券市場如此重要呢？最主要的原因就是前面曾經提到的風險因素，也就是債券市場的殖利率基本上就是在反映各種風險。例如公司債的利率組成是無風險利率加上信用風險帶來的信用利差，而每一間公司都有它自己的信用風險。大家要知道國際上的債券投資人基本上都擁有大量資金，很可能手上都會持有數十上百檔公司債，如果

要投資債券之前需要把每一間公司自行都研究透徹，那等到研究完畢行情早就跑掉了；再不然這些機構可能需要雇用比現在多數十倍的研究員，一般散戶在投資時的被抽取的手續費想必會比現在要貴上好幾倍。因此，直接以具有公信力的信用評級結果作為一間公司的初步信用狀況判斷，或是在自己開始研究前先唸一遍信評機構的報告，就是最具效率的方式。

從一檔現券到一籃子的投資組合，我們一般會計算一個投資組合的加權平均信用評級，以方便快速比較各個不同投資組合的信用狀況，這種計算一般會以個別債券佔整個投資組合的資金比例去加權計算。而作為投資人，我們就能簡單利用平均信用評級去評斷兩個投資組合（或者兩檔基金、兩檔債券 ETF）的相對風險高低。雖然因為市場波動的影響和實際曝險差異，這種比較方式不一定能完全反應持有該部位的最後報酬，但至少我們可以透過信用評等了解基本的風險狀況，又或者我們可以透過交叉比對，了解該投資組合的殖利率水準是否在正常區間。

## 信評機構與信用評級（進階）

對於想要分析更多持有部位細節、想要瞭解債券世界背後的營運模式、有意願投資國際企業的投資人，透過利用信用評級體系的資源，能夠獲得對於投資更深層次的瞭解，並且能夠多一些對企業的分析方法以及角度。

還記得前一段提到：「信評機構會根據各種不同產業提出各自的分析方法，再進而對每一間公司提出各種由高到低的評分」，讓我們從大到小來看待這句話。首先，信評機構如何分析一個大範圍的領域呢？在分析方法（Methodology）上，穆迪應該是解析得最詳盡的一個信評機構，只要上網 Google "Moody's rating methodology"，就可以看到許多穆迪的分析方法論，透過這些方法論，我們可以知道一間國際級的研究機構分析

一個區域、國家或是產業的邏輯。甚至有些分析方法論會揭露 Moody's 分析時給予的評價權重，閱讀這些方法論，投資人能夠進而瞭解哪些因素在分析時必需特別注意。例如 Moody's 在分析主權債的時候，會將一個國家的主權債分為四大塊，分別是國家經濟強度、國際影響力、國家財政狀況、風險承受能力，而其中國家經濟又可以再細分為成長動能（佔 50%）、經濟規模（佔 25%）、國家收入（佔 25%），成長動能又可以再細分⋯等等。

　　瞭解大環境的分析方式或者狀況後，我們可以再往下看到產業或是個別公司，在這邊我們可以使用另一個資源，也就是惠譽國際的文章來幫助我們了解市場。三大信評機構中，標準普爾與穆迪的絕大部分文章都需要付費，只有惠譽國際的大部分文章是免費的，因此我們可以進入 www.fitchratings.com。對於企業分析有興趣的投資人，可以查查看自己感興趣的標的，如果一般投資人想要瞭解信評機構對於某個產業的分析方法，可以在上面的搜尋欄中輸入該產業龍頭的公司名稱，進而瞭解該產業的評價方式。

　　在惠譽國際的網站中，為了避免被一些付費機制阻擋在外，我們可以輸入"公司名稱 outlook Stable"。這種搜尋方式能夠找出惠譽國際對該間公司最新的評價以及分析報告，因為惠譽國際對於他們最近調整評價的報告，基本上不會用付費機制把投資人阻擋在外。之所以讓大家以 Outlook Stable 作為搜尋條件，主要是因為大部分的公司表現都有穩定的軌跡，因此不會在短時間有太大的變動，以 Outlook Stable，也就是穩定展望去搜尋，最有可能的結果就是找到某間公司在正常發展中的信評報告，也能夠讓有興趣的投資人去瞭解一間公司正常經營下，所需要關注的重點。以新興市場的風向球 Caterpillar 為例，我們進入惠譽國際的網站後在搜尋欄輸入"Caterpillar outlook Stable"，就可以看到 2019 年 11 月

25 日的最新報告。

　　信評機構之所以能成為整個債券市場的核心，最主要的原因是因為信評機構的分析角度是從一間公司是否能夠持續經營的角度出發，而這也跟債券基本原理的角度不謀而合。債券投資人主要的目的在於領息，也因此債券被叫做固定收益資產，投資人當然會希望公司能夠數十年不倒。所以說，債券投資人看待公司的角度與股票投資人不同，是從持續經營的角度出發，而既然信評機構分析公司的角度也是如此，就不難理解為什麼債券市場會以信評機構的評級作為觀察點了。

　　不過信評機構難道真的不會出錯嗎？當然會！信評機構也是由人所組成的機構，並且努力在這個市場之中生存，因此難免有判斷錯誤的時候，近期最明顯的一次就是在 2008 年。不曉得大家是否有看過大賣空這部電影，其中有一段劇情是一群人跑去信評機構（標準普爾）的辦公室質問，為什麼信評機構會給予那些垃圾資產 AAA 的評級。電影中 S&P 的主管戴著墨鏡，似乎是要暗示觀眾什麼，甚至在被逼急後竟然說出「如果不給予這些資產高評級，那客戶就會跑去別的信評機構」。

　　那麼現實中的信評機構真的是這樣運作的嗎？是，也不是。「不是」的地方在於，標準普爾作為三大信評龍頭之一，不太可能會為了一些生意做出這種決策，全世界的公司要找他們評級都來不及了。電影中的場景主要是為了電影張力而做出的渲染，如果有機會去 S&P 的總部拜訪，想必他們的主管應該也不會戴著墨鏡工作。然而，「是」的地方在於，信評機構確實會因為一些壓力而導致他們沒有辦法很客觀的分析市場。以三大信評機構舉例，大部分的大公司都會同時擁有三間信評機構的評級，而每間公司的每篇報告都會由各自的專屬研究員撰寫。一般情況之下大家還能相安無事，但是到公司可能被調降或調升評級的時候，這些研究員的壓力就來了。

「如果某間信評機構率先調降／調升這間公司的評級，結果這間公司沒有那麼壞／好，會不會影響我的績效表現，甚至是信評機構在這個產業的公信力？如果某間超大公司即將被從投資級調降到高收益，可能會導致許多投資人被動賣出債券（因為許多法人被規定只能購買投資級商品），造成的市場震盪我有沒有辦法承受？」

這些壓力對於個別研究員來說難以承受，因此部分案例中，他們會等到同業進行調整，或者是公司狀況已經非常明確，才進行調整。從投資的角度來說，這種行為就叫做落後市場，正如同 2008 年所發生的狀況。現在許多國際機構在分析債券市場時，會特別整理信評機構的全市場分析狀況，例如在景氣不佳的時候，如果信評機構開始大規模調降公司評級，全市場被落井下石再殺一波的機率就很高。不過近年來，信評機構似乎也意識到自己的不足，因此開始調整公司分析的節奏，除此之外，信評公司在調升或調降前往往會先做出提醒，例如信評機構會先把某間公司標記為正、負向展望（長期）或是正、負向觀察（短期），給予市場一些反應及緩衝空間。

但無論如何，做為一個個人投資人，我們應該把信評機構的分析方法當作學習的榜樣，而不是單靠第三方的分析結果去投資。更何況信評機構的分析節奏一直都在變化，可能今天你看到某篇報告是領先市場的分析，明天你看到的另一篇報告就是落後市場的分析。只有培養自己的市場觀，並打造出個人投資分析能力，才能在市場中站穩一席之地。

──────── **CH6** ────────

# 債市核心：主權債到整體債市運作方式

## 6-1 . 主權債基本概念

　　主權債的定義就是由政府機構所發行的債券，一般又稱作政府公債（簡稱公債），與此概念類似的產品還有機構債／類主權債以及地方政府公債。關於類主權債我們會在新興市場指數提到：地方政府公債又被稱為市政債，在中國則有城投債，會在 ETF 的章節稍做介紹。公債可以用兩種方法來分類，第一種方法是依到期年限，例如 5 年期、10 年期……n 年期等等，而前述的 5 年期指的就是發行日與到期日間隔 5 年的意思，因此就會產生美國 2 年期公債指數、德國 5 年期公債指數、日本 10 年期公債指數等名詞。在市場上要判讀公債，一般會從單一國家的角度進行解析，而基本上大部分金融市場比較發達的國家都有各自的公債指數，成熟國家更是當然 100% 都有自己的指數。公債指數通常會用殖利率來表示，並且會是該國相同貨幣計價的債券，用以參考的基準指數。（例如美元計價的債券，都會以美國公債作為基準指數）。

　　公債指數是業內人士最主要的觀察指標，並且作為各國的無風險利率。透過了解核心基準指數，我們才能夠最快延伸出其他種類債券的利率變化，例如公司債是無風險利率加上信用利差，因此掌握無風險指數的變化之後，我們才能更好理解公司債在信用上的變化。

　　現在講回公債，以美國公債來當作範例，一般常見以到期年限來區分的指數共有十一個，分別是：1 個月、3 個月、6 個月、1 年、2 年、3 年、

5 年、7 年、10 年、20 年、30 年期，其中每一個指數背後都有一檔實際的債券，而指數名稱前面的時間單位，雖然代表那檔債券發行日與到期日的間隔，卻不代表當下距離到期日的時間。以美國 10 年期公債指數為例，這個指數背後代表的就是一檔「大約」在 10 年後會到期的一檔公債，這檔公債每天透過市場交易而造成殖利率的漲跌變化，就會呈現在美國 10 年期公債指數之上。

然而為什麼是「大約在 N 年後會到期」的債券，這樣豈不是會有誤差，那指數還具有代表性嗎？其實這跟債券的特性有關，隨著時間慢慢經過，債券距離到期的時間會逐漸縮短，例如十年到期的債券放一年後就變成九年到期的債券，此時若再用這檔債券代表 10 年到期公債指數，當然不再準確。但是如果說一檔剩下九年到期的 10 年期公債無法代表指數，那麼 9 年又 1 天呢？ 9 年又 2 天呢？……9 年又 364 天呢？為了解決債券獨特的性質，以評斷債券的代表性，公債指數有一套自己的替換規則。

下面會提到指數所規範的債券替換條件。而正因為債券的到期特性以及這種特別的更換規則，公債指數看似連續性的走勢，背後其實是一檔又一檔的實際公債利率相加而成的結果。

## 公債到期指數的現券選擇方法

同樣以美國公債指數為例，依照到期時間的不同，債券的替換規則是 1 個月、3 個月、6 個月、1 年期債券指數以最新標售（政府發行債券的方式）的 4 週、13 週、26 週、1 年期美國國庫券（US Treasury Bill）來當作公債指數中主要的代表債券；2 年、3 年、5 年、7 年、10 年期債券指數是以最新標售的美國中期債券（US Treasury Note）作為代表債券；20 年期與 30 年期債券指數則是以最新標售的美國長期債券（US Treasury Bond）作為代表債券。

　　為什麼不等長天期債券隨著時間經過，到期時間縮短之後直接替換到短天期的指數之中就好了呢？一部分是因為不同的債券區間段會有不同的規則，例如美國國庫券剛是以零息債（折價發行，到期時一次歸還本金）的方式發行，因此就算 10 年期公債經過了九年剩下一年到期，我們也不會把它稱作 1 年期公債，而會稱作「距離發行日已經過了九年的 10 年期公債」，畢竟這兩種公債在最基本的規則上就已經有所不同。而在基本規則外，債券條件上的細節也有一些差異，這邊就不過多敘述。

　　不過話說回來，一般來說我們也不會想要觀察這種「距離發行日已經過了 0 年的 0 年期公債」。之所以要使用最新標售的債券，是因為債券投資人的特性。在國際市場的債券投資人組成之中，有很大比例購買債券的目的是一直持有至到期。當投資目的為持有至到期的人買到債券，就會將這些債券收到部位之中不再賣出，而這些債券自然也沒有機會再到市場上流通。這也代表隨著時間經過，債券在市場上的流動性會逐漸降低，最終因為流動性的不足，使買賣價差逐漸擴大，而市場上的投資人也就更不願意碰這些不具流通性的債券了。因此若要做為指數參考用的債券，代表性也會較為不足。

## On-the-run 與 Off-the-run

　　這導出了一個新舊券的概念－ On-the-run 與 Off-the-run，在這邊我們姑且以新券稱呼 On-the-run，以舊券稱呼 Off-the-run，雖然細節上有所差異但無傷大雅。新券顧名思義就是指最新一期發行的債券，由於才剛發行，因此大部分的發行量都還在市場上流通，使流動性高於已經發行一段期間的債券，也因此市場主要交易的標的通常是新券。而舊券就是相對於新券的概念，流動性較差。

　　不過這邊有個很有趣的觀念，一般來說只有在新的債券發行之後，前

一批相同到期年限的債券才會被稱為舊券。以公司債的例子來說，如果某個發行人只發行唯一一次的 30 年期公司債，十年後這批債券在定義上還是被稱為新券（On-the-run）。

　　讓我們回到美國公債，在美國公債的交易中，新券與舊券的差異不會太過明顯，舊券其實並不會因為流動性不足，而出現價格嚴重偏離的現象。主要原因是參與美國公債的投資金額非常龐大，使市場較為效率，並且美國政府會持續標售新的公債，也因此大家會有比較穩定的市場利率可以參考。相對而言，一些新興市場公債就並非如此，由於金額總量以及政府發行債券的頻率沒有美國那麼高，因此新券與舊券之間有機會出現較大的價差。例如正在不斷進行金融市場改革的中國，就有許多舊券的套利機會，加上中國的衍生性商品品項眾多，因此許多進行量化交易或是高頻交易的債券投資人都會去中國尋找套利機會。

　　而既然連新興市場公債的舊券都會出現價格的偏離，那麼公司債的狀況就更不用說，基本上大多數的公司債舊券價格都會有所偏離。然而以公司債而言，投資人對舊券價格偏離的看法又與公債不同，從公司債投資人的角度來看，這種價格的偏離更像是一種流動性風險溢酬，即公司債舊券投資人主動承擔流動性不佳的風險，進而獲得較多的報酬。雖然同樣都是舊券，在公司債和公債之中卻會透過不同的觀點來檢視。

　　也因此對債券基金經理人而言，如何利用公司債或是公債現券市場的種種特性來配置組合就非常重要了，兩檔不同的債券基金有可能投資在同一間公司上，然而他們購買債券的時間、天期、目的，可能都代表著不同的策略，或是承擔不同的風險。因此在現券市場交易，債券基金經理人必須留意到各種不同債券的性質，同一個發行人（如同一間公司或是同一個國家）在市場上流通的 10 年期債與 5 年期債，背後的投資人組成、交易用途、市場觀點與走勢可能會有極大的區別。這也是為什麼許多債券基金都追蹤同一檔指數，但報酬卻有高有低，只有瞭解並善加利用債券市場的

不同特性，才能使投資組合獲得更高的回報。

## 債券標售的重要性

前面提到公債多半是利用標售的方式來發行，也因此公債標售的結果能夠代表最新公債的狀況。再次回到美國公債，由於美國公債是絕大多數債券的基準指標，因此一般債券投資人會密切關注美國公債的最新標售狀況，不只是為了追蹤公債利率的變化，也是因為透過債券標售的細節，我們可以獲得觀察公債「籌碼面」的機會。

之所以要藉由標售來觀察市場狀況，是由於債券市場是 OTC 市場，許多交易都是在檯面下發生，因此對於市場狀態與氛圍的判讀，其實很需要個人經驗以及與中間經紀商（資訊來源）打好關係。不過一般非法人機構投資人要獲得這些資訊較為困難，因此像債券標售這種能夠公開看到市場情緒的資料，對於當下公債市場的判斷來說非常重要。

新聞會提到每一次美國公債標售的細節，格式通常如下：美國財政部招標發行 XX 年期公債共 XX 億美元，得標殖利率為 XX%，高於／低於截標時的市場殖利率 XX%。本次一級交易商獲得 XX%，較前次高／低；間接投標人獲得比例為 XX%，較前次高／低；直接投標人獲得比例為 XX%，較前次高／低。本次投標倍數為 XX 倍，過去 n 次標售平均投標倍數為 XX 倍。

讓我們來拆解這段話：

| 專有名詞 | 定義與用途 |
| --- | --- |
| 發行數額（標售額度） | 某年期債券當次的發行額度，透過與過去的數字比較，能看出政府在債券發行政策上的變化，也就是供給端的變化。 |
| 殖利率 | 透過觀察得標殖利率與標售狀況，可以直接看到最新的市場傾向。通常除非市場上有特別的短期事件發生，導致債券市場快速波動，與標售結果背離，否則多數時候在標售結果公布後，公債指數的舊券被替換成新債券之前，原有的債券走勢就會朝向標售結果靠攏。 |
| 一級交易商 | 具備一定資格能夠和政府部門承銷與投標的投資人，如商銀和證券公司等，負責在直接與間接投標者購買後吸納剩餘額度。 |
| 間接投標人 | 包含外國央行的外國官方機構 |
| 直接投標人 | 直接與政府進行交易的交易商 |
| 投標倍數 | 投標總額除以發行數額，能夠藉以觀察市場對於新發售債券的需求狀況，類似於股市中籌碼面的觀察。如果投標倍數高，代表投標者對債券需求大，市場殖利率下探的機率較高（僅討論供給需求面）。 |

# 6-2 . 殖利率曲線的意義

　　了解公債指數的特性與規則後，再來就要提到判讀市場狀況的重要工具－殖利率曲線。將各年期的公債指數連起來，我們可以得到一條連續性的曲線，這條包含了十一個點的曲線就是大家常常會聽到的殖利率曲線。其實如果將同樣的規則套用到公司債，同樣能夠得到一條公司債殖利率曲線，不過一般來說我們只會分析公債殖利率曲線，就連專業機構的公司債投資人也不一定會去研究單一公司的公司債殖利率曲線。主要的原因是公司債的流動性與市場規模問題，畢竟公司發行債券的頻率相對於公債要來的更低，可能某些天期的債券已經是距離發行時間非常久的「新券」。此外，公司發行債券的時間點取決於經營狀況與營運策略，因此發債時間較不規則。另外也有些公司只發行特定期間的債券，在這種情況下公司債殖利率曲線將會有所缺漏。上述種種原因，都有可能導致整條公司債曲線不具代表性，因此以下的殖利率曲線相關內容基本上都是從公債出發。

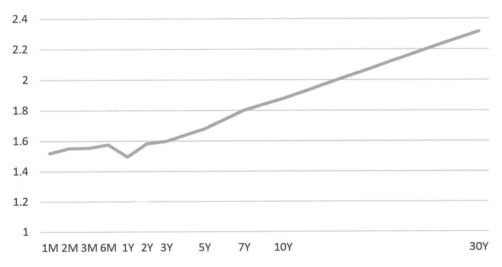

大家常常聽到的「倒掛」也是來自於殖利率曲線，近幾年大家可能常常看到殖利率曲線倒掛的新聞，並且內容通常都是以緊張的語調來敘述，警告投資人市場要崩盤了，讓我們來一步一步解釋這個現象。要了解殖利率曲線的意義，我們可以從課本上的幾個理論著手，然而這邊要請各位投資人注意，目前有些理論只能解釋部分的殖利率曲線樣貌，而另外一些理論雖然可以勉強解釋所有的樣貌，卻因為基本假設太過籠統，反而對殖利率曲線之中蘊含的訊息解釋得很模糊。此外，大部分的理論都是在好幾十年前就被提出來的，前面提過，由於 2008 年以後進入低利時代，導致許多央行政策和殖利率曲線的狀態，在以前從來沒有出現過，因此要拿這些理論預測未來會顯得更為困難。

一般在實務市場分析債券的人，會混用各種理論，抑或只是將這些理論作為基礎出發點，而不會只從單一角度思考。之所以希望大家瞭解這些理論，是希望各位投資人能夠從殖利率曲線的基本概念出發，明白曲線的變動如何影響或反應市場的想法，最後我會再以一些實際的例子來分析。

## 預期理論與殖利率倒掛

首先最基本的理論是預期理論，預期理論認為長期利率與短期利率（也有人稱作長端或短端）的關係，完全取決於市場對「未來的短期利率」的預期，所謂「未來的短期利率」的意思是，距離現在 1 年期的利率，在十一個月後會成為到時候的 1 月期利率；同理，現在的 10 年期利率就是九年後的 1 年期利率。

也就是說，如果市場預期未來的短期利率會上升，現在的殖利率曲線就會呈現左低右高的長相（正斜率曲線）；如果市場預期未來的短期利率會走平，現在的殖利率曲線會呈現一條水平線；如果市場預期未來的短期利率會下降，現在的殖利率曲線就會呈現左高右低的長相（負斜率曲線），

也就是長期利率低於短期利率，也就是所謂的倒掛，而且以整條左高右低的曲線來說，基本上就是超級嚴重的倒掛狀態（一般來說某個年期的倒掛，就會被媒體大肆報導了，如只有 10 年期利率低於 2 年期利率，但其它年期仍維持正斜率）。

這個理論的基本假設是市場對未來的短期利率有確定的預期，除此之外也假設資金在各種天期的市場能夠完全自由流動，因此長期利率才能夠完全依照 100% 肯定的市場預期來呈現效率市場的殖利率曲線線型。稍微了解過投資市場就會知道，這兩個基本假設離實務金融市場的真實狀態太遠，因此是過於學術的理論，不過這項理論其實帶出了很重要的兩個概念－通貨膨脹以及經濟的好壞。

在一個運作良好的擴張經濟體之中，由於資金的流動以及經濟的順利發展，理論上會呈現小幅通貨膨脹，在效率市場的假設下，利率應該會隨著通貨膨脹而變化。也因此良好經濟體的殖利率曲線應該是正斜率曲線，代表市場認為未來的短期利率會高於現在的短期利率。相反的，若市場認為經濟將會持續走差，表示通貨膨脹將逐漸減小或為負，在此前提下未來短期利率將會低於現在的短期利率，也就變成了負斜率曲線。

一個經濟體的表現，在大部分時間應該都會使通貨膨脹為正，因此我們會認為殖利率曲線呈現正斜率是正常狀態。而殖利率倒掛的意思就是長期利率低於短期利率，換句話說就是市場共識認為未來經濟會比現在還要差。2019 年 8 月 14 日美國 S&P500 指數單日下跌 2.93%，就來自於這種殖利率倒掛所帶給市場的情緒恐慌。當天是 2007 年以來，首次 10 年期公債利率低於 2 年期公債利率，在部分投資人看來，這代表市場提前指引未來經濟將會出現問題。在 2005 年 12 月 27 日，市場也曾經面臨 2001 年以來首次的 2 年期 10 年期倒掛，當時 S&P500 指數單日下跌 0.96%，是自 2005 年 10 月 27 日兩個月以來最大的下跌幅度。

這種市場恐慌一半來自於殖利率曲線基本理論的分析，另一半則來自過去殖利率倒掛後的歷史走勢紀錄。確實過去的市場在倒掛之後都曾經出現過衰退，然而大家記憶鮮明的那張「倒掛 -> 衰退 -> 倒掛 -> 衰退圖」，是將數十年時間軸濃縮於一張圖的結果，殖利率曲線倒掛是否真的代表馬上就要衰退了呢？

　　2005 年底殖利率倒掛後，一直到 2008 年才發生金融海嘯，但是殖利率曲線的倒掛早在 2007 年初就已經恢復正常了。假設 2019 年殖利率再次到掛的五年後（2024 年）真的發生了金融海嘯，相信把這段期間的走勢加進那張經典圖之中，有鑑於時間軸橫跨數十年，未來市場分析師還是會說：「你看，歷史上每次倒掛後都會有經濟衰退！」，但是難道中間這五年所有投資人就不投資了嗎？當然，這並不是說市場沒有衰退的可能，而是希望投資人掌握個人的投資週期去調整部位，並且不要用單一因子來判斷衰退與否。

　　此外，預測衰退的理論層出不窮，每八年循環一次的經濟理論就是其中一種，還記得在 2016 年的時候，距離前次 2008 年金融海嘯已經八年。當時有人提出景氣循環每八年就會發生一次的理論，結果 2016 年卻是全球市場復甦的一年。又一年過去，2017 年有人說計算方法錯了，應該從海嘯結束的 2009 年開始起算，結果衰退也沒有發生。再到 2018 年，又有人說經濟循環只是「差不多」8 年一次，第 9 年才循環從歷史來看也在誤差範圍等等，然後時間又到了 2019 年，全球股市再創歷史新高。2020 年初，雖然發生疫情，到年中為止股市卻也沒有大幅衰退，甚至美股部份指數又創新高。即便 2020 真的衰退了，從 2016 年就開始陸續放空的投資人，帳戶還有剩餘資金可以賺到那段下跌嗎？

　　更何況在過去相對較高利率的時代，長短天期之間的利率差異要大過於今日的市場。而在低利率的現在，債券背後隱含的一些狀態已經和過去

不同，例如長天期債券和短天期債券的利差比過去要小的多，因此殖利率的倒掛比以前更加容易。在低利率時代，只要經濟環境稍微有變化，短天期債與長天期債的利差縮小，倒掛的機率就很高，因此倒掛所代表的涵義也就不那麼精確了。

## 流動性理論

　　流動性理論彌補了預期理論的一個缺點，在預期理論之中，完全沒有提到對於風險的看法，只是簡單的將短期利率延展，進而得出長期利率。然而債券的特點之一就是非常看重風險，這部分從債券一直強調風險溢酬，還有風險與報酬成正比等概念就可以看出來。

　　流動性理論認為到期時間越長的債券代表不確定性越高，也因此風險就會越高，在其他條件給定的狀況下，如果長期利率與短期利率完全相同，投資人一定會選擇短期利率投資。假設投資人有機會投資一檔 10 年期債券，但這筆投資的報酬率其實和連續投資十次 1 年期債券的報酬率相同，那投資人一定會選擇每年不斷重新投資 1 年期債券，而非選擇一次買入 10 年期債券。

　　也因此，長期債券相對於短期債券勢必需要有對風險的補償，也就是相比於預期理論的簡單計算還要更高的殖利率，這部分補償就被稱作流動性風險溢酬。在流動性理論中，長期債券的殖利率就是對於未來短期殖利率的預期，再加上流動性風險溢酬。

## 期限偏好理論與市場區隔理論

　　期限偏好理論主要將不同天期的債券，也就是殖利率曲線中的各個「點」視為不同的市場，彼此之間能夠作為替代品，也就是說投資人能夠隨時換到另一個市場，除此之外，每個天期都有各自偏好的投資人。

讓我們從預期理論出發，在報酬率相同的情況之下，投資人對於短期利率的偏好會大於長期利率，並且由於市場之間能夠自由流動，所有投資人都會擠到短期利率市場。在這種情況下，受到需求遠遠大於供給的影響，短期利率市場的價格會上升，也就是短期市場殖利率會下降，使長期殖利率不再單純等於短期殖利率的延展，也就是產生了風險溢酬，風險溢酬會再導致投資人遷往長期利率市場，最終造成市場在觀點上的平衡。

　　市場區隔理論則與期限偏好理論同樣重視供給與需求所造成的影響，但不同的是這種理論認為不同天期的債券是獨立市場，投資人不會在市場間流動，也因此沒有很明確的「殖利率曲線」概念。每個不同的天期都只看各自的供給需求，由於這種狀況實務市場狀況相差太遠，因此在這邊就不多做贅述。

　　在實務市場中，實際殖利率曲線的變化則是綜合各種理論而成。預期理論對於未來利率的推估、在當下環境中市場對於長期債券所需要的風險補償，以及不同天期之中的供給需求，都會讓價格產生變化，進而改變殖利率，影響殖利率曲線的變動。

　　以下我們將會拆解殖利率曲線的短中長天期供給與需求，讓大家在用總體經濟判斷殖利率曲線變化之外，也能在了解市場更多的面向後，藉由更多不同資訊來判斷影響殖利率曲線的因素，進而打造自己分析殖利率曲線的一套思維模型。實務上的債券投資，總體經濟、央行態度、新發行公債狀況、各天期債券供需狀況，都是分析債券市場所不可或缺的關鍵資訊。

## 殖利率曲線不同區段的需求與供給

　　雖然市場區隔理論與實務市場相差很遠，但確實提到了一個很大的重點－殖利率曲線的供給與需求。在曲線的各種短中長天期之間，其實擁有不一樣的供給需求市場，短期債券的投資人主要有兩種，一種是觀察聯準

會的政策方向，並且進行極短期交易來賺取資本利得的投資人，另一種則是中長期投資人，雖然手上有多餘現金但不認為目前有配置於中長端的機會，因此將這筆資金放在短期市場中，加減獲取一些利潤，減少資金成本。

中期債券以 10 年期債為主，這段利率介於長短期之間，是最複雜的投資區域，不管任何類型的債券投資人，甚至非債券投資人想要瞭解利率市場，都會關注 10 年期債。也因此各種類型投資人都會關注或進入這個市場，這也造成十年期的債券流動性最高，進而導致部分想要短進短出的投資人優先選擇 10 年期債券市場，又進一步加大了流動性。因此，10 年期債券是市場量能最大、參與投資人組合最複雜，也因此對全球市場的風吹草動最敏感的一個市場。

長端以 30 年期債為主，對市場的反應則相對緩慢，主要的參與人是長期投資人，例如壽險業。他們的投資主要目的在於滿足壽險保單保戶的投資需求，希望能賺取收息獲利與保單配息成本之間的價差，這類投資人通常以追求殖利率為主，只要利率夠高就會出現買盤。因此就算發生了某些事件，導致長天期利率大幅上揚，還是會出現買盤作為殖利率的上行壓力，導致長天期債券在殖利率的壓力（價格的支撐）相比於中短天期要來得更加明顯。

對於想要交易債券的投資人來說，利用不同天期的債券搭配市場動態配置組合是很重要的，因此必須了解各種天期時間段的主要交易人的樣貌，而市場上也有所謂的利率分析師。利率分析師專門解讀各種事件對於長中短期債券的個別影響，並且會推薦客戶做一些關於殖利率曲線的交易，例如在初段升息期間，由於短債利率將會上升，而長債利率會觸碰到長期壽險業投資人的利率要求進而吸引買盤，因此可能造成短債殖利率上升、長債殖利率持平或下降的曲線趨平走勢，這類交易就是利率分析師會推薦的交易模式。

## 投資人如何參與殖利率曲線市場

然而對一般投資人來說並不一定要以跨多種天期的方式投資,在瞭解上述談到的各種殖利率曲線特性後,若投資人對當下的利率環境有一些操作想法,只要按照這種不同期限的分類來配置資金即可。台灣就有一些債券基金是利用年期來界定基金購買的債券期限,例如ＸＸ美國政府 7 至 10 年期債券基金、ＸＸ 20 年期(以上)美國公債指數基金等等,而債券 ETF 更是有各種不同時間段的產品。

## 市場對殖利率曲線的一般解讀

一般來說分析債券市場會從美國公債殖利率曲線下手,就讓我們很快的帶各位投資人分析各種曲線變動狀況,讓大家了解市場如何解讀殖利率曲線的變化。殖利率曲線的概念,不僅能夠分析債券市場的基礎,更是分析經濟狀況的一項重要工具!

在台灣,大部分投資人對債券市場的關注沒有那麼深,最多也就是知道殖利率曲線這個東西,然而法人在投資債券時,透過殖利率曲線的變化,可以看出市場背後的許多資訊。一般來說良性的市場應該是長期利率會高於短期利率,因此我們就用正斜率的美國殖利率曲線當作基準,來說明四種殖利率曲線的變動狀況。

這四種狀況主要由二乘二的情境所組成,分別是牛市與熊市兩種市場對上趨陡與趨平兩種狀況,因此整體而言會有四種組合,分別是牛市趨陡(bull steepen)、牛市趨平(bull flatten)、熊市趨陡(bear steepen)、熊市趨平(bear flatten)。牛市與熊市代表的是價格的變化,以債券牛市為例,代表的是目前債券市場的需求大於供給,因此債券價格主要會上漲。然而大家不要忘記,我們現在看的是殖利率曲線而非價格曲線,所以當整體債券上漲,反應在曲線上的會是整條線的下移。至於趨陡

或趨平，就是債券市場短端與長端的距離，當短端與長端殖利率的距離拉開，整條線變陡就是趨陡，反之則是趨平。在分析這種四種狀況之前，再提醒大家一次殖利率曲線短端與長端的主要影響因素，也就是短端主要反應美國 FOMC 對於短期利率的調整，長端利率主要反映市場對於通貨膨脹，或者說對於經濟的預期。

　　牛市趨陡主要反應在短端利率下降的速度比長端還要快，從線型拆開來看就是整體殖利率曲線往下走（牛市），並且在整條曲線往下的情況下變的更陡，也就是短期利率下降的幅度會比長期利率更大。這種情況一般發生在 FOMC 下調利率的時候，而 FOMC 會下調利率的情況基本上就是經濟上或是國際狀況出現問題的時候，例如 2008 年金融風暴發生後的時間點，或是聯準會在 2019 年時受到中美貿易戰對於全球經濟的影響，而執行的預防性降息。因此這種線型通常代表前一段時間經濟不太好，導致 FOMC 的利率決策偏向鴿派；從長端來說，長端利率可以代表市場對通膨的預期，因此長端利率的下降表示當前景氣的狀況使大家不看好後續的經濟發展。然而從市場面來說，雖然市場對未來預期不佳，但是由於 FOMC 降息的措施能夠激勵市場，因此反而會是未來在股市和經濟上向上轉折的機會。

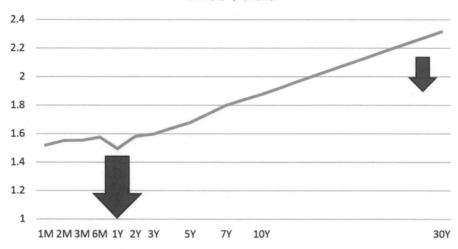

殖利率曲線

　　牛市趨平從線型上主要是長端利率下降的幅度大於短端利率下降的幅度，長端利率的下行代表市場對於未來的通膨預期下降，可能是經濟表現上遭遇一些逆風狀況，例如經濟數據公布結果不太好等等，因此相對來說比較屬於負面的狀況。

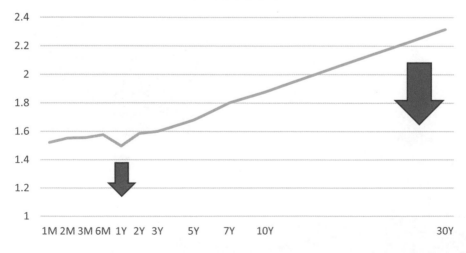

殖利率曲線

　　熊市趨陡從線型上主要是長端利率上升的幅度大於短端利率上升的幅度，長端利率的上行代表投資人對未來的通膨預期上升。而短端的變動不大，可能代表 FOMC 目前沒有特別的動作，因此對市場沒有太大的影響，在一個未來看多的經濟環境中，FOMC 當然樂得讓市場自由發展，因此從景氣來說應該是會讓股市投資人比較舒適的多頭環境，反應在債券上，就是比較偏向高收益或是新興市場相關的產品會比較好。

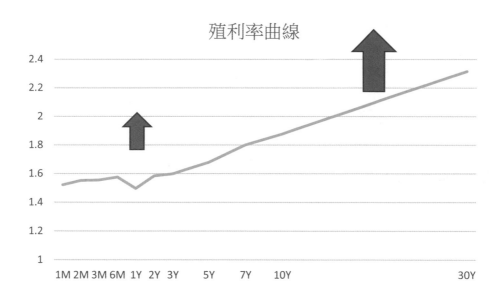

　　熊市趨平從線型上主要是短端利率上升的幅度大於長端利率上升的幅度。短端利率之所以會大幅上升，比較有可能的情況是因為在降息循環的最後，FOMC 認為經濟穩定而在決定不再降息，又或者是景氣強勁到 FOMC 認為市場的景氣狀況足以讓他們升息，將利率調整到適當的水準。而長端利率上升，代表市場對未來的通膨預期感到樂觀，利率上升的幅度

不如短端利率的可能性有幾種，分別是先前市場對於未來預期樂觀，所以已經先行反應對通膨的未來預期，而 FOMC 等待景氣強到一個程度才開始升息。也有一種可能是 FOMC 提前看到市場的狀況已經好轉，因此停止降息，而市場對未來還報有疑慮，所以長端的反應不如短端來的多。但是無論如何，熊市趨平對整個市場情緒還是正面消息，只不過對於債券投資人來說就會比較辛苦了。

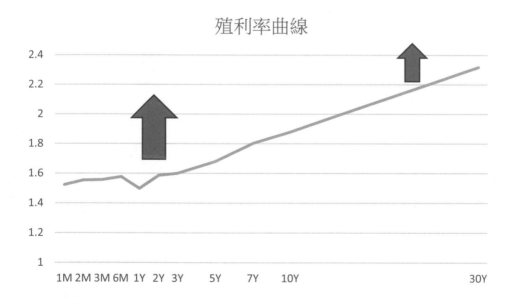

當然其他還有許多變形，例如在 2018 年中，市場認為 FOMC 還有可能會再升息，但卻因為中美關係出現裂縫，而使市場不太看好未來通膨走勢，因此導致短期利率走升，但長期利率走低的狀況。又或是在 FOMC 開始密集升息的 2017 上半年，市場認為密集的升息循環即將開始，但卻

不認為經濟狀況火熱到能承受升息帶來的負面影響，因此短期利率上升而長期利率走低。

　　不過這邊還是要不得不提一下，這些一段時間內殖利率曲線的變動狀況，其實只能代表理論上對於殖利率曲線的狀況解讀，並且將其簡化成比較好理解的正面或負面現象。大家應該可以發現，在分析這四種狀況的時候，文字上都主要是以不確定性較高的詞語去分析，這主要是因為先前所提過的，讓長端或短端殖利率變動的因素有很多。舉個例子，投資人可能基於不看好未來的通膨狀況，因此盡早買入利率仍高的長期債券，導致長端殖利率下跌，但也有可能只是因為某國的法規調整，使該國壽險業短時間內需求大幅上升，導致需求在某些時間點大於供給，最終使長端殖利率下跌。

　　除此之外，因為趨平或趨陡看的是殖利率曲線在某兩個時間期間之間的變化，因此選擇的時點不同，也有可能會導致殖利率曲線變動的模式不同。用大家比較熟悉的股票市場來舉例，2018 年底股市大跌，如果計算2018 全年的走勢，可能會覺得股市表現很差，但是如果只看 2018 年初到11 月的走勢，看起來可能就沒那麼糟；如果從金融風暴的 2008 年股市低點開始看，那不管切在任何一個時間點，股市的走勢都會呈現上漲趨勢。上述的定義解釋，一來是希望讓大家在看到市場的分析報告時，能夠先了解市場的基本假設與預期，二來是實際拆解給大家看長短端的影響因素有哪些，以及示範殖利率曲線的分析方法給大家看，但是真的要套用到市場上，還是需要靈活分析，這也是為什麼時時刻刻了解市場當下狀況和動態非常重要的原因。

　　實際上就像先前所提到的，無論是短端或是長端，都有各自的影響因素和參與者，因此在了解殖利率曲線的基本定義後，搭配市場細節去分析，才能更好的理解市場當前的狀況。例如在當前的低利率時期，有些被殖利

率所驅動的投資人為了要賺到目標報酬率，只好把購買的標的從相對較低利率的短端移到長端，也因此在低利率時期，短端的需求可能比過去還要少。而短端投資人轉移到長端的買盤，會讓長端殖利率下降的速度更快。因此在低利率時期，殖利率曲線趨平的速度會比過去還要更快，這些因素所導致的殖利率曲線變化就不見得跟傳統對於殖利率曲線的分析一致，如果用傳統的殖利率去分析這種曲線上的變化，可能導致對於市場的分析不夠準確。

　　然而，總是拿整條殖利率曲線來分析，對於要快速了解市場還是比較不方便，並且工程相對會比較浩大，因此一般來說在報告上我們會用更簡潔的方式觀察殖利率曲線，也就是直接把長端與短端的差拿來簡化成一條線，最常見的就是 2 年期公債與 10 年期公債的殖利率差異曲線。如此一來，不僅能更快了解當前殖利率曲線的狀況，也可以看到一條連續性的趨陡趨平曲線。這種長短端殖利率差異的曲線有一種縮寫，2 年期債券殖利率與 10 年期債券殖利率的利差，就會被寫作 **2s10s** 曲線，而這也是大家最常會在新聞上或是報告上看到的表現形式。

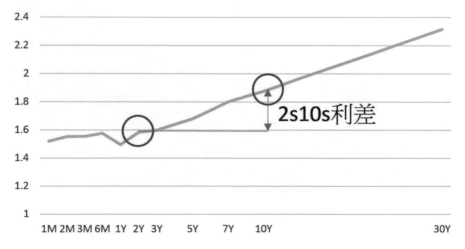

殖利率曲線

以 2s10s 的經典曲線為例，大家可以發現市場普遍認為 2s10s 進入負值，就代表景氣即將衰退，甚至即將進入金融海嘯，因為 2s10s 進入負值可以通常被視作代表性的殖利率倒掛。不過從專業的債券投資角度來說，姑且不論殖利率曲線倒掛是不是真的代表衰退，如果用這種方法來觀察殖利率曲線，只能知道 2 年期與 10 年期是趨陡還是趨平，而沒辦法更細的拆解殖利率曲線與市場動態。例如從我們從上述的解釋可以看到，牛市趨平與熊市趨平所代表的意義不同，從景氣的角度來說牛市趨平比較負面一些，而熊市趨平則較為正面。因此如果我們只看一條指標，就認定未來會遇到經濟崩盤，實在是有點缺乏證據。

2000年至2019年2s10s曲線

此外，希望大家看到這裡不要忘記，因為現在利率水準過低，所以殖利率趨平的機會其實大很多。而這也代表短端與長端舊有的影響因素，對於債券的影響有所不同，現在的 2s10s 趨平並沒有過去來的嚴重。所以說，從各個角度分析很有必要，也因此才能產生更貼近市場實際狀況預測結果，而不是只看一個指標就得出結論。

# 6-3. 央行與低利率

在拆解各年期債券的供給需求組成後，讓我們回到總體環境。債券的投資與央行的動態息息相關，因為央行主要負責政府的貨幣政策，而最常見的貨幣政策就是對於利率的調整，藉由調整利率，央行能夠在大方向上調整經濟的環境，例如在經濟不景氣或是通膨力道不足的時候降低利率，釋出資金支持市場，或是在匯率過低、景氣過熱的時候借由調升利率，緊縮資金給予壓力。

## 央行在債券世界中扮演的角色

我們一般會把央行的態度區分為鷹派、鴿派或中立，偏向升息的態度為鷹派；偏向降息的態度為鴿派；維持觀望則是中立，如果央行原本的立場是在未來非常有可能會升息，例如 2018 年的歐元區央行原本預估將於 2019 年升息，我們就會把他稱作鷹派態度。然而這種態度是相對的。歐元區央行後來發現經濟復甦的進度低於預期，因此對外聲明表示未來還要看國際狀況再決定是否按照預定的排程來升息。雖然當時的歐元區央行只是從「肯定升息」到「看狀況是否升息」，雖然整體而言仍在考慮調升利率的方向，但這番話就會被市場解讀為鴿派言論。

一般來說，央行對於調升或調降利率的動作會有一個週期，也就是在一段時間（至少幾個月）內維持同樣方向的看法，最常見的變動就是像上一段歐元區央行的例子，僅微調原先的看法。背後的原因是央行代表的是國家對於大趨勢的管控，因此不可能一下子調升一下子調降，作為國家貨幣政策的最高級單位與制定者，只有保持一致性才不會讓市場亂了方針，並同時維持央行的權威性。

而央行作為權威性的國家組織，為了不過度打亂市場的發展，因此會使用前瞻指引給予市場一個方向，也就是在確定升息或降息之前會不斷向

外公布央行看法以及可能採取的動作，以免市場突然受到刺激。大家如果有關注過往的利率走勢變動，可以發現基本上在升息或降息之前，利率就已經開始往該方向變化，這就是因為投資人在央行實際降息或升息之前，其實就已經判斷出央行後續會採取的方針了，所以說密切追蹤央行的態度很重要，對於央行消息的解讀和未來政策方向的預估，是投資全球市場非常關鍵的一項能力。

為什麼升降息對於利率的影響這麼大呢，主要是因為央行在調整利率的時候，調整的是該國的基準利率，雖然每個國家對於基準利率的定義略有不同，但基本上這些基準利率都是所有其他利率，例如債券殖利率、存貸款利率或是浮動利率等延伸利率的根本。也就是說一但央行調整利率，則牽一髮而動全身，整個市場的所有利率都會因此而開始上升趨勢或下降趨勢。

因此全球市場的投資人基本上都會銘記一句話，那就是「千萬不要與央行對做」。當然這句話指的是大趨勢的變動，實際上的市場是很彈性的，這句話的意義更多是在於提醒投資人對於大趨勢方向的關注，以及不要忽視央行的存在。除此之外，不同國家的央行能力也有所區別，有些國家的央行獨立性比較差或是政策應變能力較緩慢，對於市場的影響也比較弱，甚至有些國家的央行被政府所把控，要瞭解其貨幣政策方向反而要先瞭解政治面。因此，若要解讀某個投資國家的央行會對市場造成什麼影響，還是要從該國央行或是貨幣政策的歷史背景看起。

## 低利率時代

為什麼會出現負利率呢？這跟利率持續不斷下降的背景有關，而這個背景如果再往更早去推，又能跟政治和經濟學扯上關係。最早的經濟學被稱作古典經濟學，相信大家都曾在課本上看過亞當斯密所說的「看不見

的手」，以及自由競爭的市場機制。然而到後來，主張國家採用擴張性經濟政策的凱因斯主義出現了，他認為提高整體需求可以促進經濟增長，而政府的角色應該從「小政府」，轉變為「有作為的政府」。能夠彰顯政府存在性並且讓經濟在自己任內保持良好，從政治角度來說是極為有利的做法，因此政府當然會拋棄古典經濟學，並著重採納「有作為的政府」經濟學。大家可以回顧川普對於聯準會的批判，2019 年美國的經濟其實在全球已經是數一數二，失業率維持在歷史低點、企業營收與獲利表現良好、美國的消費和通貨膨脹也維持穩定。但川普仍然一直呼籲聯準會降息，甚至公開抨擊聯準會的主席不顧美國經濟死活，威脅要送他下台，說到底就是因為股市是川普的政績之一，他不希望在選前看到股市有顯著的下跌。

　　為什麼川普會一直追求降息呢？主要的邏輯是透過降息能夠釋放市場資金刺激經濟，使整體 GDP 與消費上升，導致企業的利潤提高，因此股市最後會上漲。其中幾個細節包括：

**（1）對於消費者：**

・降低借貸成本，提高消費者對於商品的需求。

・降低浮動利率貸款的償還金額，讓消費者擁有更多的資金，其中又有部分會流入到市場之中。

・在利率較低的環境之下，儲蓄的效益較低，消費者將資金拿來花費的滿足感更勝於微小的儲蓄報酬。

**（2）對於企業方：**

・消費者對於商品和服務的需求上升，使企業招募的員工數量增加，並導致失業率降低以及對於勞動人力的需求上升，最終導致薪資上漲。隨著薪資上漲，勞工的收入上升，消費力得到進一步增強，又反過來推升消費支出。

・企業的浮動利率債務支出降低，更容易償還債務，使企業體質更好。

同時由於支出降低，企業的利潤也會提高，因此有更多資金能被用在資本支出、配股配息與股票回購。資本支出能使 GDP 進一步上升，配股配息與股票回購則會使投資人的資金增加，提升市場中的消費。

　　‧過去有一些高風險企業較難獲得貸款資金，並且因為公司風險與債券殖利率成正比，因此這些高風險企業發行債券的成本會很高，但在利率降低後，他們的債券發行成本會跟著下降。而對於一些以殖利率為核心的投資者來說，由於全市場利率下行，當一般債券的殖利率不足以滿足他們需求的時候，資金就會流到這些利率較高的高風險企業之中。

　　**（3）對於經濟**：

　　前面提過央行的降息與升息一般來說是一種長期趨勢，如果央行時降時升，市場將會失去指引，也因此市場上擁有所謂的「降息循環」與「升息循環」的名詞。所以說，當市場一旦進行了第一次的升息或降息，通常未來都還會有第二次與第三次的升降息，或至少一段時間內利率不太可能往反方向變動，從降息的角度來說，一旦開始降息並且啟動上述的良性狀況，這些情境將會引發良性循環，並且使經濟持續走強。

　　在這種類似的環境下，大部分國家的央行或多或少會被政治所影響，因此政治與經濟綁在一塊，不那麼中立的央行當然是能降息就降息、不能降息也至少不要升息，除非經濟強勁到升息也不會影響經濟表現的狀態，央行才會難得升息。而真正保持中立的央行，為了配合全球利率狀況，也不得不被全球的降息趨勢壓著一併降息，否則當某國利率特別高，外來資金可能會湧入該國，並導致該國匯率被拉高，影響該國的出口業與市場受到影響。

　　以上的種種狀況導致全球整體利率水準不斷下降，以美國為例，用時間加權平均來看長期以來的利率水準變化，會很明顯的發現利率不斷走低，而這也是導致部分國家，如歐元區和日本，會一路降到負利率程度的長期原因之一。

| | 美國 10 年期公債殖利率 | 美國聯邦基金目標利率 |
|---|---|---|
| 1980~1989 | 約 10.5% | 約 9.9% |
| 1990~1999 | 約 6.6% | 約 5.1% |
| 2000~2009 | 約 4.3% | 約 3.0% |
| 2010~2019 | 約 2.3% | 約 0.7% |

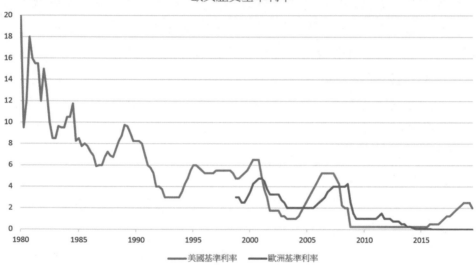

歐美歷史基準利率

—— 美國基準利率　—— 歐洲基準利率

## 低利率的負面影響

　　然而低利率對經濟也並非完全是正向的刺激，低利率最被大眾所知的一項缺點就是可能導致過度通貨膨脹。雖然穩定的通膨對經濟是好事，但是當景氣過熱，市場的需求過盛、勞動市場的需求遠大於供給，導致薪資過度上漲的時候，通貨膨脹速度就會太快，使資產價格快速上漲。這種狀況對於新興市場的影響較大，因為新興市場的經濟活動主要來自於波動較大的原物料，而一、二級產業佔經濟活動比例也較高，因此通膨過高導致的後果對於民生影響較大。單從指標來看，新興市場的通膨指標主要組成

為糧食，因此通膨過高背後代表的可能是國家人民的壓力。

這種過快的資產價格上漲首當其衝將影響低收入者，因為他們的薪資幅度增長遠低於物價上漲，因此生活會開始出現困難。再來影響的就是債券投資人，當通膨成長過快，固定收益的獲利被通膨吃掉大部分後，債券投資人對於利率的要求就會提高。然而在低利率環境下，債券投資人找不到符合他們利率需求的產品，這時這些投資人只能將投資標的轉往風險較高的債券，或甚至是使用槓桿，如此一來，當市場出現較大變化的時候，債券投資人往往因為投資風險較高的產品或是由於槓桿，而使損失較為嚴重，這種潛在風險將威脅市場的穩定性。

而對於成熟國家來說，最大的風險來自於低利率環境使央行降息的空間減少，也因此央行失去了能夠調控經濟的最佳工具－降息。以歐元區為例，在 2019 上半年，在全球三大區域美國、歐元區、中國（代表新興市場）之中，歐元區的經濟回暖最為疲弱，然而因為歐元區的利率過低，因此沒有辦法透過降息來進一步刺激經濟，以符合全球的復甦走勢。當時歐元區只能利用寬鬆政策來刺激經濟，但是在歐元區透過寬鬆政策復甦之前，中美貿易破局所帶來的全球市場貿易烏雲就已經來臨。

## 負利率

以歐元區為例，德國 10 年期債殖利率在 2015 年 4 月達到 0.049%，為當時的歷史低點，並且在 2016 年中進入負利率環境約四個月，從那時候開始的近幾年來，市場都在談論負利率的不利影響。一直到 2019 年 3 月，德國 10 年期債殖利率再次下跌到零之下，並且在全球央行寬鬆的氣氛，以及歐元區央行行長 Draghi 嘗試維持寬鬆的狀況下，似乎有一去不回頭的打算。在這種環境下，市場開啓了討論負利率影響的另一波高峰，大家對負利率會對市場產生的影響也爭論不休，然而讓大家驚訝的是，就

算殖利率每天創歷史新低，市場似乎還是不受影響。

負利率真的會為市場帶來極大的負面影響嗎？目前看來還不一定，先讓我們先回顧 2019 年 8 月的一則新聞「丹麥第三大的日德蘭銀行推出全球第一筆負利率房貸，提供年利率為 -0.5%，為期十年的房貸，該銀行經濟學家指出，借款人債務每月減少的金額將會超過償還的金額。」這則新聞剛出現的時候被大家瘋傳，並且認為是負利率從金融市場走入一般民眾生活之中的一個里程碑，跟別人借錢最後還能少還一些，這麼好的事情竟然真的出現在生活之中！

然而事實當然並非如此，經過調查之後可以發現，貸款申請人其實還需要付出另外的手續費以及其他費用，而以完整十年所需繳納的總金額來看，貸款人的支出金額還是高於原本借的資金。因此我們可以換個角度理解這件事情，在這個案例之中，所謂的負利率可以理解成手續費的折扣，雖然給的優惠不少，但銀行最終還是會賺錢。

現在讓我們來看到歐元區的例子，以 2019 年 8 月的狀況為例，德國債券殖利率曲線中的每一個點，也就是所有天期的債券，都處於負利率的狀態。看到這段話，大家心中應該會出現一個畫面，那就是有一群投資人傻傻的去買這些債券，然後每年按時排隊繳錢給德國央行－這些自詡專業的投資人還不如抱著現金就好，至少不會虧錢！

然而，不曉得大家是否還記得，殖利率曲線上的每一個點都代表一檔現貨債券。如果我們再往下深究會發現，在這些債券之中，絕大部分的票面利率其實只有零，符合歐洲央行的基準利率。這代表從債券投資的本質來說，如果你拿債券的基本價格 100 元買入這些債券，最後你還是能拿回原本的 100 元，也就是說這些債券並非嚴格意義上的「負利率債券」。之所以我們看到德國債券殖利率會是負的，主要原因是債券被市場交易到 100 元之上，既然最後到期只能領回 100 元，那以高於 100 元的買入價計

算，「市場」殖利率當然就是負的了。

再讓我們觀察那些價格高於 100 元，但快要到期的現貨債券，在這些債券之中，越接近到期的債券，價格就越低。並且隨著時間的推進，距離領回 100 元的時間點越來越接近的時候，債券的價格就會開始慢慢降低，最終在到期的前幾日，債券的交易價格大約就是 100 元，與票面價值相同，而此時的殖利率大約就是零，和票面利率一樣。

讓我們利用丹麥銀行的經驗，換個角度看德國公債這件事。首先買進零利率債券的投資人一定有某些目的，例如利用這些債券作為擔保品、抵押政府公債來開槓桿、利用這些政府債券的高信用評等來拉抬投資部位的平均信用評等水準等等。在丹麥銀行的例子中，我們如果把手續費加回整個貸款部位中，就會發現最終這項交易並沒有達到「負利率」的應有結果，也就是「借款人在借錢後，所歸還的錢比當初借來的錢還要少」的現象；在德國債券殖利率的例子中，從政府的角度來看，債券的期初與期末利率都是零，因此也沒有達到「負利率」的結果，那就是「債券發行人（借款人）在借款後歸還的錢比借來時少」的現象，德國政府在發行債券（借款）時候收的錢，與最終還回的金額相同。

那從債券發行到債券到期之前，價格的上漲所導致的負殖利率又是怎麼一回事呢？如果大家把這件事情理解成購買擔保品所需的額外費用、抵押政府公債所需付出的成本等等，就會發現目前的市場並沒有「不正常」，頂多就是所需費用相對高了一些，也因此經濟狀態並沒有出現所謂的「正利率市場到負利率市場的概念扭轉」，或是顛覆經濟學基本理論的狀況，而這也是讓很多倡導負利率會讓市場混亂的人，百思不解為何市場仍然能正常運作的原因。

所以簡單來說，現在只有負殖利率而沒有負票面利率，更沒有所謂「我不要現在領薪水，寧願未來再領薪水」的狀況發生。再換個角度想，目前

的狀況也可以理解成市場把債券的價格炒的太高，因此某些需要這些公債的人不得不用更高價買入的狀況。用股市的思維來解釋，在手上股票下跌的狀況下，投資也是正在持有一項負報酬商品，但如果這個商品最終會回到原本的價格，或是投資人必須用手上這些股票來達成其它目的，那下跌又有什麼關係呢？

## 殖利率曲線變動範例

　　這邊以 2018 年底市場下跌與 2019 年每季季末的殖利率曲線，帶各位觀察殖利率曲線面對不同市場狀況時的變化。不過由於空間限制，以下圖片將會拆成 2018 年 9 月底至 2019 年 3 月底的圖片，以及 2019 年 3 月底到 2019 年 12 月底的圖片，此外橫軸的比例也會有些微誤差，但不會影響到文中想表達的意思。結合上述的理論以及實際市場變動後，如果投資人對市場未來有所預期，可以更好的決定要是投資於股市還是債市，如果是債市，又該投資哪些商品。

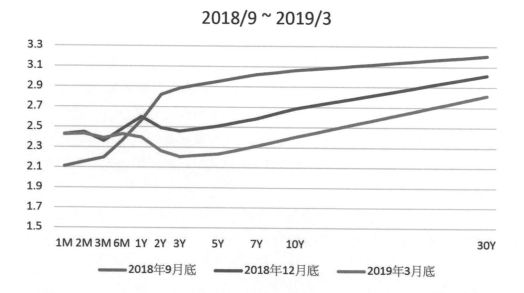

## 2018/9 ~ 2019/3

　　從 2018 年 9 月到 12 月的殖利率曲線變化中，可以明顯看到短期利率向上移動，這主要是因為 2018 年 9 月與 12 月聯準會各升息了一次，此外當時市場仍然認為聯準會將持續升息，並且預估聯準會在 2019 年很可能會繼續升息約 2 次，這個預期明顯反應在殖利率的短端。在利率的長端，由於部份對於美中貿易戰的情緒預估和 2018 年底市場大跌的情緒影響，殖利率持續走低。

　　2018 年 12 月到 2019 年 3 月的殖利率曲線變化中，最明顯的一點是短端利率維持在相同水準沒有改變，這主要是因為 2018 年底的大跌，使市場開始認為聯準會暫時不太可能進一步升息。但在 2019 年第一季，由於市場並沒有什麼大的變數（美中貿易戰尚未真正大幅影響市場），並且新興市場、歐元區以及美國都有成長跡象，因此市場也沒有看到降息的可能性，使利率短端維持不變。至於利率長端，雖然全球經濟數據正在好轉，但經過 2018 年底的大跌，市場在情緒方面仍然稍微緊張，而經濟數據好轉的走勢維持的沒有很長，因此市場對於經濟與通膨的復甦仍有一些疑慮，導致長端利率繼續走低。

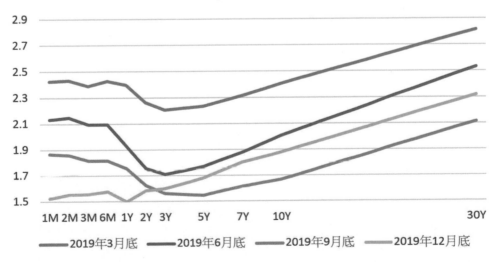

2019 年 3 月到 2019 年 6 月的殖利率曲線變化中，不難發現整條殖利率曲線大幅下移，這主要是因為 2019 年 5 月開始的貿易談判破局，使市場為之緊張。5 月份聯準會宣布將停止縮表的言論，以及市場認為聯準會不可能再於 2019 年升息的預期使利率短端下跌，長端則受到中美貿易的不確定使市場擔憂經濟表現而下跌。

　　2019 年 6 月到 2019 年 9 月的整條殖利率曲線持續下行，主要是因為又一次的美中貿易破局。在這個期間之中，長端利率下行的幅度大於短端，主要是因為大家對於未來景氣變化感到緊張，並且美中貿易狀態的發展已經明顯影響到市場運作；短端則受到 8、9 月聯準會的預防性降息而導致下行。

　　2019 年 9 月到 2019 年 12 月，美中貿易談判開始緩和，沒有再次出什麼意外。此時市場對於美中貿易分析的主流觀點是「兩方都有不能讓貿易談判破裂的壓力」，並且在經歷一季的和平後，經濟層面在年底也開始有所好轉，因此長端利率上行，而短端利率則受到 10 月底聯準會稍微出乎市場意料的第三次預防性降息而下行。於 2019 年底，美國的殖利率曲線中終於再次恢復正斜率的健康線型，只不過相比於 2018 年的狀況，整條利率曲線又更低了。

# 6-4. 主權債指數介紹

　　再來提到主權債的另外一種分類方式－以地區來分類的綜合指數，不論是在哪個國家，短、中、長期債的區間定義都是一樣的，短債是 7 年以下，中期是 10 年，長債是 30 年。然而當我們換了一個國家，整個基本面都不一樣了，因此在大家對短中長期債券有共識的情況下，我們還會用地區分類來觀察不同地區的公債狀況。

　　但是全世界這麼多個國家，一檔一檔比較如何比的完呢？這時候就需要指數出場，把不同國家做一個分類，其中最大的分類就是成熟市場主權債與新興市場主權債的兩個分類。了解地區分類的債券指數特性非常重要，否則當投資人看好新興市場走勢，想說全世界大部分國家都屬於新興市場，最後卻發現原來主要投資的部位都在成熟市場那就尷尬了。以下我們會提到成熟主權債指數，而新興市場主權債則會在在第 7 節的指數介紹中提到。

## （1）平均信用評等

　　一般來說，由於成熟市場主權債信用狀況穩定，因此不會特別強調信用評等，另一個不強調信用評等的原因，是成熟國家的公債就是該貨幣計價債券的無風險利率，也因此主要做為基準指標，而在這種狀況下提到信用評等的意義不大。舉個例子，美國在 2011 年曾經遇過債務上限危機，主要是共和黨與民主黨針對是否提升美國債務上限擁有一番爭論，並引起市場對於美國經濟以及公債可能違約的擔憂，同年 8 月 5 日，標準普爾 S&P 將美國長期信用評等從 AAA 調降為 AA+。有趣的是，這個事件大約從 7 月底就開始發酵，然而對於美國公債可能違約的擔憂，市場的反應卻是購買更多的安全性商品－也就是更多的美國公債，導致美國公債殖利率從 7 月底就開始快速走低。由此可見，美國信評的變動其實對美國公債的

地位影響不大。針對公債信評的變動，真正重要的是背後正在發生的事件，而非公債信評本身。

### （2） 平均殖利率

美國主權債在 1999 年到 2008 年的平均殖利率是 4.03%，2009 年到 2018 年的平均殖利率則只有 1.96%，從中可以明顯看到殖利率的下降趨勢。

### （3） 平均存續期間

美國主權債在 1999 年到 2008 年的平均存續期間是 5.41 年，2009 年到 2018 年的平均存續期間則是 5.81 年。隨著殖利率的逐漸降低，存續期間開始變長。

### （4） 歷史年報酬率

我們可以稱 2008 年美國 QE 之後的時代為低利時代，隨著資金不斷進入債券市場以及央行傾向於降息的趨勢，殖利率不斷降低，目前全球的殖利率已經大不如前。在現在這個環境中，理解美國量化寬鬆之後，全球的年報酬率變化，對於投資債券基金會有很大的幫助。

美國主權債在 1999 年到 2008 年的平均年報酬率是 6.40%，其中來自價格的報酬是 1.09%，來自收息的部分則是 5.31%；2009 年到 2018 年的平均報酬率只有 2.20%，來自價格變動的平均年報酬率是 -0.35%，而來自收息的部分則只有 2.54%，雖然這與 2018 年底殖利率處於近 10 年相對較高的位置有關，但從中也不難看出殖利率的顯著下降對於收息的影響。

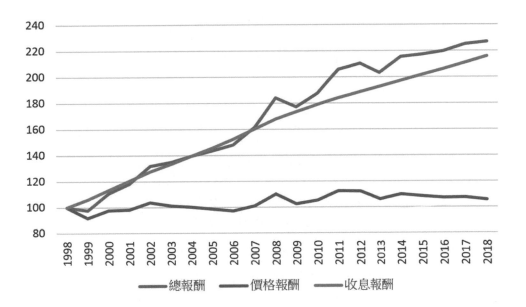

## CH7
# 其它債券指數介紹

## 7-1. 股票、政府公債與公司債的差異

　　這個問題其實在我剛進入市場的時候困擾我很久，在真正踏入債券市場之前，我對於市場的研究的順序首先是台股，再來是國際股市，然後是廣泛的公債市場，最後才到公司債的領域。不曉得大家是否還記得，第5章一開始提到債券市場與股票市場的驅動因素不同，因此應該分開來看待兩個市場的供給需求因素以及市場影響因子。不過在剛開始學習市場的時候，我對於債券市場的概念其實是這樣的（錯誤觀念請勿模仿！！）：「國際股票市場（指數）的風險相對較大，而國際債券市場（公債）的風險相對較小，因此債券市場與國際股票市場可以互補，如果全球市場的風險情緒走低，則資金可以轉移到債券市場做避險。相同的概念說不定可以套到個別公司的股票與個別公司的債券上，所以說如果一檔公司的表現很好，則該檔公司的股票應該會上漲，如果該檔公司表現不佳，可以購買該檔公司的債券以做為避險。」也正是因為這個錯誤的觀念，很長一段時間我都搞不清楚股市、公債與公司債之間的關聯。實際上，政府公債確實可以當做一項避險工具，不過相對而言公司債需要承擔信用風險，因此與股票一樣都算是風險性資產。

　　既然如此，為什麼要投資公司債呢？既然兩者都是承擔一間公司的信用風險，不是投資股票就好了嗎？這就要回到最基本的股票性質與債券性質，當一個投資人的資產大到一定程度，就會追求相對穩定的商品，公債

雖然安全，報酬率卻相對低，而股市雖然報酬高，風險與波動就要大得多。如果手上握有一億元，卻在一天之內賠了一千萬，有誰受的了！這時候波動相對小、報酬穩定卻不會太低、公司出問題時償還順位也較高的公司債就成為此類型投資人的首選了。

屏除為了賺取資本利得（即買低賣高的交易）而進行的交易，股票投資人與公司債投資人其實是站在類似的角度，即看好公司未來發展的角度去投資，只不過之間還是有些微的不同，而其中最明顯的一點，就體現在對於公司財報的判讀。從財報的角度來說，股票投資人主要關注的是綜合損益表（Income Statement），主要反應公司的獲利與成本表現；債券投資人主要看的則是資產負債表（Balance Sheet），主要反應公司的資產、負債還有股東權益結構。

從股票投資人的角度來說，他們的投資目的主要是從公司的獲利分一杯羹，因此希望公司能夠持續成長，最好能不斷放大公司的獲利能力；公司債投資人的主要目的則是為了收取固定的債券利息，如果公司能夠持續成長當然很好，但是畢竟每年收息的金額不會變動，因此最主要還是希望公司能夠穩健經營，如果公司過度擴張而犧牲長期穩定性，反而是公司債投資人所不樂見的。從公司的角度來說，當公司有了多餘現金（實務上叫做自由現金流（Free Cash Flow））的時候，他們可以選擇要拿來回饋股東或是債權人，回饋股東的方式包括提升該期所配發的股利或是進行股票回購，回饋債權人的方式則是將資金拿去償還債務，以縮減負債規模並強化公司的體質，強化到一定程度甚至有可能提升公司的信用評級。

或許大家會有疑問，既然債權人錢都付了，公司只要每年配發利息以及在最後償還本金就好，那為什麼還要討好債權人呢？最主要的原因是公司要提防未來可能會有的資金支出計畫，例如公司過去發行的某些債券即將到期，公司必須償還本金，但是一次性支出太大的金額可能會影響公司

營運，此時公司就有可能在舊債券到期的同時發行新的債券，以支付大量的舊債券本金支出；除此之外，如果一間公司要進行大型的併購或是資本支出，這筆資金缺口就必須要找到籌資管道，如果要利用股票籌資，股東勢必無法接受一直增資導致他們現有的股權被稀釋，委託銀行的話銀行可能也沒有那麼多的臨時資金，或是銀行端不見得能接受對單一公司的放款曝險過大，因此跨國大企業最常做的就是發行新債券來籌資。

　　從上述例子，我們可以知道發行債券是一間公司籌措大量資金的常見方法，而發行的債券利息就是公司籌措資金的成本，如果一間公司的資產負債表不夠健康，未來要發行新債券就必需支付更多的利息，以滿足投資人所承擔的更高風險，因此將資金拿來降低負債維持評級，其實也同時降低了公司未來發行債券的潛在成本。實務上這種狀況還可以被分得更細，例如信用評等在 BBB 等級的公司如果在經營上出現問題，因為只差一步就會被歸類到高收益等級，因此會更不擇手段的去縮減債務。如果從投資級掉到高收益等級，未來發行債券所面臨的市場和投資人都完全不同，因此發行債券的成本會急遽增加，通常這種公司的債券被稱作「墮落天使（Fallen Angel）」，反之從高收益債升評到投資級債的債券則被稱作「明日之星（Rising Star）」。有些投資人會利用 BBB 債券的這種性質打造投資策略，由於 BBB 的公司會對於掉到 BB 感到擔憂，因此這些公司可能會盡全力制定嚴謹的財務政策來去槓桿，這就使 BBB 的公司體質有快速進步的機會，而部分投資人可能會藉此賺取一些資本利得，但是風險當然就是一旦公司沒有足夠的去槓桿能力，掉到 BB 之後投資人很可能會面臨一些資本損失。

　　從上面的敘述之中，我們可以瞭解政府公債、公司債、股市之間的不同，正是因為這些差異，導致這三大類商品有時候會同漲同跌，有時候又會走出完全相反的走勢。以上提到的是相對微觀的個別公司債券因素，那

麼從一籃子的指數來看公司債，又會呈現出什麼性質呢？由於公司債指數包含了非常多檔債券，因此有許多單一公司的個別債券差異會被大量的債券數量所稀釋，在指數的層級，我們可以比較明顯的看出不同分類之間的債券性質差異。

以廣泛的公司債指數來看，公債指數最明顯特性的就是其屬於風險性資產的性質。在市場情緒走升的時候，公司債指數與股票指數常常會同時上漲，而政府公債則表現通常相對偏弱（這邊只討論風險情緒因素，當然公債還會有其它如利率相關的因素影響其走勢），市場情緒走差的時候則是相反。除此之外，公司債指數最重要的特點，來自於它畢竟還是屬於債券商品。還記得前面曾經提過，公司債就是公債加上信用利差，因此雖然在市場情緒好的時候公司債的信用利差會縮窄，不過由於公債的走勢可能偏弱，因此公司債的表現可能不會像股市那麼好；相反的，在市場情緒不好的時候，雖然公司債的信用利差走升，但是公債的上漲能夠縮小公司債的跌幅。也因此整體來說，公司債就是大漲的時候表現較難超過股市，大跌的時候表現不會像股市受創那麼嚴重的一檔商品，符合我們先前提到相對波動較小的商品。

有些人在這邊可能會有疑問，如果公司債就只是波動介於政府公債和股市之間的商品，那我只要透過縮小槓桿來操作股市不就好了。例如投資人如果只拿一半的資金投入股市，股市大跌 20%，對總資產來說只損失10%，股市如果大漲 30%，從總資產來說也只賺 15%，那不就能達到減少波動的目的，並且手上還能有一半資產的現金可以隨意使用？

在這邊就不得不提到公司債的另一種核心功能，也就是因為它是一種債券商品，因此具有每年配息的特性。假設投資人所持有的債券組合每年平均配息 5%，某年股市下跌了 8%，該檔債券指數價格下跌了 3%，投資人還是可以獲得 5%-3%=2% 的報酬；如果某年股市上漲 10%，該檔債券

指數價格上漲 3%，加上配息的 5%，投資人總共可以獲得 8% 的獲利，跟股市還是不會差太多。因此簡單來說，公司債在指數層面表現出來的另一種性質就是，除了波動小之外，永遠會有一層配息的獲利來保護投資人的績效。

# 7-2. 投資級債指數介紹

投資級債指數的定義是指數平均信用評級水準在 BBB 以上（含）的公司債，不過由於指數底下包括許多個別公司的債券，而不論是成熟市場或是新興市場的指數，底下或多或少都會有屬於投資等級的債券，在這種狀況下「投資級債」的稱呼可能會讓人有所混淆。

因此市場就有所謂的慣例用法，就是屬於新興市場的債券，在指數分類上永遠都會被特別歸到「新興市場債券」的類別之中。而基本上大家口中提到的投資級債，都是專指成熟市場內，美元計價的投資級債券，如果說是歐洲投資級債，才會包含歐元計價的投資級債，這點大家一定要搞清楚！簡單來說，投資級債的定義就是美元計價、平均信評在 BBB 以上，並且全數由公司債所組成的投資範圍。以上我們將新興市場指數放在後頭，前面就先讓我們先來了解「投資級債」（成熟市場的美元計價投資級公司債）吧！

首先，在投資區域上，由於標的屬於成熟市場，因此主要是分布在歐美兩大區域。雖然投資於美元債聽起來很像是全部投資到美國市場，但其實由於美元在世界上的主流地位，有許多發行人會因為各種考量因素，最終發行以美元計價的債券。也因此，最常見的投資級債券主要是以美元計價。（美元）投資級債指數所投資的國家一般來說以美國為主，不過以比例來看其實僅約有 70% 到 80%，剩下的主要投資於歐洲；至於歐元計價的投資級指數則大約有 80% 到 90% 投資於歐洲，剩下的主要投資於美國。當然，這個比例到了實際投資基金的時候，會因為各檔基金的個別操作而異。

之所以兩種不同幣別的投資級債在國家比例上有所差異，是因為一般來說投資級債指數納入的公司都是以大企業為主，而大企業發行的債券總金額都會比較龐大。在美元債券的市場資金遠大於歐元債券市場的情況

下，各區域的大企業為了籌措資金，發行美元債的機率遠比發行歐元債的機率要高。這就導致美元債的發行來源比較複雜，而歐元債的發行來源比較單一的情況。美國企業發行歐元債的案例，多半是因為美國的大企業一次發行太大量，超過美元債市場短時間內的胃納量，或是有些超大企業在外流通的債券已經填滿美元債市場，不得已只好發行歐元計價的債券。除此之外，也有少數的例子是美國跨國企業為了補充多國貨幣，因此特別發行他國貨幣計價債券的案例。

讓我們詳細講解這幾種狀況，幫大家建立實務市場的運作觀念。以最常見的狀況來說，不同貨幣有不同的投資族群，但是從發行方（資金需求方）的角度來看，最重要的還是某個貨幣市場籌措資金的能力，因此用美元發行債券可以讓發行方面臨最大的需求市場，增加債券公平訂價與籌措足額資金的機會。

對於超大型投資級公司的狀況我們以美國電信公司 AT&T 為例，AT&T 公司在 2019 年的評級是 A-，流通在外的債券金額共值約 1,500 億美元，是非常龐大的數字。由於這間公司表現穩定，類似於中華電信在台灣的角色，因此許多債券投資人都偏好投資 AT&T 的公司債。但由於發行總金額過大，因此許多投資方對於 AT&T 的投資額，早就達到風險控管的上限或是部位分散性的極限，這也導致如果 AT&T 想要在債券市場上籌集更多資金，透過其他貨幣來發行新債券，尋找新的需求方會是比較容易的方法。

以經營業務橫跨多國的企業來說，這類公司通常會在很多國家設有子公司或是當地廠房，當公司有擴廠需求的時候，就會需要各國貨幣來進行業務擴張，因此透過不同幣別的債券來籌集公司在不同國家的所需貨幣，就可以避免匯兌風險。跨國企業的另一種變形則是公司的營收主要來自非母國的許多不同貨幣，雖然營運區域較多元，能夠分散風險，然而經營上

的困難點在於，每當公司結算營運成果，要公布財務報表資料的時候，所有的營收需要換成同一種貨幣，因此各種匯率的漲跌會造成公司的營收波動較大，看起來非常不穩定。通常企業會為此另外付出一筆成本，也就是利用衍生性商品在匯率市場上避險，以減少匯率變化對營收的波動。但避險成本累積多了也難免會對獲利能力造成影響，因此有少部分公司會發行不同幣別且附帶公司贖回選擇權的債券，如果匯率貶值則可以將這筆外國貨幣用來贖回債券，既減少槓桿也少掉一小部分的匯兌風險。

當然，提到上述那些實務的例子，主要是相比於死記一些單一因子邏輯，還是希望各位投資人能夠自己投資的市場有更全面性的瞭解，並且知道這些金融商品背後的運作模式。投資級債指數只是這些市場營運最終結果的一個大集合，整體市場的變動其實背後都有所原因。最後，為了方便各位投資人了解美元投資級債的整體屬性，還是從指數的概念出發，讓各位投資人一覽投資級債一些基本屬性。

### （1）平均信用評等：

投資級債指數的平均信用評等為 A，雖然指數包含的債券廣布於 AAA 到 BBB 之間，但考量到收益水準，AAA 與 AA 的佔比會相對低一些。至於 BBB 的債券，除了波動相對較大之外，一旦公司出現問題導致評級被下調，對於該指數來講就不符合規範，對於投資方是非常嚴重的問題，因此指數大部分持有的債券信評為 A，而平均信用評等則落在 A 的水準。

當然，雖然指數的平均信評在 A，仍然會有個別基金強調為了部位的相對低風險或是相對低波動而使平均信用高於 A，此外也會有個別基金為了收益率而使平均信用評等落在 BBB，這些都符合投資級債的規範。另外也有一些基金採用槓鈴（Barbell）投資法，透過大量持有 BBB 的債券以及 AA 的債券，達到平均信評雖然還是 A，卻能夠使收益率在某些時刻大於投資 A 級評等為主的投組。透過觀察一檔基金的月報以及信評分布，才

能最好的掌握該基金未來可能的表現。

### （2）平均殖利率：

投資級債從 1999 年到 2008 年的平均殖利率是 5.98%，2009 年到 2018 年的平均殖利率則只剩下 4.40%，從中不難看出投資級債相對於政府公債，在殖利率的變化幅度上更加明顯。這主要是因為投資級債的殖利率相對於公債本來就比較高，也因此在殖利率下降的幅度會比公債更加明顯。

### （3）平均存續期間：

投資級債在 1999 年到 2008 年的平均存續期間是 5.97 年，2009 年到 2018 年的平均存續期間則是 6.68 年。同樣可以發現隨著殖利率的逐漸降低，存續期間開始變長。

### （4）歷史年報酬率：

投資級債在 1999 年到 2008 年的平均年報酬率是 4.60%，其中來自價格的平均變動是 -1.81%，來自收息的部分則是 6.42%，大家可能會好奇會什麼在殖利率不斷下降的狀況下，來自價格的報酬率還會是負的，這主要是因為近十年的期間包含 2008 年的金融風暴，該年投資級債價格下跌 12.5%，拉低整體平均值；2009 年到 2018 年的平均報酬率高達 6.28%，來自價格變動的平均年報酬率是 1.51%，其中包含 2009 年的反彈，而來自收息的部分則是 4.77%。若將投資級債的報酬組成與公債比較，可以看到由於公司債相對於公債的波動較大，因此公司債相對於公債的價格變動更加劇烈。而公司債較偏向風險資產，公債較偏向避險資產的相反性質，也可以在價格報酬中看出。此外，由於公司債的殖利率本身就高於公債，因此在 2009 年後，公司債在收息與價格反彈上皆高於公債，導致 2009 年後公司債的平均總報酬為 6.28%，遠高於公債的 2.20%，也就不讓人意外了。

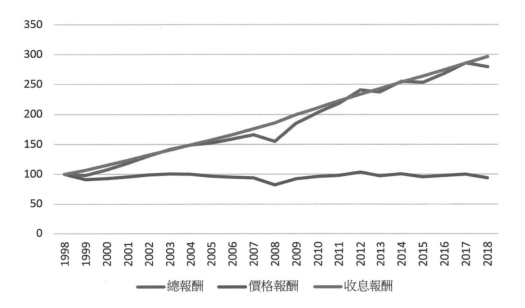

## 7-3. 高收益債指數介紹

　　高收益債基本上是平均信用評級水準在 BBB 以下的債券。如同投資級債指數的概念，這邊的高收益債指數主要指的是美元高收益債市場，歐元計價的高收益債則會被叫做「歐洲高收益債」。高收益債主要的特點之一就是產業組成的比例，截至 2019 年 9 月，由於高收益債的能源公司比例高達 13%，因此高收債對於油價的波動反應較大，各位投資人如果投資高收益債，不要忘記觀察油價的動向！

　　除此之外，觀察下方的表格，想必大家不難發現其中的非必需消費佔據整體高收益債的比例很高，而這也代表了一個很重要的性質，那就是景氣的好壞對高收益債的影響。當景氣好的時候，一般來說非必需消費類型的公司表現會被推升，而油價撇除供給與需求的部分事件影響，整體上也會呈現多頭的格局，因此整體來說高收益債的表現就會被推升。相反的，當景氣狀況不佳的時候，佔高收益債產業比例較高的產業大多會承壓，因此高收益債的表現就不會太好。

　　這就導致了一個現象，就是高收益債普遍會在景氣好的時候走揚，在景氣不好的時候承壓，而這種走勢相對於公債和投資級債來說，更加的接近股市，或者說高收益債的風險性資產特性更加明顯。所以說，呼應我們在第 5 章債券入門的介紹，高收益債其實是在債市中非常接近股市性質的一項投資標的。這時候可能就有人會問，既然高收益債面臨整體風險情緒的表現和股市很像，那為什麼不要投資美股就好，而要投資高收益債呢？這邊同樣牽扯到債券的基本性質，也就是因為債券能夠每年領取固定的利息，所以如果景氣沒有太好，但是又沒有明確要進入衰退的狀況，導致投資人對市場未來的方向沒有那麼肯定，那麼高收益債接近 10% 的年收益將是能夠承受市場波動的有利因素。

　　假設市場今年收在接近平盤，股市下跌 3%，那麼投資股市的投資人

就會損失 3% 的資金，當然其中會因為投資人所投資的市場不同而有所差異，但是如果投資高收益債市場，以近 20 年的平均數字來說，高收益債的收息 % 數達到 8%，高收益債的投資人雖然在波動方面損失 3%，但是最後還是能獲得近 5% 的報酬。

| 產業 | 美元高收益債 | S&P500 指數 |
|---|---|---|
| 非必需消費 | 23.6% | 10.2% |
| 必需消費 | 13.8% | 7.7% |
| 能源 | 13.1% | 4.4% |
| 工業 | 11.6% | 9.2% |
| 電信 | 10.9% | 10.4% |
| 健康護理 | 9.9% | 13.9% |
| 金融 | 7.8% | 12.7% |
| 資訊科技 | 5.3% | 21.9% |
| 公用事業 | 2.4% | 3.6% |
| 地產 | 1.6% | 3.3% |
| 原物料 | 0% | 2.7% |

### （1）平均信用評等：

高收益債指數的平均信用評等為 BB，底下涵蓋的個別債券主要平均分布於 BBB ～ B 之間，CCC 及以下的比例反而通常不到 10%，甚至持有 AAA 的比例可能會高於 CCC 及以下的比例。大家可能會覺得好奇，明明是高收益債，為什麼會投資到 BBB 等級，甚至是最高等級的 AAA 債券呢？這個原因很簡單，就是為了追求平衡。以一個完整的投資組合來說，雖然標的選擇會有不同的風格，但最終目的都是要找尋風險與收益之間的平衡。高收益債雖然有比較高的殖利率，卻也伴隨較大的波動與風險，假

設配置 60%～70% 的高收益債就已經足夠滿足殖利率需求，又何必使自己面臨超高波動的風險呢？因此，配置部分資金在 BBB 債券能夠兼顧收益與風險，配置於 AAA 更是能夠大幅降低部位的波動，使其不至於面臨一次大跌就失去東山再起的機會，這也是在考量到部位的長期經營後，所做的決策。

　　高收益債個別基金在評級的差異上，比投資級債基金債要來的更大，最主要的原因是透過不同風險評級的配置，可以吸引到不同族群的投資人。可能有人覺得 7% 的年報酬就夠了，但也有人願意面臨更大的風險，以求一年獲得 10% 的報酬。大家要記得，高收益債的定義是「平均」信評在 BBB 以下，一檔全部投資於 BB 級債券的基金，和平均投資於 BBB、BB、B，甚至是 A 級以上債券的基金，在面臨市場大幅波動的時候，表現一定會有所差異。因此購買高收益債之前一定要先瞭解所選標的的風險配置，並且最好是觀察該檔基金過往面臨大跌時候的表現，以及思考自己是否能夠承受大幅度的下跌，下跌後又該怎麼策略性調整自己的投資部位，是放著不管、加碼低檔承接，還是認賠殺出。

　　（2）平均殖利率：

　　高收益債指數是信用評級在 BBB 等級以下的債券，也因此風險相對較高。在風險與殖利率成正比的狀況底下，從 1999 年到 2008 年的平均殖利率是 10.93%，2009 年到 2018 年的平均殖利率則為 9.09%，雖然仍然高於公債以及投資級債，但是不難發現利率持續下降的環境影響。

　　（3）平均存續期間：

　　高收益債在 1999 年到 2008 年的平均存續期間是 4.86 年，可以明顯看出由於殖利率較高，因此高收益債的存續期間相對於公債與投資級債明顯更短，2009 年到 2018 年的平均存續期間則是 4.76 年。

### （4）歷史年報酬率：

　　高收益債在 1999 年到 2008 年的總報酬是 2.93%，其中來自價格的變動是 -5.52%，來自收息的部分則是 8.45%，由於高收益債受油價與景氣所驅動，並且波動性較大，因此在擇時上非常重要。高收益債在 2009 年到 2018 年的平均報酬率高達 12.07%，來自價格變動的平均年報酬率是 4.08%，而來自收息的部分則是 7.99%，雖然收息降低，但只要選對市場風險情緒偏高的時機，高收益債能獲得很高的報酬。從中不難看出高收益債的兩個特性，分別是高波動性與高收息，如果在市場平平的狀況下選擇高收益債，光是收息就能夠完全抵銷價格波動的影響。不過相對而言，在市場狀況不明，波動較為激烈的狀況下，高收益債的價格波動也可能夠吃掉所有來自收息的獲利，或是將獲利倍增，因此購買高收益債就像是買一檔中小型股，必須相對密切的關注市場狀況。

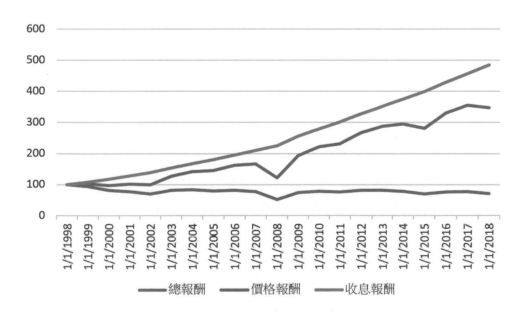

## 7-4. 新興市場美元債指數介紹

　　在股市的部分提到新興市場的國家實在是太多了，所以我們習慣用指數的概念來代表整個新興市場，而在債券的領域當然也不例外。一般來說我們會將新興市場發行的債券分為兩類，分別是以美元發行的債券，和以國家本地貨幣為主發行的債券，以美元發行的債券會以美元進行償付，反之本地貨幣債會全部以當地貨幣計算。

　　之所以分為這兩個類別的原因，我們可以從兩個角度來看，從發行人（新興國家）的角度，由於政府手上一定有很多本身的貨幣，因此發行本地貨幣計價的債券在償還債務或債息時會比較方便。但如果是要從國外進口商品或服務，透過發行美元債券直接拿到外國貨幣，就可以省掉匯兌的成本，不過相對的，未來在還債的時候可能面臨本地貨幣貶值，償還美元需要付出更多資金的風險。從債券投資人的角度來看，購買本地債就是承擔匯兌風險，有機會透過該國貨幣賺到更多的資本利得，但也有機會被匯率的貶值吃掉獲利；相反的，購買美元債就是規避匯率風險，與一般投資級債或是高收益債相比，只是發行人性質的不同而已。

　　新興市場美元債指數包含主權債與類主權債，類主權債顧名思義就是並非由國家發行，但卻被市場視為與國家發行的債券具有類似性質的債券，通常由國營的大企業所發行，如電力公司、採礦公司等，並且背後有國家做為該企業的支撐。之所以新興市場債多投資於主權債或類主權債，主要是因為新興市場之中，一般公司債的發行量與流通量通常不會太大，也因此實際上要買進賣出的時候，中間價差成本非常高，作為部位管理者，當然不會希望在交易的時候隨時都需要面臨高額成本。

新興市場美元債指數中的主要持債國家比例如下：

| 國家 | 約當比例 |
| --- | --- |
| 墨西哥 | 6% |
| 印尼 | 5% |
| 俄羅斯 | 4% |
| 菲律賓 | 4% |
| 土耳其 | 4% |
| 中國 | 4% |
| 巴西 | 4% |
| 哥倫比亞 | 3% |
| 祕魯 | 3% |

　　不曉得大家有沒有發現，大部分佔較高比例的國家都同樣出現在股票指數之中呢？一個國家所發行的債券是否受到投資人青睞，以及專業投資人願意配置多少比例到該國，其實跟國家的基本體質關係很大，因此會出現這個現象也就不意外了。

　　**（1）平均信用評等：**

　　新興市場美元債指數的平均信用評等為 BB，雖然新興市場聽起來風險比較高，但其實因為大部分資金都被投資在主權債或是類主權債，也因此其中包含許多投資級等級的債券，整體信用評等不會太差。

　　**（2）平均殖利率：**

　　新興市場美元債從 1999 年到 2008 年的平均殖利率是 9.06%，2009 年到 2018 年的平均殖利率則只剩下 7.16%。

　　**（3）平均存續期間：**

　　新興市場美元債在 1999 年到 2008 年的平均存續期間是 5.73 年，2009 年到 2018 年的平均存續期間則是 6.17 年。同樣可以發現隨著殖利

率的逐漸降低，存續期間開始變長。

**（4）歷史年報酬率：**

　　新興市場美元債在 1999 年到 2008 年的平均年報酬率是 10.61%，其中來自價格的變動是 1.51%，來自收息的部分則是 9.10%，；2009 年到 2018 年的平均報酬率則高達 9.20%，來自價格變動的平均年報酬率是 2.39%，而來自收息的部分則是 6.82%。

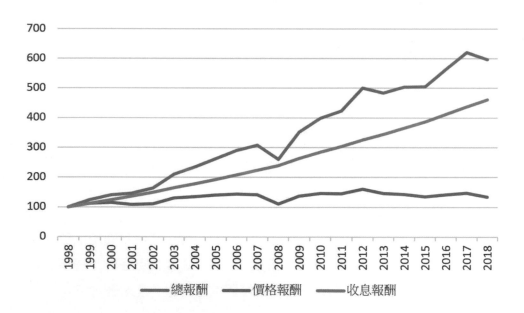

## 7-5. 新興市場本地貨幣債指數介紹

新興市場本地貨幣債與新興市場美元債最主要的差異是在於貨幣，不過讓我們從主要持債國家比例看起：

| 國家 | 約當比例 |
|------|---------|
| 巴西 | 10% |
| 墨西哥 | 10% |
| 印尼 | 9% |
| 南非 | 8% |
| 波蘭 | 8% |
| 泰國 | 7% |
| 俄羅斯 | 6% |
| 哥倫比亞 | 5% |
| 馬來西亞 | 4% |

當我們把貨幣換成當地貨幣，持有的國家比例又和新興市場美元債比例又不同了，其中最主要的原因在於本地貨幣債指數必須要考量到不同幣別所擁有的特性，例如有些國家的貨幣利率比較高，有些國家的貨幣跟原物料比較相關等各種差異，也因此最後的部位組成就會有所差異。

看到上面債券指數的表格後，希望大家去觀察自己所投資的主權債基金，背後所追蹤基準指數的主要國家比例。個別基金的經理人雖然能夠微調自己的持債比例，然而萬變不離其宗，類似的基金主要投資標的還是同一些國家，因此了解基金追蹤指數背後的資訊是非常重要的。透過分析研究個別基金所持有的國家，也能夠避免一些嚴重的風險事件。例如雖然新興市場基金的投資標的相對分散，但在阿根廷發生債券違約的時候，手上持有 1% 的阿根廷和持有 10% 的阿根廷，對於部位損益的影響差別還是

很大。

除此之外，不曉得大家是否有想過為什麼在切分全球國際市場的時候，絕大部分的分類方式都是以成熟市場與新興市場做為最大的分類，而不是從地理區域的角度做為第一層分類方式。最主要的原因，是新興市場與成熟市場在面臨不同國際狀況時的差異，遠大於不同區域間的差異性。舉個例子，在全球景氣復甦的時候，通常是由成熟市場的經濟狀況開始好轉，並進而帶動新興國家的出口，然後新興市場的經濟才會開始有所起色，而後由於新興市場的規模較小，在成長的速度上才會再度超越成熟市場。相對而言，以不同區域來分類，其中的漲跌差異可能只是來自於各區域之間，主流產業的不同，從經濟面的基本脈絡來看，也沒有明確的先後順序。

（1）平均信用評等：

新興市場本地貨幣債的平均信用評等為 BBB，之所以平均信評比起新興市場美元債指數還要高，最主要的原因還是來自於收益與風險之間的平衡。由於本地貨幣債相對於美元債會另外承擔貨幣風險，因此指數在信評的配置上，相對而言就會希望承擔較少的信用風險。

（2）平均殖利率：

新興市場本地貨幣債因為資料相對較新，從 2006 年才開始有系統性的資料，因此 2006 年到 2008 年的平均殖利率是 6.88%，2009 年到 2018 年的平均殖利率則只剩下 6.15%。

（3）平均存續期間：

新興市場本地貨幣債在 2006 年到 2008 年的平均存續期間是 4.57 年，2009 年到 2018 年的平均存續期間則是 5.06 年。同樣可以發現隨著殖利率的逐漸降低，存續期間開始變長。

（4）歷史年報酬率：

新興市場本地貨幣債在 2006 年到 2008 年的平均年報酬率是 7.94%，

其中來自價格的變動是 1.02%，來自收息的部分則是 6.92%；2009 年
到 2018 年的平均報酬率則高達 6.59%，來自價格變動的平均年報酬率是
0.40%，而來自收息的部分則是 6.19%。

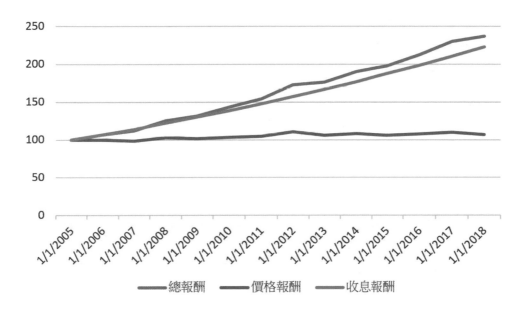

# 7-6. 各指數特性總整理

## 指數平均信用評等

|  | 公債 | 投資級債 | 高收益債 | 新興美元債 | 新興本地債 |
|---|---|---|---|---|---|
| 平均信評 | X | A | BB | BB | BBB |

在整體的信用評等之中，公債作為基準指標因此平均信用評等沒有意義；投資級債作為相對高評級的類別，在剩下的四個類別中擁有最高的評級；高收益債與新興美元債雖然評級與貨幣相同，但最大的差異在於投資區域的不同，也因此面臨不同的風險，漲跌也會隨著全球市場環境而有所差異；新興美元債和本地債的差別就是在於貨幣風險（收益），相對表現也會隨全球市場環境有所區區別。

## 指數平均殖利率

|  | 公債 | 投資級債 | 高收益債 | 新興美元債 | 新興本地債 |
|---|---|---|---|---|---|
| 2008 前 | 4.04% | 5.98% | 10.93% | 9.06% | 6.88% |
| 2009 後 | 1.96% | 4.40% | 9.09% | 7.16% | 6.15% |

透過殖利率與信用評等的對照，可以發現殖利率與信用評等，也就是風險有很密切的關聯。高收益債雖然和新興美元債擁有相同的平均評級，但是因為高收益債投資的是體質次一級的公司債，因此相對於投資主權債與類主權債等超大實體的新興美元債，殖利率會相對再高一些。

## 指數平均存續期間

|  | 公債 | 投資級債 | 高收益債 | 新興美元債 | 新興本地債 |
|---|---|---|---|---|---|
| 2008 前 | 5.41 年 | 5.97 年 | 4.86 年 | 5.73 年 | 4.57 年 |
| 2009 後 | 5.81 年 | 6.68 年 | 4.76 年 | 6.17 年 | 5.06 年 |

存續期間和殖利率水準以及持有債券的平均到期年限有關，也因此雖然投資級債指數的殖利率高於公債，但是受到所選投資級債指數內含債券平均到期年限較長的緣故，投資級債平均存續期間是高於公債指數的。而在這個例子中，新興市場本地貨幣債指數的存續期間會低於利率較高的新興市場美元債也是一樣的道理。

## 指數歷史年報酬率

| 2008 前 | 公債 | 投資級債 | 高收益債 | 新興美元債 | 新興本地債 |
|---|---|---|---|---|---|
| 總報酬 | 6.40% | 4.60% | 2.93% | 10.61% | 7.94% |
| 價格報酬 | 1.09% | -1.81% | -5.52% | 1.51% | 1.02% |
| 收息報酬 | 5.31% | 6.42% | 8.45% | 9.10% | 6.92% |

| 2009 後 | 公債 | 投資級債 | 高收益債 | 新興美元債 | 新興本地債 |
|---|---|---|---|---|---|
| 總報酬 | 2.20% | 6.28% | 12.07% | 9.20% | 6.59% |
| 價格報酬 | -0.35% | 1.51% | 4.08% | 2.39% | 0.40% |
| 收息報酬 | 2.54% | 4.77% | 7.99% | 6.82% | 6.19% |

　　看到這個統整表可以發現，債券之所以又被稱作固定收益商品不是沒有原因的。雖然單一年度可能會遇到各種不同的市場情況，導致債券價格有所波動，但時間拉長之後，決定債券報酬的關鍵因素終究還是在於收息。

　　接下來再從金融海嘯前後來看，可以明顯發現金融海嘯後由於全球資金寬鬆的影響，債券的收息報酬相對降低。不過也因為資金寬鬆部分流入債市，導致債券的價格報酬相較於過去提升，進而推升總報酬。然而即使如此，不管在哪個類別，債券的收息報酬佔總報酬的比例都是最高的。

—————————————— CH8 ——————————————

# 近年新商品：債券 ETF 簡介

## 8-1. 債券市場產業介紹

　　2019 年市場殖利率持續走低，許多個別債券的殖利率都創下歷史新低，各種債券商品的獲利都很可觀，這也導致一些債券 ETF 商品浮現出來，進入投資人的眼中。債券 ETF 基本上是從 2017 年開始蓬勃發展的，在更早前債券 ETF 並不興盛，特別是 2017 年以前，大部分的債券 ETF 都與美國公債有關，而美國公債的變動幅度較小，因此比較無法引起投資人的興趣。

　　在 2017 年，由於台灣壽險業對於 ETF 的需求，因此投信端開始不斷發售各種天期的 ETF，以滿足壽險業的需要。發展到最後，各種天期的美債 ETF 和不同產業的 ETF 都出現在市場上，債券 ETF 的總發行量從一開始不到 20 檔快速成長到接近 100 檔，而這也使一般投資人擁有更多的管道去投資債券市場。目前債券 ETF 已經不只有公債商品，更是涵蓋了各種天期及各種產業，直到 2019 年底，許多投信仍然在尋找債券 ETF 的發行機會，由此可見未來債券 ETF 市場的商品還會再進一步細分。

　　但是大家要注意，債券 ETF 較沒有匯率避險的選項，因此購買債券 ETF 仍要注意國外貨幣，特別是美元兌台幣的走勢變化，這些變化將直接反應在淨值之中。除此之外，記得我們先前在現貨債券的部分提過新券與舊券的差異，雖然說 ETF 主要是以追蹤指數為主，但在債券領域，因為有新舊券的差別以及市場狀況的影響，因此很多指數所追蹤的公司或產業

領域中並不容易找到一模一樣的債券。這也導致債券 ETF 的發行商會自己決定篩選方式與投資策略,選出自己的投資組合,進而使債券 ETF 的走勢可能跟追蹤指數差異較大。因此投資人在選定一檔債券 ETF 標的以及觀察其指數變化的同時,務必不要忘記檢查該檔 ETF 的過往走勢,是否和預期的指數或是產業趨勢有相同的走勢!

如果觀察當前的債券 ETF,可以發現除了高收益債、新興市場債與美國公債的不同年期、不同投資等級的 ETF 以外,還有許多的產業債,例如市政債、中國政策金融債、金融債、醫療保健債、製藥債、科技債、電信債、能源債及電能債。其中有許多產業是在股市的分類之中看不到的,為什麼會出現這些產業別呢?其中最主要的原因是債券投資所看的重點和股市不一樣,債券主要看的是資產負債表以及償債能力,除此之外,有些產業特別容易發行債券,也因此是個別債券直接投資人特別容易買到、或是重點關注的發行對象,這些公司的產業會被特別歸成一個類別,最後就導致債券的產業分類與大家習慣的股市有所差異。

讓我們來比較債券與股市的產業分類:

| 股市 | 債券 |
|---|---|
| 通訊服務 | 金融(Financial Services) |
| 能源 | 基礎工業(basic industries) |
| 金融 | 消費領域(Consumer) |
| 工業 | 能源(Energy) |
| 原物料 | 製造業(Manufacturing) |
| 房地產 | 科技、媒體與電信(TMT) |
| 資訊科技 | 交通(Transportation) |
| 公用事業 | 醫療保健(Healthcare) |
| 健康護理 | 製藥(Pharmaceutical) |
| 必需消費 | 菸草業(Tobacco) |
| 非必需消費 | 化工產業(Chemicals) |
| | 公用事業(Utility) |

以下讓我們來介紹債券的產業以及發行債券的原因，對於產業有基本了解後，想要購買某個產業 ETF 的投資人，在分析產業基本面的時候會比較知道怎麼下手，如果是對總體經濟有研究的投資人，也能夠進而思考在當前的經濟環境下，某個特定的產業是否還有發展空間。再進一步，每個產業其實都有自己的產業週期，科技業可能發展迅速，但是近年來大紅大紫的科技公司，大家十年前有聽過他們的名字嗎？十年後呢？又或者換個角度想，十年前有名的科技公司，現在是否還存在於市場之上呢？投資債券與投資股市有本質上的差異，也因此了解產業狀態有助於基本面的分析，再搭配自己的短期或長期投資目標，才能在債券 ETF 之中找出最好的標的。

## 基礎工業

基礎工業主要是一些原物料的開採商，例如在國際間擁有許多不同礦場的公司，包括銅礦、鋁礦、鐵礦等公司。這種類型的公司面臨國際間原物料的漲跌變化，要保持公司的獲利能力並不容易，為了維持生產效率或是因應市價變動，增加產能在很多時候是最有效率的政策。而面臨頻繁的資本支出或是設備更新，持續拿股票增資在投資市場上會帶給股票投資人不安定的影響，因此大型國際公司考量成本與市場狀況後，很容易以發債的方法來募資，也因此成為債券市場常見的發行人。

## 消費領域產業

消費領域包括非必需消費領域和必需消費領域，但從債券的角度來說，由於必需消費公司在經營上較為穩定，因此在這邊我們就以必需消費領域來介紹，其中主要的產業類別有飲料與啤酒業，以及食品業。以飲料與啤酒業為例，其實大家常常能在股市中看到這類公司的影子，上證市場

中 2019 年持續創新高的貴州白酒就是一個例子。但是大家可能比較不知道的是，跨國營運的消費公司同時也是債券供給市場的常客，常見的原因有兩種，其中一種是為了在國際間佔據更大的份額，因此需要籌一大筆資金來併購其他公司，但由於想要吃掉其它跨國公司的所需資金太過龐大，因此只能發行債券來支應資本支出，常見的例子包括全球最大的啤酒商－安海斯 ‧ 布希英博，目前大家在超商能看到的百威、雪山、可樂娜其實都是他們公司的品牌。

另一種可能性主要是為了跨國經營，可能是為了併購其它國家的在地公司，或是單純為了在別的國家開展經營，如果有該國貨幣就可以減少匯率風險，因此會刻意為此發行債券。

## 能源業

能源債對於台灣人而言應該相對來說較不陌生，大家常常聽到的高收益債之中，就有一部分包含能源相關企業。不過能源產業其實還包含上、中下游，從開採、精煉、運輸最後到製成千千萬萬種原油製品，雖然這個產業鏈的公司在細節上各有不同，但都有一項共同的特徵，那就是對於原油價格走勢的反應。因此若對原油市場有任何看法，例如看多原油走勢並想要提高曝險，能源債 ETF 就是可以考慮的標的。

## 製造業

製造業主要的債券發行者通常是跨國經營公司，或是資本支出相對較大的重工業，最有名的例子就是開拓重工（Caterpillar）。開拓重工在美國 500 強企業之中排行第 65，在全球前 500 強企業之中排行第 238，透過全球網路開發、設計、製造與營銷機械相關製品，產品甚至包括金融產品和保險，是世界上最大的建築設備製造商。這類公司發行債券的主要原

因大多數是因為設備上的資本支出，偶爾也可能是因為想進行併購而發行債券。

## TMT 產業

TMT 是包含科技（Technology）、媒體（Media）和電信（Telecom）三個產業的統稱，若以傳統股市分類來看，科技應該被分在資訊科技類股、媒體則較可能被分在非必需消費類股、電信則是在電信服務類股。債市產業會出現這種分類方式，主要是因為近年來這三個產業擁有逐漸整合的趨勢。以其中體量較大的電信業來說，為了布局 5G 世代，電信商必須花錢標售頻譜，而發債就是一種籌資的方式。

而在股市方面，其實在 2018 年第三季，股市最常使用的產業分類就已經因應這個產業狀況做出修改，除了將過去的「電信服務」改為「通訊服務」之外，連帶資訊科技類股和非必需消費類股的組成都被重新分類過一次了。如果大家曾經關注此議題，想必大家記憶最深刻的，應該就是科技股巨頭 FAANG（Facebook, Apple, Amazon, Netflix, Alphabet）已經不再全部屬於資訊科技類股了。不過如果仔細想想也不會覺得意外，以大家較常使用的 Facebook 為例，雖然 FB 的普及主要建立在科技的發展之上，然而 FB 的內容部分，究竟是該歸類到資訊科技，還是媒體呢？除此之外，許多國際上的大電信商由於大量的現金部位，因此常常會把多餘的資金拿去投資，這也造成產業分類上的複雜化，在這邊我們以 AT&T 為例，2015年 AT&T 收購 DirecTV 成為世界最大的付費電視供應商，並在 2018 年收購時代華納（Times Warner）並且更名為華納媒體（Warner Media），現在 AT&T 是集電信、網路科技、媒體於一身的大企業，如果按照舊有的分類，AT&T 應該屬於原本的電信產業，還是科技、媒體產業呢？

## 化工產業

　　我們現在生活中許多的產品都是由化工業所提供的，例如身邊最常見的塑膠袋與寶特瓶，都是石化產業底下的產品，因此化工業規模非常大。國際規模的化工公司也常常會為了拓展廠房或是併購而發行債券，近幾年最特別的例子應該就是 2019 年被評為化工業第一名的公司－陶氏杜邦。陶氏杜邦的名字其實是來自於兩間歷史悠久的公司－陶氏化學公司（DOW）與杜邦公司（DuPont）的合稱，浸淫股市許久的投資人可能會覺得好像聽過杜邦這間公司，沒錯，有名的杜邦公式就是從杜邦公司所提出來的。

## 交通產業

　　主要是航空相關領域，有時候會包含國防領域，因此也有人把交通產業稱作航空與國防（Aero & Defense），整體來說包含交通、航空與國防，再依照個別習慣去切分。航空的部分利如大家耳熟能詳的美國公司波音，或是歐洲的 Airbus；在國防的部分，比較大的公司就是漢默軍工，美國常常販售給台灣的 F 系列戰機就是他們所製造的。這些公司的商品製造成本都很高，此外有時候為了持續發展或是看到更好的技術，也會併購一些小公司，這些行為都需要資本支出，也是他們發行債券的主要原因。

## 醫療保健業

　　根據定義問題，有些人會把製藥產業包含在醫療保健產業之中，但因為製藥產業有其特殊性質，因此在直接投資個別債券的時候，我們會另外把製藥業分開。不含製藥業的醫療保健產業包含製藥以外的藥品產業上下游，如藥品批發等，而在藥品之外，醫療保健也包含醫療器材產業或是生技醫療產業。

## 製藥業

　　製藥債的投資標的通常是全球知名的製藥大廠，相信大家可能聽過輝瑞（Pfizer）、捷利康（Astrazeneca）、必治妥施貴寶（Bristol-Myers Squibb），或是諾華（Novartis）等大藥廠。在製藥領域中，這些大企業的主要獲利來源就是製造或研發新藥，如果大家有在關注台股的製藥公司也可以發現，獲得具有專利的獨門藥方，能夠使公司賺到非常大量的金錢，許多製藥生技公司股價的暴漲暴跌即來於此。若從橫向來比較，製藥領域的競爭主要就是類似功能藥物的競爭，例如有些公司擅長癌症相關領域、血壓控制領域、氣喘相關領域等等；另外一種常見的競爭則是當一檔藥物專利快要到期，學名藥以及原廠藥的競爭。

　　這些藥廠之所以要發債，最主要的原因當然是彌補支出的不足，而支出不外乎與剛剛提到的幾個因素相關，積極的原因包括進行資本支出擴大藥物的生產線或研發種類、併購其他小型公司以獲得具有專利權的藥物，甚至大併大來進軍自己過往經驗仍不足的區塊；若消極來看，有可能是公司大多數獨佔專利藥物逐漸到期，又沒有研發出新藥物，將面臨競爭的風險，只好先靠放大規模延續公司的獲利。

## 菸草業

　　雖然菸草在台灣只是便利商店櫃台後偶爾才會看到的商品，但是其實在全世界，菸草業一直都是非常賺錢的寡占產業。菸草業的歷史很悠久，並且經過大大小小的競爭後，目前除了地方性菸草外，基本上是由前四、五大菸草商把持全球的菸草供給。同一個香菸品牌，在台灣、美國、英國、日本，可能都是由不同公司所經營，從菸草的地圖來看，這些巨頭直接瓜分了全世界。近年來，菸草業面臨破壞式的創新，包括電子煙與加熱型菸草，而老牌菸草廠商的因應方式就是用錢下去砸，直接用大筆金額把新創

的煙草產業併購下來，以因應傳統紙菸銷量逐漸下滑的長期趨勢。菸草業近年興盛的併購案，也是他們大舉發行債券的主要原因。

## 公用事業

公用事業主要包括電力公司、自來水公司等等，一般來說這類公司在各個國家都是由政府所把持。公用事業企業的優點包括，由於公用事業基本上都是獨占或寡占企業，所以營收相對穩定，此外因為受到國家控管，如果出現問題政府不可能不聞不問，因此有時候也會被視為類主權債（semi-quasi, 雖然不是國家所發行的債券，但因為有政府在背後支持，所以有些人會將其當作主權債在交易。此外因為公用事業公司畢竟是企業而非政府，還是會得到信用利差的加點，因此利率會比單純的政府債還要高）。

公用事業的缺點則是由於國家以民生狀況為主，因此以電力公司的收費為例，法規常常會對收費方式有所限制，有時候會因為這些法規的綑綁而沒有辦法大幅獲利。不過因為債券的本質還是在於收息，就算賺不到太多錢，無法出現爆炸性成長，只要現金流穩定並且政府債背後支持，對於債券投資人來說還是很好的標的。公用事業發行債券的原因，大部分是來自於建造新廠、廠房歲修，或者是由於產業結構轉型，例如從火力、核能發電轉為綠能發電所需要的資本支出。最明顯的例子就是由於台灣對於綠能的政策規劃，因此在 2019 年底，臥旭（Ørsted）為台灣離岸風電發電而發債籌資，在當時也引起了一陣討論話題。

## 金融業

債券市場從產業來說，最簡單的二分法就是分為金融債與非金融債，對於在存股中常常提到的金融股特性，想必大家一定很清楚，但是各位投

資人可能比較不清楚金融債的領域。本段會簡單的提一下這方面的知識，讓有興趣的投資人有個概念，順便也讓大家了解 2008 年金融海嘯後金融機構及債券市場的變化。

　　相較於金融股大多被投資人歸類為穩定的定期定額投資標的，金融債市場可謂是五花八門。首先最基本的就是一般金融債，這種債券在整個債券市場中類似於金融股在股市中扮演的角色，也就是相對穩定的投資標的。

　　不過如果要再進一步，就不得不提到 2008 年後進行的銀行結構改革，這邊我們為了方便，粗略將金融機構分為歐系、英系與美系。由於當初 2008 年金融海嘯時，許多金融機構以政府（納稅人）的錢來度過難關，並且威脅到正常存戶的財產安危，因此全球都針對金融監管架構作出了改變，利如英國在金融監管上開始使用圍欄架構（ring fencing）的概念。不同於過去一間銀行可以同時進行各種業務，受到監管機關的要求，英國的銀行必須明確區分出母子公司，並將零售業務如存款等風險較低的營運業務分割至單一子公司，稱作營運單位（Operating Company），這類營運單位也被稱作圍欄單位（ring fenced）。

　　相對而言，一些國際業務與投資銀行業務則會留在控股公司（Holding Company, HoldCo），或稱作非圍欄單位（Non－ring fenced）。這樣做的目的主要是將存戶的錢獨立出來，並且與較高風險的業務分開，以避免出現金融危機的時候影響到一般存戶的權益，而這也導致身為子公司的營運單位安全性要高於控股公司，雖然掛在同一間銀行名下，但營運單位的信用評等會高於控股公司的信用評等，所發行的債券也是如此。從實務債券投資的角度，雖然投資的是同一間金融公司的債券，但是投資人必須特別注意該檔債券的發行人是誰，如果看到大銀行的名字就下手，有可能不小心買到風險較高的控股公司債，雖然殖利率相對較高，但不見得是投資

人願意承擔的風險。

除了圍欄架構之外，國際監管機構檢討 2008 年金融危機，認為發生的原因部分和銀行的自有資本偏低有關，因此推出巴賽爾協定 III。新版巴賽爾協定要求銀行強化資本結構，如果未來遇到危機，希望是由該行投資人對銀行的損失負責（bail in），而非政府或整體納稅人對銀行的損失負責（bail out）。因此，歐系金融機構與英系金融機構開始發行應急可轉換債券（Contingent convertible bond, CoCo Bond）來補足資本結構需求，目標是在銀行遇到金融危機的時候，可以使這些持有可轉換債券投資人手中的債券價值永久減損，或是轉換為股票以補足銀行的資本率。當然，為了彌補購買應急可轉換債券的投資人所需額外承擔的風險，應急可轉換債券的利率會比一般金融債的利率要高出許多，並由投資人選擇是否要承擔此風險。除此之外，歐系金融機構雖然並沒有如英國一般執行圍欄架構，但卻也將相對高風險的投資銀行業務額外歸入獨立運作的機構，通過集團控股或是子公司經營的方式，將風險不同的業務進行區隔。

美國則和歐系金融機構與英系金融機構有所區隔，美系的銀行並未特別實施架構上的處理，不過從債券投資的角度，我們還是可以找到類似的概念。從傳統概念來說，金融債依償債順位主要分成三類，分別是優先擔保債（Senior Secured）、優先無擔保債（Senior Unsecured）、以及次順位債（Subordinated），但現在美系銀行開始發行第四類債券，為次級次順位債（Junior Subordinated）。將歐美攤開來比較，如果要從英系金融機構中尋找相對穩定的債券，我們可以找到由低風險營運單位所發行的債券，即上述圍欄單位所發行的債券；在美系金融機構，我們則能夠投資相對高償債順位的債券，如優先擔保債或是優先無擔保債。如果要投資高風險高報酬的債券，我們可以尋找英系金融機構非圍欄的債券，在美系金融機構我們則能夠挑選次順位債或是次級次順位債。

至於為什麼美系金融機構不發行流行於歐系和英系金融機構的應急可轉債呢？主要的原因有兩點 1. 美國的稅負規範：美國稅法規定，美國企業發行債務的利息費，用能夠抵銷營利所得，但應急可轉債由於包含股權轉換或本金機制，較難被認定為美國稅法所定義的債務。這邊我自己就曾經碰到幾個例子，大概是美國的某間企業曾經發行可轉債，希望能被認定為股權而非債務，藉以能夠保持自己的債務槓桿比率，並維持信用評級。但由於過去該間公司在可轉債實際被轉為股權時，曾經進行股票回購以避免債權被稀釋，結果最後還是影響到公司的槓桿狀況，因此信評公司仍然將可轉債作為債務去考量槓桿，使該公司最後還是被下調評級。

　　2. 可轉債的價值較難被評估：可轉債出現在市場僅約十年，因此過往的歷史資料和風險評估方式都還不成熟，較難被評價決定市場價值，而這個原因也導致監管機關無法完全信賴應急可轉債。這邊同樣給各位投資人一些例子，第一批作為強化資本架構的應急可轉債發行的時候，由於市場默契和債券公開說明書中的條件都還未成熟，因此有部分應急可轉債（一般債券調款會設定成附可買回協議的永續債）到今天都還沒被銀行機構所買回。而現在的應急可轉債市場中其實有所謂的「君子協議」，就是金融機構一般會在第一次可買回協議時間（基本上是五年）到達時將債券買回，並且再發行新的應急可轉債。從這邊可以發現，應急可轉債的規則雖然現在較為明確，但整個類別中還是有許多例外，並非是一種發展成熟的商品。

　　由於上述個兩個原因，美系銀行基本上是以特別股的發行來取代歐系與英系的應急可轉債債券。由此可見，金融債與金融股差異非常大，包含了許多歷史淵源和各個國家區域面臨狀況後所採取的不同處理辦法，相對於金融股給投資人的穩定感，金融債的世界之中其實暗藏許多眉角，而投資人在深入了解後也更有機會在這個領域找到適合自己的商品。國內外其實都有針對更深的金融領域的投資商品，例如國外有可轉債基金，國內也

有特別股基金與特別股 ETF，並且未來也不排除有更多相關投資商品出現的可能。如果投資人有興趣購買金融債券相關的商品，務必要留意該商品的說明，確認自己投資的是哪種標的。

　　最後這邊再補充介紹美系銀行對於資本結構需求的解決方法，2008年金融海嘯之後金融市場意識到資本結構的重要性，因此全球的銀行都在想辦法提升資本結構的厚度，而歐系與英系銀行就是以應急可轉債來補足資本結構。不過上面提到，美系銀行因為稅負相關成本沒辦法用應急可轉債的債券來補充這部分的不足，因此他們以發行特別股的方式來解決這個問題。所以說，美國的特別股功能大概等同於歐洲的應急可轉債，但是其中其實也有例外，例如在 2008 年金融海嘯發生時，美國政府對於美系金融機構的注資就是利用特別股來進行，所以如果要細分特別股，當中還是有許多不同的規則。

## 其他

　　除了這些產業之外，大家可以發現債券 ETF 還有比較特別的幾種類別，分別是市政債以及中國政策金融債。其中市政債其實在美國很常見，就是美國各州發行自己的債券，以作為學校或是醫院等公共建設的募資之用，只不過台灣不會看到各地政府發行債券到市場上讓投資人交易，因此大家對這個概念較不熟悉。而在中國，這種類型的債券則被稱作城投債，但是中國城投債的定義較為模糊，且沒有官方統一的定義，因此較類似處於公司債和市政債之間的一個類別。此外，具中國特色的城投債主要依賴當地政府的支持，債券發行人的能力也取決於其與地方政府的關係，並沒有太明確的分析方式，也導致投資人較難判斷潛在風險。歷史上城投債發生過的事件包括中國監管機構出乎預料的政策，導致地方政府對於發行人支持度下降、同區域的發行人違約，導致投資人對該區域的不信任度上升、

曾有發行人的獲利部門被分拆，導致該發行人的債券價值快速下降等等。

　　至於中國政策金融債，一般會簡稱為中國政金債或是中國政策債，顧名思義主要指的是中國三大銀行－中國國家開發銀行（國開）、中國農業發展銀行（農發）、中國進出口銀行（進出口）為中國發展國家經濟政策所籌資而發行的債券。這三大銀行的信用評級基本上為 A+，並且因為位處於新興市場，這三大行的債券殖利率會比成熟市場國家的大銀行還要高，也因此受到投資人的青睞，相對於城投債也較為穩定，有點類似於中國的類主權債。

# 結語

　　各位投資人看到這邊，想必已經充分瞭解市場背後的運行模式和商品特性，希望在看完這本書之後，各位投資人不會再把這些市場概念當成遠在天邊的專有名詞，而是能夠在腦中模擬市場的實際模樣。還記得我們在本書一開始提到的投資三步驟：

（1）解讀國際金融盤勢。

（2）選出最適合當下的市場以及自身偏好的標的。

（3）準備好進出策略。

　　相信投資人現在已經能夠做到最關鍵的第 4 點－「放膽進場」！

　　願獲利與你同在！

識財經 24

# 指數時代
## 解構法人思維 洞悉全球股債

作　　者—基金黑武士 Black Samurai
協力團隊—基金艦長哥倫布、基金小丑、基金獵人
視覺設計—徐思文
主　　編—林憶純
行銷企劃—許文薰


第五編輯部總監—梁芳春
董 事 長—趙政岷
出 版 者—時報文化出版企業股份有限公司
　　　　　108019 台北市和平西路三段 240 號
　　　　　發行專線—（02）2306-6842
　　　　　讀者服務專線— 0800-231-705、（02）2304-7103
　　　　　讀者服務傳真—（02）2304-6858
　　　　　郵撥— 19344724 時報文化出版公司
　　　　　信箱— 10899 台北華江橋郵局第 99 信箱
時報悅讀網— www.readingtimes.com.tw
電子郵箱— yoho@readingtimes.com.tw
法律顧問—理律法律事務所 陳長文律師、李念祖律師
印刷—勁達印刷股份有限公司
初版一刷— 2020 年 7 月 17 日
定價—新台幣 450 元
（缺頁或破損的書，請寄回更換）

指數時代：解構法人思維 洞悉全球股債／基金黑武
士 作 . -- 初版 . — 臺北市：時報文化，2020.07
　　320 面；17*23 公分
　　　　ISBN 978-957-13-8195-4（平裝）
　　1. 股票投資 2. 投資技術 3. 投資分析
563.53　　　　　　　　　　　　　109005535

ISBN　978-957-13-8195-4
Printed in Taiwan